ARVM

niculus Alpinus luteus.

Les Soupes
du monde entier

Rosario Buonassisi

Les Soupes
du monde entier

Saveurs et bienfaits

Remerciements

Je désire remercier ma femme, Annamaria, pour l'aide qu'elle m'a apportée lors de la recherche bibliographique et dans l'identification et l'analyse de quelques problèmes techniques ; et Marilena Zoia, du restaurant *Mafalda* à Poggio di Ancona, pour m'avoir patiemment et savamment initié aux délices des soupes terre-mer.

et aussi :
Rosa Andrei
Pupa Mambretti et Gian Luigi Chiesa
Ida Mailland
Anna Nardella et Franco Sardella
Frances Ziemba
pour leurs excellentes contributions lors de l'élaboration des recettes, leurs conseils et leur inspiration !

Traduit de l'italien par :
Marco Martella

© 1999, Arnoldo Mondadori Editore S.p.A., Milano
Libri Illustrati
© 2001, L'Aventurine, Paris, pour la traduction française
ISBN 2-84190-067-3

SOMMAIRE

Avant-propos	**17**
La brève synthèse d'une longue histoire	**18**
Du cru au cuit	**32**
Opérations et préparations préliminaires	35
Les bouillons	38
Les pâtes	49
Cuisson	54
Sauces et condiments	56
Des produits nouveaux pour de vieilles recettes	57
Recettes d'hier et d'avant-hier	**60**
Sa Majesté le bouillon	**86**
Légumes : une richesse inépuisable	**124**
Saveurs de la mer, des lacs et des fleuves	**188**
Soupes et potages du troisième millénaire	**228**
Index	**234**
Index des bouillons et fumets de base	236
Index des ingrédients	238
Index des recettes	240
Index géographique	243
Bibliographie	247

Avertissement

Sauf mention contraire, les proportions de chaque recette sont toujours pour quatre personnes.
Chaque recette est accompagnée de trois symboles : un *livre*, pour les informations concernant l'histoire du plat ou les traditions qui s'y rattachent ; une *mappemonde*, à côté de laquelle est cité le pays d'origine de la recette ; et un *verre* (rouge, blanc ou rosé) indiquant le style de vin conseillé. Nous avons choisi des vins de même nationalité que les recettes. Dans le cas contraire, nous indiquons l'origine du vin sélectionné.
Dans les recettes, nous avons toujours utilisé le terme générique d'*huile d'olive*. Naturellement, suivant votre goût, vous pouvez la substituer par de l'huile extra-vierge, tout particulièrement recommandée pour l'assaisonnement des aliments crus. Il ne faut toutefois pas oublier que dans certaines recettes le goût très marqué de l'huile extra-vierge pourrait cacher celui d'ingrédients plus délicats.
Les recettes contiennent souvent des renvois au chapitre *Du cru au cuit*, qui décrit les préparations de base (bouillons, sauces...). Pour faciliter la préparation des plats, ce volume a donc été doté de deux signets.

AVANT-PROPOS

Compte tenu de l'importance, tant gastronomique qu'alimentaire, des soupes, je me suis fait un devoir de leur consacrer un livre entier. J'ai donc rassemblé dans ces pages 220 recettes parmi les plus intéressantes et les plus représentatives de chaque partie du monde. Mais avant de les choisir, encore fallait-il définir exactement ce qu'est une soupe, et éviter ainsi d'éventuelles confusions avec des plats qui, à première vue, semblent proches, voire similaires, comme par exemple certaines estouffades.

Voici donc une définition : « On appellera soupes les mets préparés en laissant cuire dans un milieu majoritairement aqueux des aliments végétaux ou animaux, aliments qui seront ensuite consommés avec le bouillon produit par la cuisson. Le bouillon pourra être plus ou moins concentré ou rendu plus dense grâce à l'ajout d'ingrédients particuliers. Dans tous les cas, les soupes seront toujours consommées à l'aide d'une cuiller !

J'ai complété chaque recette par des conseils sur les vins les plus indiqués en accompagnement. J'ai décrit ces vins par leurs principales caractéristiques organoleptiques, celles-là même qui ont guidé mon choix. Les lecteurs qui n'habitent pas dans les régions où ces vins sont produits pourront donc facilement les remplacer par d'autres, de caractéristiques équivalentes.

Cependant, parler de soupes en se limitant à rédiger une liste de recettes, si longue soit-elle, reviendrait un peu à plonger une cuiller dans une assiette de soupe aux haricots et aux choux sans y avoir au préalable ajouté ce filet d'huile et cette pincée de poivre qui en soulignent discrètement toutes les appétissantes nuances. J'ai donc voulu tracer, bien que sommairement, la très longue histoire de ces plats. J'ai également ajouté des suggestions pratiques sur la manière de les préparer et sur les ustensiles à employer. Enfin, j'ai terminé par quelques réflexions sur l'avenir des soupes en ce début de troisième millénaire.

Bonne lecture.

Rosario Buonassisi

LA BRÈVE SYNTHÈSE

Un homme... parti en voyage vers le lieu du haut soleil, campait le soir au bord d'un étang, pilait des graines ramassées le long du chemin, les mélangeait à l'eau et s'en nourrissait. Il jetait ensuite les restes qui, le lendemain, durcissaient et formaient des collines. Chant-légende des Aborigènes d'Australie.

D'UNE LONGUE HISTOIRE

La brève synthèse d'une longue histoire

L'histoire des soupes est tellement entrelacée avec celle de la race humaine et de son évolution, que l'on ne pourra jamais raconter l'une sans parler de l'autre. Pour ceux qui ne s'intéressent guère à la paléo-ethnographie ou à l'archéologie, un récit détaillé serait peut-être ennuyeux et nous éloignerait du but de cet ouvrage. Je me bornerai donc ici à une synthèse de cette histoire, illustrée par les recettes du passé dans le chapitre *Recettes d'hier et d'avant-hier*.

Les soupes naquirent probablement il y a plusieurs millions d'années lorsque des hominidés, assez évolués pour fabriquer des outils en pierre, commencèrent à hacher les végétaux, base de leur alimentation, et à les mélanger à l'eau pour les rendre plus faciles à avaler, donc à assimiler. Il s'agissait de véritables soupes « primitives », préparées à cru, ces lointains ancêtres de l'homme moderne ne connaissant pas le feu.

Il ne s'agit bien entendu que d'une hypothèse, qui semble pourtant confirmée par certaines légendes anciennes. À ces témoignages s'ajoutent les habitudes alimentaires de certaines peuplades restées à un stade primitif ou encore, dans certaines traditions gastronomiques actuelles, la permanence de soupes consommées crues, comme le gaspacho ou la panzanella. On peut même supposer que ces soupes avant la lettre étaient préparées en mélangeant différents produits végétaux, dont les saveurs et les parfums s'harmonisaient, pour en améliorer le goût et l'arôme. On peut ainsi supposer l'existence de véritables recettes primitives… Cependant, par l'amélioration générale de leur alimentation, due à ces simples opérations, il est certain que nos lointains ancêtres réussirent non seulement à survivre aux ravages des variations de climat mais aussi à continuer de se multiplier, devenant de plus en plus humains.

Enfin, il y a environ 300 000 ans, se produisit un événement ayant des répercussions extraordinaires sur l'évolution et sur l'histoire de l'espèce humaine : l'homme commença à cuire ses aliments.

Hommes et femmes préhistoriques vêtus de peaux, faisant cuire un animal à la broche : l'un des nombreux sujets illustrés des images Liebig.

La récolte du poivre dans une miniature d'un Livre des merveilles. *(Bibliothèque Nationale, Paris).*

L'élan culinaire de nos ancêtres était cependant contrarié par l'absence de récipients imperméables à l'eau et résistants au feu. Pendant longtemps, ils durent se contenter de griller la nourriture sur des braises ou des pierres chauffées ou de l'enfouir sous les cendres brûlantes du foyer. Formes de cuisson efficaces, certes, mais plutôt limitées et excluant la diversité. Pendant d'interminables millénaires, l'humanité dut ainsi se contenter d'un régime alimentaire aux saveurs et aux parfums bien monotones et uniformes. C'est peut-être pour échapper à cette monotonie, tout en exploitant au mieux leur potentiel alimentaire, que nos lointains ancêtres imaginèrent des systèmes permettant de cuire des aliments de tout genre dans l'eau, alors que marmites, poêles et autres casseroles n'avaient pas encore été inventées.

La méthode la plus répandue consistait à creuser dans un terrain argileux et imperméable un trou où l'on disposait les aliments à cuire ; on remplissait celui-ci avec de l'eau que l'on portait à ébullition en y plongeant des pierres brûlantes. Le trou pouvait être remplacé par de gros sacs, obtenus en cousant des peaux, ou par des corbeilles imperméabilisées avec du bitume.

La brève synthèse d'une longue histoire

Si l'on ne possède pas de pièces archéologiques attestant l'existence de ces trous creusés dans la terre ou de ces sacs en peau, les deux méthodes ont été reconstituées en analysant les techniques de cuisson actuellement utilisées par des peuples primitifs. Les légendes anciennes sont également une aide précieuse. Parmi celles-ci, une histoire irlandaise relatant les amours de Dubh Ruis, le ménestrel, et de la princesse Mis, décrit avec force détails la cuisson à l'eau d'un cerf entier grâce à la méthode du trou. La version écrite de ce charmant conte, rédigée autour de 1769 en gaélique moderne, est assez récente. Toutefois, le professeur Brian Ó Cuív, qui fut le premier à l'analyser du point de vue sémantique, est convaincu qu'elle provient de traditions plus anciennes trouvant leurs racines dans la préhistoire.

Quant aux corbeilles imperméabilisées au bitume, des pièces archéologiques montrent qu'à l'époque précolombienne les Anasasi d'Amérique centrale les utilisèrent longtemps avant d'apprendre à fabriquer des pots et des casseroles en terre cuite.

Un dernier système de cuisson consistait à utiliser l'estomac de grands animaux, buffles ou bisons, comme récipients « jetables ». Cette méthode, bien que modifiée, est employée encore aujourd'hui en Écosse pour faire cuire le haggis.

Grâce à ces systèmes, l'humanité a donc été capable de cuisiner les premières soupes au vrai sens du terme. Toutefois, leurs saveurs et leurs parfums étaient probablement très différents de ceux que l'on connaît et apprécie aujourd'hui. Les ingrédients de base de l'époque – végétaux à croissance spontanée, graisses et viandes d'animaux sauvages – ainsi que les apports des « récipients » utilisés pour la cuisson (le goût terreux de l'argile des trous, la puanteur des peaux non tannées et l'odeur pénétrante du bitume) devaient conférer à ces soupes des goûts et des arômes pour le moins rustiques ! Il est donc légitime de penser que pour rendre plus acceptables ces redoutables premiers bouillons, nos ancêtres commencèrent à leur donner du goût et à les parfumer avec les épices et les herbes aromatiques présentes dans la nature. Ces ajouts, d'abord dictés par l'instinct, se transformèrent avec le temps et l'expérience en choix précis et codifiés : les premières recettes virent le jour.

Bas-relief du IIIᵉ siècle apr. J.-C. illustrant la cuisine et le four annexe d'une demeure romaine. (Musée Archéologique, Trier).

La diffusion d'un régime basé essentiellement sur la nourriture cuite, composé surtout de soupes, marqua un tournant dans l'histoire de l'alimentation et dans celle de l'évolution humaine. En exploitant pleinement le potentiel nutritionnel offert par l'environnement, nos ancêtres préhistoriques se mirent à profiter d'une abondance jusqu'alors inconnue. Grâce à ces soupes primitives, ils purent se nourrir d'une façon complète et équilibrée. Les effets ne tardèrent pas à se manifester. Ce système alimentaire adapté ou adaptable aux nécessités des individus les plus faibles – comme les enfants, les personnes âgées, les malades, les femmes enceintes – permit une élévation de l'âge moyen et une véritable explosion démographique. Le petit groupe d'individus, seule structure sociale possible à l'époque, se transforma en clan puis en tribu composée d'un nombre de plus en plus grand de membres. De véritables unités sociales, de plus en plus importantes, apparurent, ayant besoin de territoires de chasse et de cueillette de plus en plus vastes pour survivre. Ainsi, au cours du Paléolithique, eut lieu une première et imposante migration qui poussa l'*Homo*, désormais *Sapiens*, à peupler la planète jusque dans ses territoires les plus reculés.

Avec le temps, un autre phénomène aux effets décisifs se produisit. Selon les théories du grand préhistorien français André Leroi-Gourhan, la généralisation du modèle alimentaire basé essentiellement sur des aliments attendris par la cuisson et dans lequel les soupes jouent un rôle central, amorça une autre phase évolutive. La diminution de l'effort demandé à l'appareil masticatoire entraîna une réduction des muscles maxillaires et par voie de conséquence de l'épaisseur des os frontaux du crâne auxquels ces muscles sont accrochés. Il en résulta une augmentation du volume de la boîte crânienne qui, à son tour, permit l'élargissement et le développement des lobes antérieurs du cerveau, siège du contrôle des activités associatives. Au terme de ce long processus, l'*Homo Sapiens* s'était transformé en *Homo Sapiens Sapiens* : l'homme d'aujourd'hui. Même s'il s'agit d'une hypothèse tout à fait personnelle, j'aime à penser non seulement que les soupes ont donné naissance à cette incroyable transformation, mais qu'elles y ont même contribué profondément. Je pense aux longues pauses paresseuses, nécessaires à

Bas-relief du IIIᵉ siècle apr. J.-C. où se distingue la cave, la salle des banquets et la cuisine d'une maison romaine. (Musée Archéologique, Trier).

La brève synthèse d'une longue histoire

Fresque romaine de 70-60 av. J.-C. avec des canards et des antilopes. (Villa des Papyrus, Herculanum).

la cuisson de ces soupes préhistoriques, interrompues de temps à autre par la nécessité d'attiser le feu ou de jeter quelques pierres brûlantes dans le liquide qui bouillait doucement... Au cours de ces moments d'agrégation communautaire, les membres du clan devaient probablement échanger leurs expériences et leurs idées, ils formaient des projets et rêvaient de l'avenir, bref, ils se socialisaient. Ce néologisme me paraît chargé de significations car, si mon idée est juste, c'est en attendant la cuisson de cette soupe, préparée collectivement et pour être consommée ensemble, que se sont formées les premières véritables sociétés humaines.

Les capacités mentales accrues de l'*Homo Sapiens Sapiens*, entraînèrent inéluctablement une série de changements et aboutirent à ce que les archéologues appellent « la révolution du Néolithique ». Elle débuta, il y a huit à dix mille ans, dans une région située entre le Tigre et l'Euphrate, quand les hommes se sédentarisèrent pour la première fois. Les chasseurs-cueilleurs devinrent éleveurs-agriculteurs et ils apprirent à fabriquer des pots en terre cuite résistants au feu. Ces premiers agriculteurs cultivaient le blé et l'orge, mais aussi les fèves, les lentilles et les petits pois. Des pièces archéologiques attestant la culture des lentilles 7 000 ans av. J.-C. ont été retrouvées en Syrie, tandis que d'autres, datées d'environ 5 500 ans av. J.-C., et relatives à la culture des lentilles et des petits pois, ont été découvertes en Turquie. Il s'agit là des ingrédients de la soupe de légumes, que l'on cuisait dans les « révolutionnaires » marmites en terre cuite.

Ces nouvelles formes de vie et d'organisation sociale conduisirent progressivement à la naissance des premières agglomérations urbaines et à l'émergence de sociétés structurées et organisées. Ainsi naquirent les premières cultures, les premières civilisations, phénomène qui s'étendit peu à peu à toutes les régions habitées, selon des modalités et des rythmes différents.

L'archéologie nous donne donc la possibilité d'établir, avec une approximation satisfaisante, les composants principaux du régime alimentaire de nos ancêtres préhistoriques. La présence constante de légumes et de céréales nous permet aussi d'affirmer que ceux-ci étaient vraisemblablement consommés sous forme de soupes. Malheureusement, il en va tout autrement dès qu'il s'agit de définir les modalités d'emploi de ces aliments, en d'autres termes les recettes sur lesquelles se basaient ces soupes archaïques. L'absence totale de documentation nous réduit à avancer des théories qui demeurent de pures hypothèses.

La situation n'est d'ailleurs guère plus simple lorsque ces sociétés primitives se transforment en cultures et que l'apparition de l'écriture marque le passage de la préhistoire à l'histoire.

Situation plutôt paradoxale si l'on songe que l'écriture, à en croire les thèses les plus modernes, est née justement du besoin de comptabiliser les entrées et les sorties des denrées alimentaires dans les magasins où elles étaient stockées et conservées.

Les traces les plus anciennes d'écriture, mélange de caractères pictographiques et d'idéogrammes gravés sur des tablettes d'argile découvertes en Crète, datent des IIIe-IIe millénaires av. J.-C. Entre autres indications, elles rapportent la composition des rations journalières, distribuées selon le sexe et l'âge aux paysans et aux ouvriers

Détail de la stèle égyptienne de Méru, XIe dynastie, où l'on peut facilement identifier de nombreux produits destinés à la table. (Musée Égyptien, Turin).

La brève synthèse d'une longue histoire

L'art culinaire dans la Grèce antique illustré dans l'une des images Liebig aux couleurs très vives.

travaillant pour la communauté. On n'a cependant aucun renseignement sur la façon dont ces rations étaient cuisinées puis consommées. Cependant, dans quelques cas sporadiques, on a pu reconstituer d'antiques recettes de soupes. Cette reconstitution a été rendue possible grâce à l'heureuse concomitance de documents (le plus souvent des peintures murales) et de traditions culinaires indubitablement archaïques qui ont survécu jusqu'à nos jours.

La situation reste toutefois délicate même lorsque l'écriture, au Ier millénaire av. J.-C., devient alphabétique. La diffusion de nouveaux supports d'écriture, économiques et assez résistants à l'usure – papyrus, écorce d'arbre, parchemin et étoffe traitée selon un procédé particulier – permettait désormais de rédiger et de conserver un nombre grandissant d'ouvrages de tout genre. Au cours de la deuxième moitié du Ier millénaire av. J.-C., six auteurs grecs – Archestrate de Gela, Dorione, Crisippe de Tiane, Mithecos, Iatrocle et Arpocration de Mendes – et trois auteurs latins – Ambivius, Mena Lacinius et Matius, ami de Jules César – écrivirent des traités de gastronomie et de cuisine. Quand ils n'ont pas été égarés à travers les siècles, ces ouvrages sont arrivés jusqu'à nous sous une forme trop fragmentaire pour être d'une quelconque utilité. Ainsi, on doit se contenter des descriptions contenues dans des textes comme le *De Re Rustica*, de Junius Moderatus Columella, ou le *De Agricultura* de Caton le Censeur ou encore de références que l'on trouve dans des ouvrages plus littéraires. Ces témoignages, bien que nombreux, ne sont pas assez précis pour reconstituer des recettes.

C'est au milieu du Ier siècle apr. J.-C., que Marcus Gavius Apicius élabore son célèbre *De Re Coquinaria*, le plus ancien manuel de cuisine parvenu jusqu'à nous.

Apicius est entré dans l'histoire grâce à son amour démesuré pour la bonne chère, passion effrénée qui le conduisit à dilapider en peu de temps le patrimoine de sa famille et à se donner la mort. Le recueil de recettes de ce fin gourmet est naturellement consacré à une cui-

Fresque de Pompéi datant de la deuxième moitié du Ier siècle apr. J.-C. représentant une distribution de pain. (Pompéi).

sine riche et sophistiquée, mais il contient aussi de nombreuses recettes de soupes qui témoignent de la grande diffusion et de la popularité de ces plats. Dans ses recettes, Apicius, indique souvent de hacher et faire revenir les ingrédients, ce qui nous permet de dater d'au moins deux mille ans les méthodes culinaires et gastronomiques qui sont encore à la base des soupes. Les seules fausses notes dans ces recettes, selon les critères et les habitudes gastronomiques modernes, sont la surabondance d'épices et d'herbes aromatiques, ainsi que la présence pratiquement constante de miel, de moût cuit et de *garum*. Le *garum* était une sauce très coûteuse, obtenue en faisant fermenter dans le sel des entrailles de poisson, préparation très proche des sauces à base de poisson encore utilisées dans le Sud-Est asiatique, comme par exemple le *nam pla* thaïlandais.

Malheureusement, les recettes d'Apicius n'indiquent jamais le dosage des ingrédients. Il est de ce fait pratiquement impossible d'en connaître le goût avec certitude. Cependant, diverses expériences montrent qu'en se conformant aux quantités moyennes utilisées dans la cuisine d'aujourd'hui, on obtient des soupes un peu insolites, certes, mais tout à fait acceptables pour le palais moderne.

Sujet marin dans une fresque de la moitié du IIe siècle apr. J.-C. (port fluvial de San Paolo à Pietra Papa, Rome).

La brève synthèse d'une longue histoire

Georges de la Tour : Les Mangeurs de pois chiches. *(Staatliches Museum, Gemäldegalerie, Berlin).*

Statue représentant Charles V. (Musée du Louvre, Paris).

On a beaucoup débattu des raisons qui poussèrent Apicius à l'usage excessif d'ingrédients destinés à aromatiser et à donner du goût aux aliments. Parmi les différentes hypothèses, la plus réaliste se fonde sur la nécessité de masquer le goût et l'odeur désagréables de produits qui n'étaient pas toujours très frais. Bien entendu, seules les personnes aisées achetaient les ingrédients très coûteux préconisés par Apicius ; on peut donc présumer que les classes pauvres employaient des produits plus abordables mais tout aussi efficaces, comme l'ail, l'oignon, le romarin, la sauge, le persil, la marjolaine, l'origan, et en substitution du *garum*, très cher, de simples anchois salés. Les ingrédients, en somme, qui sont utilisés largement dans la préparation des soupes d'aujourd'hui.

Après le *De Re Coquinaria*, il faudra attendre encore un millénaire environ avant d'avoir de nouveaux documents sur la préparation des soupes. Une longue période pendant laquelle les guerres, les invasions barbares et la peste ébranlèrent le monde et menacèrent de l'anéantir. Dans les monastères, les copistes travaillèrent jour et nuit à la conservation de ce qui subsistait des splendides cultures du passé et il ne leur restait que peu de temps à consacrer à ces sujets mineurs, que sont la cuisine et la gastronomie. Nous avons malgré tout quelques témoignages sur la cuisine de ces époques. Les fouilles archéologiques de Castel Barro, base militaire de Goths en Lombardie, nous ont révélé, par exemple, que le régime alimentaire des occupants incluait des soupes à base de pois chiches. Les chroniqueurs nous apprennent également que les paysans se nourrissaient quotidiennement de soupes d'orge et de légumes enrichies, éventuellement, d'un peu de viande. Les Règles des monastères mentionnent elles aussi les soupes, souvent maigres, mais sans donner de détails sur leur composition. Vers la fin du XIIIe siècle pourtant, un cuisinier inconnu, probablement français, confia dans un manuscrit quelques-unes de ses recettes dont celles de soupes d'une incroyable modernité.

Au XIVe siècle, paraît un très important recueil de recettes, intitulé *Le Viandier*, et attribué à Guillaume Tirel (dit Taillevent à cause de son gros nez), cuisinier de Charles V et de Charles VI. Ses recettes témoignent souvent d'une excellente maîtrise gastronomique, mais les herbes aromatiques et les épices y sont encore employées avec une abondance qui ne se justifie pas toujours. La présence fréquente de miel confirme par ailleurs la préférence pour les combinaisons de doux et d'amer si chères à Apicius. Mais si le choix des ingrédients ou les modalités d'exécution conduisent à des résultats assez insolites, les goûts et les parfums commencent déjà à se rapprocher des canons modernes.

À partir du XVe siècle, grâce au grand nombre de recettes qui nous sont parvenues, il devient aisé de suivre l'évolution des soupes.

Il s'agit de recueils souvent rédigés par de grands cuisiniers de cour, à côté desquels apparaissent parfois des manuels de cuisine à usage domestique. Ainsi, au XVe siècle, à côté des somptueux livres de

Le Caravage : Le Repas d'Emmaüs, *1606. (Pinacothèque Brera, Milan).*

recettes de Maître Chiquart, cuisinier d'Amédée VIII de Savoie, et de Maître Martin de Rubeis, cuisinier du patriarche d'Aquilée à Rome, connu autrefois sous le nom de Martin de Côme, on trouve *Le Ménagier de Paris*, écrit par un Français resté anonyme.

Quoi qu'il en soit, la présence importante de recettes de soupes dans tous les manuels de cuisine de l'époque parvenus jusqu'à nous est significative. Elle semble confirmer l'importance de la place que ces plats ont de tout temps occupé dans l'alimentation des hommes.

Au cours de la deuxième moitié du XVe siècle, un nouvel ingrédient pour les soupes apparaît sur la scène italienne : le riz. Introduit en Espagne et en Sicile par les Arabes entre le IXe et le Xe siècle, il commence alors à être cultivé de manière extensive en Italie du Nord. Les manuels de cuisine, devenus entre-temps de plus en plus nombreux, nous révèlent que la soupe gagne en simplicité : la redondance d'ingrédients disparaît peu à peu au profit d'un équilibre plus raffiné, permettant de mieux apprécier les saveurs et les arômes dominants.

Les cuisiniers, du moins les plus grands d'entre eux, appliquent à l'art culinaire des principes que l'on peut presque qualifier de scientifiques. Ils raisonnent désormais sur les réactions à l'œuvre dans

La brève synthèse d'une longue histoire

leurs casseroles plutôt que de reproduire aveuglément ce que d'autres ont fait jusqu'alors. Cette approche sera brillamment illustrée beaucoup plus tard, en 1825, par Brillat-Savarin. Dans son célèbre ouvrage *La Physiologie du goût*, le professeur explique à son cuisinier que certaines des choses faites sans réfléchir... dérivent des plus hauts principes de la science. Samuel Johnson, homme de lettres et gastronome intelligent, bien que non cuisinier, semble faire écho à ces idées. Selon Boswell, il déclara à l'issue d'un repas très raffiné : « En cuisine, si l'on connaît la vraie nature des ingrédients, on peut en utiliser beaucoup moins. »

Aux XVIIe et XVIIIe siècles, la diffusion en Europe de produits alimentaires importés du Nouveau Monde marque un nouveau tournant important dans l'évolution de l'alimentation humaine. La polenta voit le jour grâce à l'emploi du maïs tandis que les pommes de terre, les haricots, les tomates et les piments rouges, acquièrent une place à part entière dans la préparation des soupes notamment. Ces nouveaux venus, placés d'abord au rang des ingrédients pauvres, font peu à peu leur entrée jusque dans les cuisines des riches et des nobles.

On retrouve les tomates et les haricots dans le *Cuisinier galant*, manuel encyclopédique de haute cuisine publié à Naples en 1773 et rédigé par Vincenzo Corrado, chef des Services de Bouche de Don Michele Imperiali, prince de Moltena et Francavilla et Grand d'Espagne de premier rang. C'est là le témoignage de la pénétration de ces produits dans les coutumes alimentaires et gastronomiques de l'époque. Grâce aux pommes de terre, aux haricots et, entre autres, aux tomates, les soupes acquièrent les caractéristiques organoleptiques qu'elles possèdent toujours. En comparant les recettes du XIXe siècle avec celles d'aujourd'hui, on s'aperçoit que les différences sont presque purement formelles. Elles portent sur la nature et surtout la quantité de matière grasse employée. On remarque aussi une prédominance des graisses d'origine animale, beurre, lard et saindoux, utilisées en quantité deux fois plus importante qu'aujourd'hui.

Au cours de la première moitié du XXe siècle, l'histoire des soupes se poursuit sans ruptures. Chaque région du globe garde ses propres traditions et l'arrivée sur le marché des légumes en boîte et des cubes de bouillon, dont la qualité ne cesse de s'améliorer, n'a guère affecté la consommation de produits frais. Seule exception : les États-Unis où des conditions socio-économiques différentes et la puissance de l'industrie agro-alimentaire favorisent les produits en conserve. Au cours de la deuxième moitié du siècle, une série de changements majeurs a cependant commencé à influencer avec une accélération croissante l'histoire actuelle des soupes et, par conséquent, leur histoire future. Mais il s'agit là d'histoire contemporaine et de prévisions que j'aborderai en détail dans le dernier chapitre de ce livre.

Pietro Longhi : La polenta, *1740 (Ca'Rezzonico, Venise).*

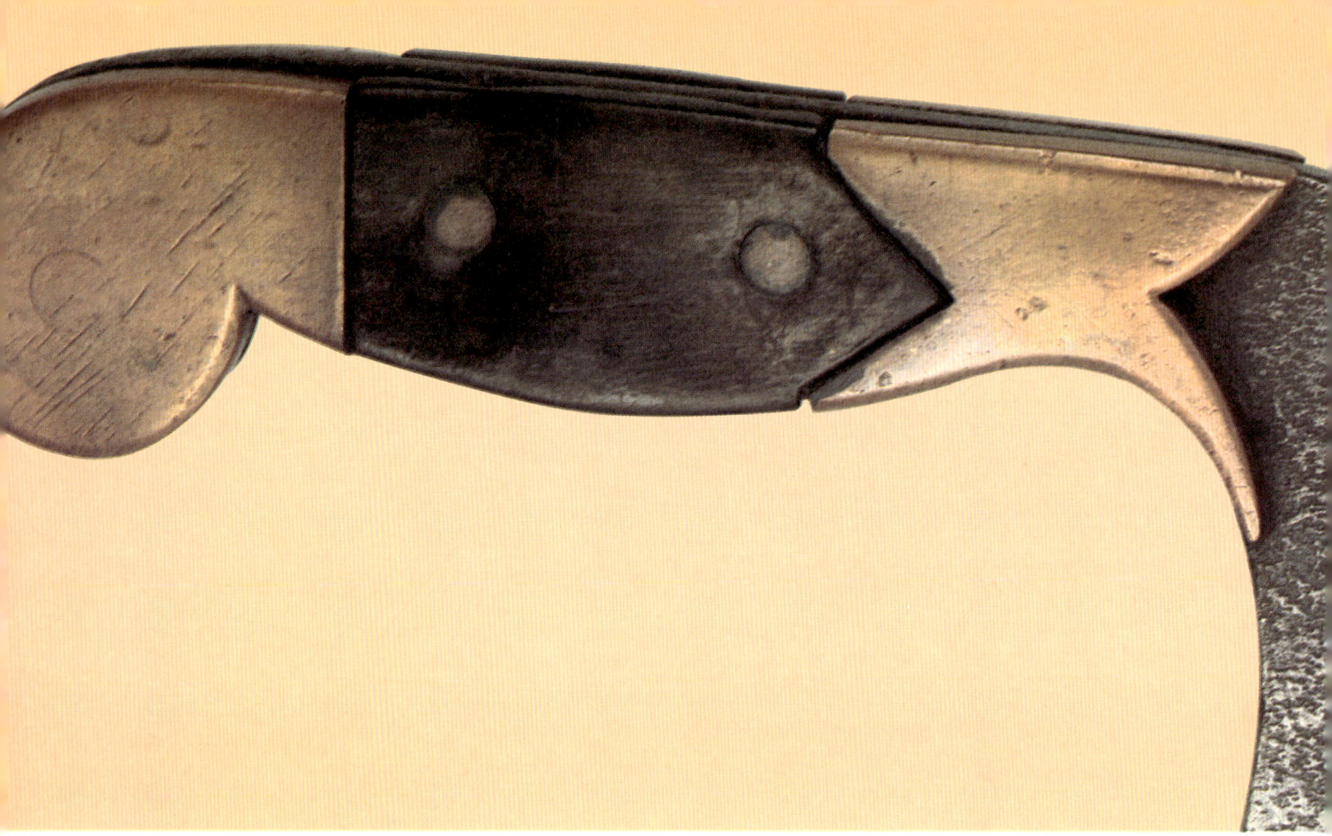

DU CRU

Ils disposent de tous les instruments du métier : casseroles, bassines et cuvettes, mais aussi daubières, pots à oille, couvercles, mortiers, pilons, râpes... Le Forum universel des professions du monde, Discours XCIII, Des cuisiniers et autres ministres similaires, Tommaso Garzoni da Bagnocavallo (1549-1589), Édition de Gio. Battista Somasco, Venise 1587.

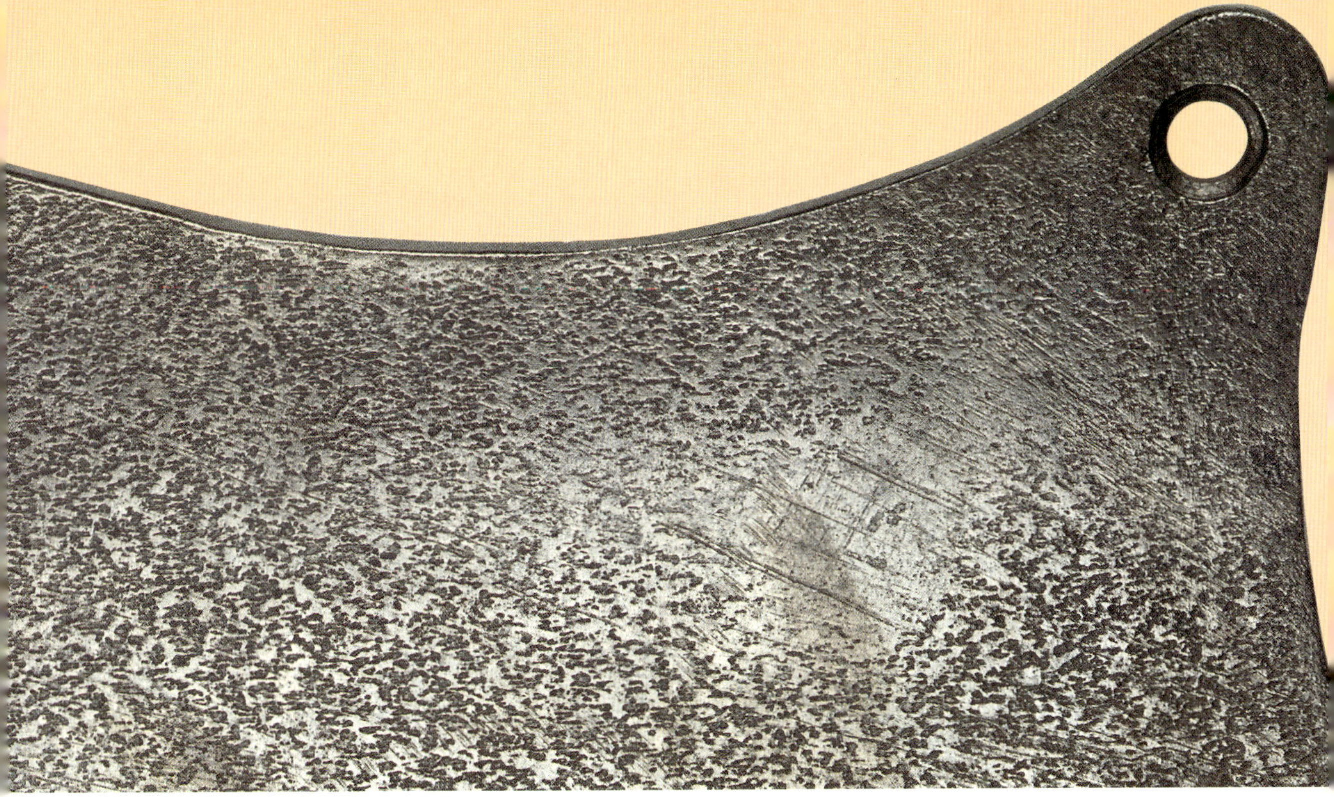

AU CUIT

Du cru au cuit

Ci-dessous, *la silhouette élégante d'un faitout à couvercle.*

Ci-dessous, *légumiers en terre cuite. L'intérieur est émaillé.*

La préparation d'une soupe est à la portée de tous, même de ceux qui, malgré leur amour de la bonne chère, ne se sentent pas très à l'aise devant les fourneaux. Il suffit, en effet, de choisir l'une des nombreuses recettes existantes, de se procurer les ingrédients, enfin de disposer et de savoir utiliser des ustensiles de cuisine tout à fait ordinaires. Bien entendu, il faudra également suivre scrupuleusement les instructions contenues dans les recettes. Celles que je vous propose dans cet ouvrage décrivent avec précision toutes les opérations nécessaires à leur exécution, des gestes préliminaires jusqu'à ceux qui accompagnent le moment joyeux où le plat est enfin présenté aux commensaux. Cependant, j'ai préféré les faire précéder de ce chapitre à caractère plus technique, qui se fixe plusieurs objectifs. Le premier est de faciliter la tâche de ceux qui ne possèdent pas une grande expérience culinaire mais souhaitent se lancer dans la préparation d'une soupe ou d'un potage. En effet, une fois bien assimilés le sens et la raison de certains gestes, il est plus aisé de définir la place des différentes étapes dans la structure d'ensemble de la recette. Ce principe me paraît d'une importance primordiale si l'on veut éviter les erreurs, parfois graves, dues à la négligence de telle ou telle recommandation. Par ailleurs, une meilleure compréhension permettra aux lectrices et aux lecteurs d'ajouter à chaque recette une touche plus personnelle, sans pour autant la modifier. Je ne me lasserai jamais de répéter que l'un des avantages les plus importants des soupes et des potages réside dans la possibilité de personnaliser chaque recette d'une façon agréable et harmonieuse. En d'autres termes, vous pouvez les adapter à vos propres goûts et à vos exigences alimentaires sans en altérer les caractéristiques gastronomiques essentielles.

J'ai aussi voulu apporter une réponse aussi objective que possible à un autre problème que l'on rencontre lorsque l'on souhaite reproduire des recettes comme celles contenues dans ce livre, qui proviennent des traditions de la cuisine populaire la plus classique, tant française qu'étrangère. On trouvera ici des recettes élaborées il y a longtemps, voire très longtemps, et qui comportent des ingrédients frais ou, comme c'est le cas notamment pour les légumes, conservés par séchage. Nous disposons aujourd'hui de produits conservés de diverses manières, souvent précuits, en partie ou entièrement. Il est donc logique de se demander dans quelle mesure on peut remplacer les produits traditionnels par les produits actuels sans dénaturer l'architecture gastronomique des recettes originales. Voici donc mes opinions en la matière, qui sont autant de réponses à ces questions légitimes.

OPÉRATIONS ET PRÉPARATIONS PRÉLIMINAIRES

La réalisation d'une recette comprend des opérations assez similaires d'une préparation à l'autre. Une soupe à base de viande, quelle que soit la viande, sera évidemment cuisinée à partir d'un bouillon de viande. Ce bouillon pourra être, selon les cas, préparé avec une seule qualité de viande ou, à l'inverse, son arôme pourra être le résultat du mélange particulier de plusieurs viandes. Dans tous les cas, la procédure pour la cuisson du bouillon reste la même.

De la même manière, les pâtes farcies, véritables bijoux de nombreuses cuisines populaires traditionnelles, diffèrent entre elles selon la farce de façon souvent radicale. Pourtant, dans la pratique, elles ne sont préparées que de deux manières.

Afin d'éviter des répétitions inutiles et ennuyeuses, j'ai donc préféré regrouper dans les pages suivantes les opérations préliminaires et les recettes de base dont vous aurez besoin pour la préparation des soupes.

Le basilic et la sauge figurent parmi les arômes les plus employés en cuisine.

TREMPAGE

Avant la cuisson, les légumes secs et les céréales doivent rester dans l'eau froide pendant 12 heures au minimum, l'idéal étant toutefois 24 heures et, dans quelques cas, 36 heures. Seules exceptions : les lentilles et les pois cassés, que l'on peut cuire sans aucun trempage préalable. Le trempage est un véritable processus de réhydratation qui permet ensuite de parvenir à une cuisson complète des produits en un temps raisonnable. L'ajout d'une cuillerée à café de bicarbonate de soude pour deux litres d'eau facilitera ce processus. Il n'est pas nécessaire, en revanche, de changer souvent l'eau. Une fois le trempage terminé, les produits seront égouttés et lavés à l'eau froide.

TRI

Il faut trier soigneusement les légumes secs et les céréales avant de les faire tremper ou de les cuire en éliminant les grains détériorés et les éventuelles impuretés.

BOUQUET GARNI

Il s'agit d'un bouquet d'herbes aromatiques – thym, laurier, romarin, marjolaine, persil et céleri... – placées dans un sachet en gaze fermé par du fil de cuisine. On peut de cette manière les retirer sans difficulté une fois la cuisson terminée.

AROMATES

L'ensemble des produits végétaux qui contiennent des substances aromatiques ou susceptibles d'enrichir le goût des mets. Solubles dans l'eau, ils peuvent être employer pour parfumer les bouillons de viande et de poisson.

Du cru au cuit

Ci-dessus, *une grande poêle, avec revêtement anti-adhésif et manche amovible.*

Ci-dessous, *Vincent Van Gogh : Nature morte aux choux et aux oignons, 1887. (Rijksmuseum, Amsterdam)*

BLANCHIMENT

Cette opération consiste à passer les produits à l'eau bouillante.

FAIRE REVENIR

Cette opération peut être considérée comme la clef de voûte de l'architecture gastronomique de bien des soupes. Bien exécutée, elle peut donner de l'éclat à une soupe médiocre, tandis que mal exécutée elle peut affadir, voire gâter la plus étonnante des soupes. Des divers ingrédients que l'on fait revenir et de la façon dont on accomplit cette opération, dépend donc la « personnalité » d'une soupe, c'est-à-dire l'ensemble des nuances et des spécificités qui différencient telle recette de telle autre, si semblables qu'elles puissent paraître à première vue.

Il est donc impératif de maîtriser ce procédé.

● Hachez tout d'abord plus ou moins finement les ingrédients indiqués dans une recette ou choisis en fonction de votre expérience et de vos goûts personnels. Mettez-les ensuite dans de la matière grasse déjà chaude pour les faire rissoler à une température élevée durant un certain temps.

● Tout au long de cette phase, il est nécessaire de mélanger sans cesse les ingrédients pour éviter qu'ils n'attachent au fond du récipient et ne se carbonisent. Ils prendraient alors un goût désagréable et légèrement amer qui se transmettrait ensuite à la soupe tout entière.

● Au cours de ces opérations, l'arôme et le goût de chaque ingrédient se fondent dans la matière grasse. Plus tard, au moment de la cuisson proprement dite de la soupe ou du potage, ils se disperseront dans le liquide de cuisson en l'enrichissant.

● Vous pouvez contrôler la qualité de ces arômes et de ces saveurs, en choisissant les ingrédients qui répondent le mieux à vos exigences, mais aussi leur « intensité ». Dans ce dernier cas, il ne s'agit pas simplement de maîtriser le dosage, absolu et relatif, des ingrédients, mais d'intervenir au niveau des trois variables principales en jeu.

● En effet, vous pouvez changer le temps et la température de cuisson et vous pouvez surtout hacher plus ou moins finement les différents ingrédients. Dans certains cas, comme celui de l'ail, il est même possible de les laisser rissoler entiers. Cette dernière possibilité permet de varier à votre guise la surface de contact entre les ingrédients et la matière grasse.

● Sans traiter le sujet de façon trop scientifique, ce qui serait déplacé ici, on peut néanmoins établir qu'à quantités égales d'ingrédients et de matière grasse, les arômes et le goût passant en solution seront d'autant plus forts que la température est élevée, que le temps de cuisson est long et que les ingrédients ont été hachés finement. C'est d'ailleurs pour cela que les recettes ne se limitent pas à indiquer le dosage des ingrédients. Elles suggèrent aussi de les faire revenir à une température plus ou moins élevée, elles préconisent le temps durant lequel on peut les laisser sur le feu et elles précisent, enfin, si ces ingrédients doivent être hachés de façon fine ou grossière.

● Les recettes donnent aussi des renseignements précis en ce qui concerne le traitement de deux ingrédients particuliers : l'ail et l'oignon. Ces deux ingrédients possèdent un arôme très fort – dans le cas de l'oignon il est accompagné d'un goût spécial et assez marqué – arôme qu'ils ne libèrent qu'avec une certaine lenteur dans la matière grasse. Voilà pourquoi l'ail et l'oignon, en fonction des résultats que l'on souhaite obtenir, devront parfois rissoler seuls durant un certain temps avant d'être ajoutés aux autres ingrédients hachés, en prenant bien garde toutefois de ne pas les laisser brûler.

● Combien de temps faut-il laisser l'ail et l'oignon rissoler seuls ? Rien de plus simple. Jusqu'à ce que la couleur blanche nacrée qui caractérise ces deux légumes crus se soit transformée en un joli marron doré aux tonalités chaudes. L'oignon apporte aussi une contribution importante au goût du mets que l'on prépare. Un expédient aussi simple qu'efficace permet de prolonger le plus longtemps possible le contact avec la

Hachoir à main à deux lames en fer du début du XXᵉ siècle. (Collection Medagliani).

Hachoir à main moderne avec lame en acier inoxydable de 26 cm.

Du cru au cuit

Ci-dessus, *Pieter Cornelisz van Ryck . Cuisine, 1628. (Museum voor schone Kunsten, Gent).*

Ci-dessous, *couperet de la fin du XIXe siècle, avec manche en laiton et en os. (Collection Medagliani).*

matière grasse sans risque de carbonisation. Il suffit d'ajouter à la matière grasse un peu d'eau, car elle empêche la température de dépasser les 100 °C et évite ainsi de dangereuses surchauffes. Bien entendu, quand toute l'eau se sera évaporée, la température se mettra à monter. Il faudra donc surveiller attentivement le roussissement si l'on veut éviter de désagréables surprises.

HACHER

En jargon culinaire on trouvera aussi « piler » ou « concasser ». Cette opération consiste à hacher, souvent pour les faire rissoler dans un corps gras, des ingrédients destinés à aromatiser et rendre plus savoureuses les soupes. Sur les résultats que l'on peut obtenir en employant différents ustensiles – couteau, hachoir à main, mortier, moulin à légumes... – je vous renvoie aux explications correspondantes. « Piler » et « concasser », dans le sens qui nous intéresse, sont donc des synonymes de « hacher ». Le premier verbe est lié à l'emploi du mortier et du pilon, un usage désormais presque oublié. On l'utilise encore aujourd'hui pour définir certaines sauces froides comme le pesto génois (pesto en italien = « pilé »). L'origine du verbe « concasser », en revanche, est plus incertaine. Il pourrait dériver lui aussi de l'emploi du mortier, dans lequel les produits sont concassés à l'aide du pilon. Mais il peut également faire référence à une exécution au couteau, où la lame « concasse » les ingrédients.

LES BOUILLONS

BOUILLONS DE VIANDE

Rien de plus facile que de préparer un bouillon de viande. Il suffit de mettre la viande dans un faitout assez grand, d'y verser la quantité d'eau nécessaire, de saler légèrement (on peut rectifier l'assaisonnement une fois la cuisson presque terminée), d'ajouter ensuite les aromates et enfin de faire cuire doucement. Seul véritable problème, le réglage des brûleurs (ou de la plaque pour les cuisinières électriques) : il faut éviter une ébullition trop forte.

● Cette cuisson lente répond à deux objectifs bien précis. Il s'agit, en premier lieu, d'empêcher la formation d'une couche imperméable de protéines coagulées sur la surface de la viande, qui ferait obstacle à la pénétration de l'eau de cuisson en profondeur, donc à la dissolution des éléments nutritifs. Le bouillon qui en résulterait aurait bien peu de goût.
● Le salage initial vise lui aussi à favoriser, par des mécanismes physiques liés à la pression osmotique, la pénétration de l'eau de cuisson à l'intérieur de la viande.
● De plus, une ébullition trop forte porterait en émulsion la graisse de la viande. On obtiendrait ainsi un bouillon d'aspect très trouble même après filtrage. (Un bouillon trouble peut toutefois acquérir une transparence cristalline si on le clarifie comme indiqué au dernier paragraphe de ce chapitre.) Il faut aussi rappeler qu'une ébullition trop forte ne raccourcit guère le temps de cuisson : selon une loi physique bien connue, la température d'un liquide en ébullition reste toujours constante. Elle ne provoquerait qu'une perte excessive de volume par évaporation.

Les bouillons de viande les plus répandus sont :
● *Le bouillon de viande de bœuf* : la viande, pas trop maigre, devra être en un seul morceau et on lui aura ôté la peau ainsi que les couches de gras en excès, les os et les parties cartilagineuses. Ces dernières ne sont nécessaires que si le bouillon est destiné à la préparation de gelées. Le bouillon de viande de bœuf est utilisé autant pour la préparation de soupes aux pâtes ou au riz que comme liquide de cuisson des minestrones de légumes. Le bœuf donne un bouillon plus savoureux que le veau, mais un tantinet plus foncé.
● *Le bouillon de volaille* : on calcule le rapport eau/viande en fonction du poids net de la viande, mais celle-ci devra inclure la peau, les ailes et la carcasse. Le bouillon de volaille est très délicat, il est de ce fait, idéal pour les consommés ou les soupes à base de pâtes ou de riz d'une certaine élégance. Si l'on souhaite obtenir un bouillon très clair, la poule devra être blanchie avant cuisson.

Ci-dessus, *mandoline à légumes en bois avec lame en fer à double usage pour couper en tranches et en allumettes. (Collection Medagliani).*

Ci-dessous, *couperet avec lame de 15 cm en acier inoxydable.*

Du cru au cuit

Ci-dessous, *pièces de la collection Medagliani : de gauche à droite, roulette à pâtes en os avec manche en bois, milieu du XIX*e *siècle ; roulette à pâtes avec manche créé à partir d'un tournevis de la deuxième guerre mondiale ; fouet pour battre la crème et les œufs, début du XX*e *siècle.*

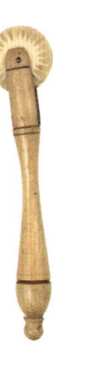

● *Le bouillon de chapon* : la viande à bouillir devra inclure la peau, les ailes et les os. Pour la préparation du bouillon de chapon, on ajoute souvent une feuille de laurier aux aromates de base traditionnels. Le bouillon de chapon, de par sa saveur très riche et son parfum, est parfait pour toutes les soupes aux pâtes ou au riz. En Émilie-Romagne, c'est « le » bouillon par excellence qui accompagne souvent les tortellini et que l'on utilise pour certaines soupes particulières.

● *Le bouillon de viandes variées* : le goût et le parfum de ces bouillons, qui peuvent inclure de la langue de bœuf, ainsi que de la tête de veau, de la viande de porc, d'agneau et de chevreau, varient en fonction des types de viande choisis. On les utilise, en règle générale, dans la préparation de soupes et de potages particuliers.

Vous pouvez également obtenir un bouillon très savoureux et très parfumé en ajoutant, dès le début de la cuisson, une croûte de parmesan que vous aurez soigneusement raclée pour en éliminer la couche supérieure foncée. Cet expédient vous permet de préparer des soupes sans ajout de fromage râpé. Elles auront le goût appétissant du fromage, avec l'avantage supplémentaire de laisser le bouillon parfaitement limpide.

Conservation

Les bouillons de viande doivent toujours être conservés au réfrigérateur. On peut aussi les conserver en les congelant. Dans ce cas, toutefois, n'oubliez pas qu'au bout de deux mois les propriétés organoleptiques des bouillons sont susceptibles de détérioration par le rancissement des graisses. Celles-ci sont en effet présentes même dans les bouillons dégraissés. Par ailleurs, les bouillons décongelés peuvent présenter un aspect trouble plus ou moins accentué.

Aromates pour les bouillons de viande

Ingrédients pour 1 kg de viande ou 5 l d'eau :
1 côte de céleri avec ses feuilles (coupée en trois morceaux) ;
2 carottes moyennes (coupées en trois ou quatre morceaux) ;
1 oignon moyen (coupé en deux), 2 tomates bien mûres et coupées en quartiers (facultatif).

Les tomates confèrent au bouillon un goût acidulé très léger qui en relève la saveur mais elles lui donnent également une couleur légèrement ambrée qui n'est pas toujours appréciée par les puristes.

La formule proposée est celle que l'on utilise ordinairement. Pour quelques bouillons particuliers ou destinés à un usage bien défini, d'autres ingrédients peuvent occuper le devant de la scène. C'est le cas du bouillon de chapon, utilisé pour faire cuire des pâtes comme les agnolini, où l'on ajoute une feuille de laurier aux autres aromates. En revanche, dans certains bouillons mixtes contenant de la viande de porc, outre le laurier, les aromates doivent comprendre des baies de genièvre qui élimineront l'odeur trop prononcée de graisse. Dans tous les cas, rien ne vous empêche de suivre vos goûts personnels et de marier les aromates traditionnels avec d'autres, comme le thym, la marjolaine, le romarin, le persil, le basilic, les clous de girofles et la noix de muscade.

Préparation du bouillon de viande

Mettez la viande dans un faitout de dimensions adéquates, sans oublier que l'on n'utilisera que les 3/4 du volume total du faitout. Ajoutez l'eau, qui doit être froide pour faire un bon bouillon. Comptez 5 dl d'eau pour 100 g « nets » de viande – c'est-à-dire sans les os, la peau ou les excès de gras.
Compte tenu de la perte de liquide par évaporation, vous obtiendrez après cuisson environ 2,5 dl de bouillon, ce qui correspond, à peu près, au volume nécessaire à une soupe pour une personne. Salez avec une grande prudence et portez le tout à ébullition très lentement.
Ajoutez ensuite les aromates, couvrez et laissez bouillir légèrement et très lentement jusqu'à cuisson complète de la viande. Il faudra compter environ 3 à 4 heures. Lorsque le bouillon est presque prêt, écumez-le et goûtez-le pour contrôler le degré de salage. S'il s'avère trop salé, ajoutez quelques pommes de terre épluchées mais entières qui absorberont l'excès de sel. Une fois la cuisson terminée, le bouillon doit être filtré à travers un tamis recouvert d'une serviette à trame serrée, mouillée et essorée. Après un refroidissement complet, dégraissez le bouillon en écumant la surface à l'aide d'une cuillère ou, mieux encore, d'une écumoire.

Clarification des bouillons de viande

Après avoir filtré le bouillon, laissez-le refroidir et transférez-en un quart environ dans une terrine de dimensions adéquates. Ajoutez des blancs d'œufs (deux blancs par litre de bouillon à clarifier) et battez soigneusement à l'aide d'un fouet. Réchauffez le reste du bouillon sans porter à ébullition. Versez-y peu à peu, tout en remuant, le mélange de bouillon et de blancs d'œufs. Portez lentement le tout à ébullition sans cesser de remuer. Laissez bouillir légèrement pendant environ 15 minutes, toujours en remuant soigneusement. Retirez du feu, laissez reposer 10 minutes. Passez ensuite le bouillon au travers d'une serviette à trame serrée, mouillée et bien essorée.
Il faut également évoquer une recette incontournable : le consommé. C'est le bouillon le plus élégant qui soit, parfumé et toujours appétissant, agréable, savoureux et totalement sans graisse. Il ne provoque jamais cette désagréable sensation de lourdeur parfois associée aux bouillons. Le mets parfait, en somme, pour commencer un repas véritablement raffiné, l'alternative élégante aux hors-d'œuvre habituels.

Deux tamis de diamètres différents à filet fin en acier inoxydable. Ces ustensiles sont utilisés en cuisine pour filtrer les bouillons ou d'autres aliments.

Du cru au cuit

RECETTES POUR BOUILLONS DE VIANDE

Consommé

Ingrédients pour 1 l :

1,5 l de bouillon de viande de votre choix (de préférence de la volaille) préparé sans ajout de tomates, 350 g de viande de veau maigre, 1 blanc d'œuf, 1 carotte moyenne, 1 côte de céleri, 1 blanc de poireau.

Mettez la viande hachée dans un faitout. Hachez grossièrement les légumes et ajoutez-les à la viande avec le blanc d'œuf. Mélangez soigneusement. Versez peu à peu le bouillon froid sans arrêter de remuer de façon à bien délayer le mélange. Portez à ébullition, couvrez et laissez cuire à petits bouillons pendant une heure.

Une fois la cuisson terminée, dégraissez à nouveau, puis filtrez à l'aide d'une serviette à trame serrée, mouillée et bien essorée.

Le consommé peut être utilisé comme base pour des soupes d'une haute qualité gastronomique. Dans ce cas, le choix du vin d'accompagnement sera dicté par les caractéristiques plus générales de la recette. Si, en revanche, le consommé est proposé seul, il mérite d'être accompagné d'un vin tout aussi raffiné. Je conseille vivement un grand vin blanc modérément sec, à l'arôme profond et persistant, au degré alcoolique soutenu qui éliminera toute trace d'arrière-goût. Un Vernaccia sec d'Orsitano, donc, ou un bon Sherry blanc seraient des compagnons parfaits pour le consommé. Évitez, en revanche, les mousseux bruts, excessivement secs et dotés d'un arôme beaucoup trop délicat.

Fond brun

Le fond brun est un bouillon très maigre et aromatique mais peu savoureux, utilisé pour des préparations particulières. Celui que je vous propose dérive des fonds créés et utilisés par Raymond Blanc et Ernst Huber, deux grands chefs de renommée mondiale.

Ingrédients :

1 kg d'os de veau en morceaux, 100 g de carottes, 100 g d'oignons, 2 tomates coupées en quartiers, 1 poireau et 1 échalote hachés grossièrement, 1 feuille de laurier, 6 grains de poivre noir écrasés, un bouquet de persil, 2 petites branches de sauge, 2 petites branches de romarin, 1 dl de vin rouge.

Coupez les os en morceaux. Placez-les dans un plat à

Poêles et casseroles, extérieur en élégant aluminium et intérieur en téflon anti-adhésif, un matériau qui permet d'utiliser moins de matière grasse en cuisine.

Luis Egidio Meléndez : Nature morte. *(Musée du Prado, Madrid).*

rôtir et mettez-les au four à 180 °C, en les retournant souvent, jusqu'à ce qu'ils deviennent foncés. Ajoutez les légumes et laissez-les prendre de la couleur. Retirez le plat du four, mouillez avec du vin, remuez pour bien détacher le fond puis transférez le tout dans un faitout. Couvrez d'eau, ajoutez les aromates et portez lentement à ébullition, en écumant souvent. Laissez cuire à très faible ébullition pendant 3 ou 4 heures, en rajoutant de l'eau si nécessaire. Ensuite filtrez, laissez refroidir et dégraissez le plus possible. Remettez à bouillir pour réduire le volume à environ 3 dl.

Si vous remplacez le poireau et l'échalote par 2 baies de genièvre écrasées, le fond ressemblera au bouillon de gibier.

FUMET DE POISSON

Le fumet de poisson est préparé en utilisant les arêtes et les têtes des poissons, les pinces, les têtes et les coquilles des crustacés et même le liquide éventuellement produit par la pré-cuisson des mollusques à coquilles bivalves. On utilise donc les parures des produits de la mer, à l'exception des entrailles, des œufs et des coquilles vides des mollusques. Pour préparer le fumet, il suffit de mettre les ingrédients dans une casserole, d'ajouter les aromates et l'eau nécessaires, de saler et de porter lentement à ébullition.

Du cru au cuit

Trois ustensiles en fer forgé de la fin du XVIIIe siècle : de gauche à droite, une grosse cuiller, une petite louche à sauce et une grosse louche à bouillon.

N.B. : Si parmi les ingrédients figure le liquide produit par la cuisson des mollusques, l'ajout de sel devient superflu.
La cuisson ne devra en aucun cas se prolonger au-delà de 15 minutes pour éviter que l'arôme et le goût ne deviennent trop prononcés. Le fumet de poisson est utilisé comme liquide de cuisson pour les soupes de poisson ou les soupes dites « mer-terre » où les produits de la terre se marient avec ceux de la mer.

Conservation
Le fumet de poisson se conserve assez bien par congélation. Je vous conseille donc d'en préparer une quantité assez importante chaque fois que vous disposez de parures de poisson, même si vous n'avez pas l'intention de l'utiliser immédiatement.

Aromates pour le fumet de poisson
Ingrédients pour 1 kg de parures de poisson ou 1 l d'eau :
1 côte de céleri avec ses feuilles (coupée en 3 morceaux), 1 gros bouquet de persil (feuilles et tiges), 1 carotte moyenne (coupée en morceaux), 1 oignon (coupé en quartiers), 1 tomate bien mûre (coupée en quartiers), 10 grains de poivre écrasés, un demi-citron (coupé en deux morceaux).

Recettes pour bouillons de poisson ou fumets
Il existe un grand nombre de recettes de fumets de poisson, presque similaires. Celle élaborée par le grand chef allemand Eckart Witzigmann me paraît cependant très intéressante.

Giacomo Ceruti, dit le Pitocchetto : Nature morte à l'assiette en étain, homards, citron, ampoules en verre, pain et bouteille de vin, 1750. (Pinacothèque Brera, Milan).

Fumet de poisson d'Eckart Witzigmann

Ingrédients :
1 kg de parures de poisson, 1 côte de céleri avec ses feuilles coupée en morceaux, 60 g de poireaux (le blanc haché), 60 g d'oignons hachés, 30 g de champignons hachés, 1 cuillerée à café de thym haché, 1 feuille de laurier, 1 bouquet de persil frais, 5 grains écrasés de poivre noir, sel.

Mettez les ingrédients avec 1 l d'eau dans une casserole (si vous utilisez le liquide de cuisson des mollusques, le sel est superflu). Faites bouillir légèrement pendant 15 à 20 minutes sans couvercle, puis filtrez à l'aide d'un tamis à filet très fin doublé, le cas échéant, d'une gaze. Pour obtenir un goût plus marqué, faites revenir auparavant les légumes finement hachés dans un peu de beurre.

Fumet de homards

Voici encore un plat au goût de mer élégant et raffiné. La procédure est peut-être un peu complexe mais les résultats que vous obtiendrez seront tels que vous serez largement récompensés du surplus de travail et de temps requis.

Ingrédients pour environ 7,5 dl de fumet de homards :
1 gros homards entiers, 2 gousses d'ail écrasées, 2 cuillerées d'huile d'olive, 2 verres de vin blanc sec, 10 grains de poivre blanc, 1 branche de céleri, 1 bouquet de persil, 1 demi-oignon, 1 demi-citron coupé en quartiers, sel.

Versez l'huile d'olive dans une sauteuse, ajoutez l'ail et laissez-le dorer à feu moyen. Ajoutez le homard, très frais et lavés. Faites-les rissoler en les retournant pendant 5 à 6 minutes. Mouillez avec le vin, ajoutez sel et poivre et laissez évaporer à température très basse jusqu'à ce que le liquide réduise au maximum. Laissez refroidir, retirez le homard et décortiquez-les. Remettez les pinces, la tête, qu'il faudra écraser sans perdre le liquide qu'elles contiennent, et la carapace dans la casserole. Versez 1 l d'eau et ajoutez les aromates. Portez à ébullition et faites cuire à température très basse (le liquide doit bouillir légèrement) pendant 10 minutes. Ne salez qu'à la fin de la cuisson et filtrez le fumet quand il est encore chaud.
Le homards décortiqué pourra être utilisé à part pour d'autres plats.

Nettoyage, pré-cuisson des coquillages

Pour utiliser sans risques les mollusques bivalves (moules, palourdes, coques…), ingrédients de base d'un grand nombre de soupes et de potages appétissants, commencez par les nettoyer soigneusement afin d'en retirer la vase et le sable. Vous pourrez alors les soumettre à la pré-cuisson. Celle-ci répond à deux objectifs :
- éliminer les mollusques morts, donc douteux ;
- détruire par stérilisation – la pré-cuisson se faisant à 100 °C – d'éventuels agents pathogènes.

Louche à bouillon et écumoire, deux ustensiles en acier.

Du cru au cuit

Nettoyage

Après avoir éliminé les spécimens dont la coquille est ouverte ou visiblement endommagée, lavez ceux qui restent sous l'eau du robinet en les frottant vigoureusement de manière à retirer la boue et le sable incrustés sur les coques. Si celles-ci présentent des concrétions ou sont couvertes de minuscules crustacés de différentes espèces, grattez-les à l'aide d'une brosse métallique. Il faudra éliminer également, en les arrachant, les filaments avec lesquelles certains mollusques, comme les moules, s'accrochent aux supports où ils vivent. De plus, les mollusques que l'on trouve dans les fonds sablonneux contiennent souvent du sable. Pour l'éliminer, laissez tremper les coquillages dans de l'eau salée (30 g de sel pour 1 l d'eau) pendant 24 heures, en changeant l'eau au moins 4 fois.

Pré-cuisson standard

Mettez les mollusques dans une casserole très large dotée d'un couvercle. Idéalement, ils devraient être disposés en une seule couche. Ajoutez les ingrédients éventuels indiqués dans la recette. Couvrez et chauffez pendant 8 à 10 minutes à feu vif en secouant la casserole de temps à autre ou en remuant à l'aide d'une spatule en bois. Retirez ensuite la casserole du feu, enlevez les coquilles qui ne se sont pas ouvertes et réservez celles que vous allez employer. Le liquide qui s'est formé durant la cuisson, souvent destiné à la préparation de votre recette, doit être filtré à l'aide d'une gaze à trame très serrée pliée sur elle-même 2 à 3 fois.

Les autocuiseurs permettent d'écourter les temps de cuisson. Pratiques et solides, ils sont disponibles en plusieurs tailles.

BOUILLONS DE LÉGUMES

Ce sont des bouillons très légers, au parfum délicat mais persistant et qui, à l'inverse des bouillons de viande et de poisson, ne contiennent pas la moindre trace de graisse.

Ils sont en général utilisés pour remplacer l'eau, comme liquide de cuisson dans différents types de soupes et de potages qu'ils enrichissent de leurs arômes et de leurs parfums. Si vous ajoutez une croûte bien nettoyée de parmesan en cours de cuisson, vous obtiendrez le résultat évoqué tout à l'heure à propos des bouillons de viande.

Comme ils ne contiennent pas de graisse, les bouillons de légumes se conservent très bien au congélateur.

Recettes de bouillons de légumes

Parmi les nombreux bouillons de légumes répertoriés, celui que je vous propose ci-dessous présente l'avantage de pouvoir remplacer l'eau même dans la préparation des bouillons de viande, auxquels il conférera un parfum plus prononcé.

Bouillon de légumes

Ingrédients pour 4 personnes :
6 pommes de terre épluchées (environ 600 g), 2 carottes moyennes (en petits morceaux), 1 côte de céleri avec ses feuilles (coupée en 3 ou 4 morceaux), 3 oignons moyens (coupés en quartiers), 4 tomates (en morceaux), 1 clou de girofle, sel.
Mettez les légumes dans un faitout après avoir enfoncé le clou de girofle dans un morceau d'oignon. Ajoutez 2,5 l d'eau, salez avec précaution. Couvrez et portez à ébullition.
Laissez bouillir environ 2 heures, rectifiez l'assaisonnement si nécessaire, puis filtrez le bouillon. Les légumes pourront être passés au moulin à légumes ou au presse-purée et utilisés pour une soupe.

Grand bouillon de légumes

Il convient de réserver une place à part au grand bouillon, composé uniquement de légumes. Par son goût et son arôme, il est pratiquement impossible de distinguer celui-ci d'un bouillon de viande.

Ingrédients pour 1,5 l de bouillon :
100 g de lentilles, 100 g de haricots secs (déjà trempés), 4 oignons moyens, 1 bouquet de persil, 2 branches de céleri, 4 carottes, 6 noix, 1 chou frisé, noix muscade, 8 petits grains de poivre noir entiers, 50 g de beurre, sel.
Hachez les oignons, le persil, le céleri et les carottes, puis mettez-les dans un grand faitout pour les faire rissoler dans le beurre.

Vincent Van Gogh, Les Mangeurs de pommes de terre, *1885. (Rijksmuseum, Amsterdam).*

Versez 5 l d'eau froide dans la marmite et ajoutez tous les autres ingrédients. Portez à ébullition et laissez cuire à température moyenne, jusqu'à ce que le liquide de cuisson réduise environ des deux tiers. Retirez du feu, laissez reposer, filtrez.

FAUX BOUILLON « EXPRESS »

En cas d'urgence, vous pouvez préparer en moins d'une demi-heure un excellent bouillon, indiqué pour toute sorte de soupe et qui peut éventuellement remplacer le fond brun.

Ingrédients pour 4 personnes :
1 oignon blanc, 50 g de beurre, 1 cube de bouillon, 1 cuillérée à café d'extrait de viande, poivre blanc (facultatif), sel.
Faites fondre le beurre dans une casserole assez grande. Ajoutez l'oignon haché finement et faites-le revenir en remuant avec une spatule en bois, jusqu'à ce qu'il soit devenu brun foncé mais sans brûler ni carboniser.
Versez l'eau dans la casserole. Portez à ébullition et laissez bouillir légèrement pendant 5 minutes. Écumez en éliminant tout l'oignon qui sera remonté à la surface. Faites fondre dans le liquide un cube de bouillon, ajoutez l'extrait de viande et laissez bouillir légèrement pendant 5 minutes en remuant soigneusement.
Rectifiez l'assaisonnement et saupoudrez de poivre blanc, fraîchement moulu, selon votre goût.

Mattia Bartoloni, Esaü vend son droit d'aînesse pour un plat de lentilles, *fresque de 1716. (Villa Cornero à Piombino Dese, près de Padoue).*

LES PÂTES

PÂTES COMPOSÉES UNIQUEMENT D'EAU ET DE FARINE

Elles ont été presque complètement supplantées par les pâtes sèches industrielles. Pour les préparer chez vous, suivez les suggestions formulées ci-dessous. La quantité d'eau utilisée varie selon la quantité d'humidité présente dans les farines et le type de farine, mais comptez en moyenne une cuillerée d'eau environ pour 100 g de farine.

PÂTES AUX ŒUFS

Les pâtes aux œufs figurent parmi les ingrédients de base d'un grand nombre de soupes de la cuisine populaire méditerranéenne. À côté des pâtes traditionnelles faites à la main, il existe aujourd'hui des marques industrielles ou artisanales proposant des pâtes sèches, semi-fraîches ou fraîches, dans une gamme de qualités et de formes très variée. Les pâtes peuvent naturellement être faites à la maison à l'aide des appareils décrits dans le chapitre consacré aux ustensiles. Les machines à rouleaux seront alimentées par la même pâte que celle employée pour la préparation à la main. Pour les machines à vis, il faudra en revanche se conformer au dosage indiqué dans le mode d'emploi.

Roulette à pâtes et hachoir à persil et fines herbes.

Préparation des pâtes aux œufs maison

Il faut avant tout préparer la pâte, pour laquelle la tradition culinaire d'Émilie-Romagne recommande 1 œuf entier pour environ 100 g de farine. La quantité exacte de farine dépend de la taille des œufs. D'autres cuisines régionales utilisent moins d'œufs – par exemple 3 œufs pour 500 g de farine – et préconisent même d'ajouter une petite quantité d'eau pour obtenir une pâte facile à pétrir. En revanche, des ingrédients supplémentaires viennent s'ajouter parfois à la farine et aux œufs dans la préparation de certains types de pâtes. C'est le cas des garganelli, que l'on utilise dans le bouillon ou dans les potages de légumes.
Ceci étant dit, voici la recette la plus traditionnelle de pâtes aux œufs :

Pâtes aux œufs traditionnelles

Ingrédients pour 4 personnes
(si les pâtes sont utilisées pour des soupes) :
2 œufs frais, environ 200 g de farine blanche type 55, 1/2 cuillerée d'huile d'olive, sel (facultatif). Mettez la farine sur une planche ou une autre surface de travail assez lisse et assez large. Faites une fontaine au milieu et mettez les œufs, l'huile et éventuellement le sel. Enfarinez vos mains et incorporez les œufs et les autres ingrédients à la farine. Pétrissez vigoureusement la pâte pendant une quinzaine de minutes jusqu'à obtenir un mélange onctueux, à la fois ferme et élastique.

Rouleau à pâtisserie du début du XXe siècle utilisé pour abaisser les fougasses. (Collection Medagliani).

Du cru au cuit

Vincenzo Campi : Cuisine, *deuxième moitié du XVIe siècle. (Collections de l'Académie des Beaux-Arts de Brera, Milan).*

Si la pâte est trop molle ou si elle colle, ajoutez davantage de farine ; si, au contraire, elle est trop dure, incorporez un peu d'eau. Veillez à protéger la pâte des courants d'air, qui pourraient la sécher excessivement ou de façon irrégulière : elle deviendrait difficile à travailler.

Modelez la pâte en boule, aplatissez-la légèrement puis étendez-la au rouleau à pâtisserie en une abaisse très fine et uniforme. Laissez reposer l'abaisse pendant une dizaine de minutes puis enroulez-la et coupez-la avec un couteau bien affilé en longues bandes dont la largeur sera celle du format de pâtes souhaité. Déroulez les bandes et coupez-les de façon à obtenir, encore une fois, le format souhaité. Les traditions gastronomiques des différentes régions d'Italie ont défini à travers les siècles les dimensions optimales des pâtes en fonction de leur utilisation. C'est ainsi que les farfalle, souvent utilisées en bouillon, se préparent à partir de petits rectangles de pâte de 2 x 4 cm pincés au centre. En revanche, les maltagliati, employés pour le minestrone, ne doivent pas dépasser 1 cm de large et les tagliolini 2 mm. L'épaisseur, en revanche, dépend essentiellement de l'habileté de la personne qui étend la pâte en abaisse, mais aussi des goûts personnels. Le plus important est qu'elle soit très uniforme de façon à obtenir une cuisson suffisamment homogène.

Avec l'abaisse on peut préparer également, toujours à la main, des maccheroni de différentes sortes. Il suffit de découper des rectangles de dimensions adéquates puis de les enrouler autour d'un corps cylindrique ayant le diamètre souhaité, le manche d'une cuiller en bois, par exemple.

Toujours dans cette catégorie, on trouve les garganelli cités plus haut, qui sont de petits maccheroni confectionnés à la main à partir d'un mélange très riche.

Garganelli

Ingrédients pour 4 personnes (si servis en bouillon) :
250 g de farine blanche type 55, 2 œufs entiers, 4 cuillerées de parmesan râpé, noix de muscade, sel.

Pétrissez un mélange de farine et d'œufs avec le parmesan râpé et le sel. Saupoudrez de noix de muscade selon votre goût.

Étendez une abaisse très fine et coupez-la en carrés de 2,5 cm. Couvrez-les avec un torchon à peine mouillé pour éviter qu'ils ne sèchent trop.

Posez les carrés un par un en diagonale sur un bâtonnet cylindrique lisse de 1 cm de diamètre sur lequel vous les enroulerez. Passez-les au « peigne » (châssis en bois d'environ 40 x 20 cm sur lequel sont disposés dans le sens de la longueur des fils métalliques tendus espacés de 0,5 à 1 mm). Vous obtiendrez de petits maccheroni aux extrémités en bec et au dos cannelé.

Un rouleau à pâtisserie moderne.

PÂTES FARCIES

Les pâtes farcies pour les bouillons sont présentes dans de nombreuses cuisines traditionnelles. La cuisine italienne s'enorgueillit d'en présenter une grande variété comprenant entre autres les anolini, les

George Walker, Intérieur d'une cuisine du Yorkshire. *(Collection privée).*

Du cru au cuit

Râpe en fer brut datant de 1700. (Collection Medagliani).

marubini, les raviolini et, naturellement, les célèbres cappelletti. S'il faut en croire la légende, ces derniers furent créés par un aubergiste qui eut la chance d'héberger la déesse Vénus. Ayant succombé à la tentation de l'épier pendant qu'elle se déshabillait, l'aubergiste fut tellement ébloui par le nombril de la déesse qu'il songea tout de suite à le reproduire en créant les cappelletti.

Mais il ne faut pas oublier les créations non italiennes, comme par exemple les Schlickkrapfen de la cuisine allemande.

Grâce à ses progrès techniques, l'industrie et l'artisanat sont désormais en mesure d'offrir aux consommateurs des pâtes farcies tout à fait honorables, voire excellentes. Pourtant, comme pour les pâtes aux œufs, vous pouvez toujours vous amuser à préparer chez vous l'une des nombreuses spécialités que les traditions gastronomiques du monde entier mettent à votre disposition. Avec un peu d'expérience et d'imagination, vous pouvez apporter des variantes personnelles aux recettes classiques, pour les rendre encore plus savoureuses. Voilà pourquoi dans le chapitre intitulé *Sa Majesté le Bouillon*, consacré aux soupes à base de pâtes ou de riz, plusieurs recettes où figurent des pâtes farcies à savourer dans différents types de bouillon sont proposées. Voici deux recettes parmi les plus classiques.

Anolini et cappelletti sont à juste titre deux éléments incontournables de la cuisine populaire italienne. S'ils ont en commun la composition de l'abaisse qui en constitue l'enveloppe, ils diffèrent profondément par leur forme et par la farce qu'ils contiennent.

Farce des anolini à la parmesane

Ingrédients pour 4 personnes :

400 g de viande de bœuf (en un seul morceau), 50 g de poitrine fraîche, 1 oignon assez gros, 2 gousses d'ail, 5 dl de bouillon de viande de bœuf, 2 cuillerées à café de concentré de tomates, 1/4 de côte de céleri, 1 petite carotte, 3 clous de girofle, 1/4 de bâtonnet de cannelle, 4 dl environ de vin rouge, 4 cuillerées de chapelure, 150 g de parmesan râpé, 1 œuf, noix de muscade, 1 cuillerée d'huile d'olive, 30 g de beurre, poivre noir, sel.

Mettez dans une casserole, si possible en terre cuite, l'huile, le beurre et l'oignon haché finement. Chauffez à feu doux. Lorsque l'oignon sera bien doré, ajoutez la viande piquée de poitrine et d'ail. Faites rissoler pendant 10 minutes, en ajoutant du sel et du poivre selon votre convenance.

Lorsque la viande aura pris de la couleur, versez le bouillon préalablement chauffé, dans lequel vous aurez délayé le concentré de tomate. Ajoutez également le céleri coupé en petits morceaux, la carotte en rondelles, les clous de girofle et la cannelle.

Couvrez la casserole avec le couvercle à l'envers, partie convexe vers le bas, remplissez la partie concave de vin et laissez cuire à feu très doux – le liquide doit à peine frémir – jusqu'à ce que le bouillon soit réduit. Autrefois, à l'époque des cuisinières économiques, cette partie de la préparation pouvait durer jusqu'à 3 jours.
Filtrez la sauce et réservez-la. Grillez la chapelure et incorporez-la à la sauce avec le parmesan et l'œuf battu. Saupoudrez de noix de muscade. Remuez jusqu'à obtenir un mélange homogène. Vous pouvez, le cas échéant, ajouter un peu de viande hachée finement.
Pour confectionner les anolini, coupez l'abaisse en lamelles de 8 à 9 cm de large. Disposez de petites boules de farce de la taille d'une noisette tous les 3 cm environ puis repliez les lamelles dans le sens de la longueur de manière à contenir la farce. Pressez soigneusement le bord. Vous obtiendrez la forme voulue pour les anolini à l'aide du petit moule semi-circulaire à bord tranchant prévu à cet effet.

Farce pour cappelletti à l'émilienne
Ingrédients pour 4 personnes :
40 g de viande de veau maigre, 40 g de viande de porc maigre, 40 g de viande de bœuf, 40 g de jambon cru, 150 g de chapelure, 100 g de parmesan râpé, noix de muscade, 30 g de beurre, sel.
Hachez les viandes ensemble, faites fondre le beurre dans une casserole et ajoutez les viandes hachées. Faites-les rissoler en remuant sans arrêt à l'aide d'une cuiller en bois pour éviter qu'elles n'attachent. Mettez la chapelure dans une terrine, ajoutez la viande encore chaude et mélangez. Si le mélange est trop sec, ajoutez un peu de bouillon tiède. Incorporez également le jambon haché finement et le parmesan. Rectifiez l'assaisonnement et saupoudrez de noix de muscade selon votre goût. Remuez jusqu'à l'obtention d'un mélange homogène.
Pour confectionner les cappelletti, coupez l'abaisse de pâte en carrés de 3 cm environ et recouvrez-les d'un torchon mouillé pour éviter qu'ils ne sèchent. Mettez un peu de farce au centre de chaque carré, pliez-les en triangle sans coller les pointes et en pressant les bords. Prenez chaque triangle dans une main. Enroulez les deux pointes autour de l'index de l'autre main en les déplaçant légèrement vers le haut et en les pressant légèrement pour les coller. Les anolini et les cappelletti, on le verra plus loin, varient, parfois considérablement, selon les habitudes alimentaires et gastronomiques des régions où on les retrouve, même si souvent ces régions sont géographiquement très proches, voire limitrophes.

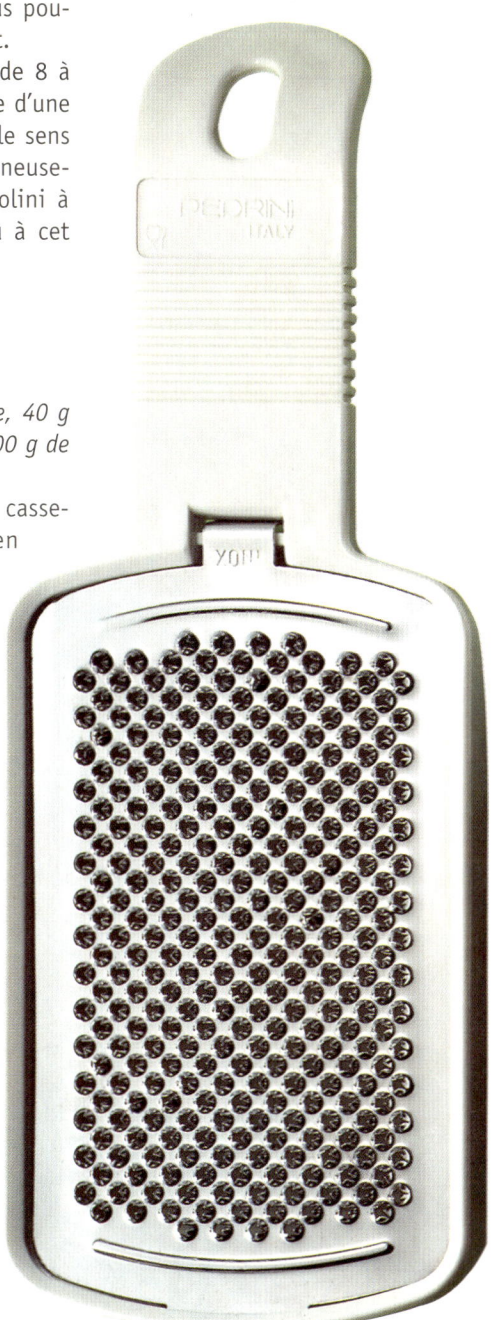

Râpe de table en ABS avec lame démontable en acier inoxydable.

Du cru au cuit

Elève de Pietro Longhi, La Cuisine, *fin du XVIIIe siècle. (Casa Goldoni, Venise).*

Faitout en cuivre battu avec intérieur étamé de la fin du XIXe siècle. (Collection Medagliani).

CUISSON

Seule une cuisson appropriée permettra de préparer des soupes, des potages ou des bouillons dignes de ce nom. Heureusement, les règles à suivre sont peu nombreuses et surtout très simples.

CUISSON DES SOUPES AUX PÂTES OU AU RIZ

Pour la cuisson des soupes aux pâtes ou au riz à base de bouillon, appliquez les mêmes règles que pour la cuisson dans l'eau :

- Le volume de bouillon doit être proportionnel à la quantité de pâtes ou de riz. Il faut tenir compte de la perte de volume par évaporation et absorption lors de la cuisson mais aussi de la liquidité finale souhaitée. En règle générale, comptez 5 dl de bouillon pour 70/80 g de pâtes non farcies. Pour les pâtes farcies, prévoyez un volume plus important, compte tenu du niveau d'absorption plus élevé.
- N'ajoutez les pâtes que lorsque le bouillon est en pleine ébullition. Augmentez le feu pour reporter à ébullition le plus rapidement possible, baissez-le ensuite pour éviter une ébullition trop forte.
- Lorsque la soupe est presque cuite, goûtez et rectifiez l'assaisonnement si nécessaire.

Après la cuisson, le bouillon peut présenter un aspect trouble, dû soit à l'ébullition prolongée soit aux particules de pâtes en suspension, ou d'amidon dans le cas du riz. Il n'existe qu'un moyen pour résoudre cet inconvénient : préparez une quantité double de bouillon. Utilisez-en une moitié pour la cuisson et laissez l'autre moitié de côté au chaud. Quand la cuisson est terminée, égouttez les pâtes ou le riz et mettez-les encore chauds dans le bouillon limpide.

CUISSON DE SOUPES À BASE DE LÉGUMES

Pour préparer les soupes, vous devez faire revenir d'abord les légumes, vous ajoutez ensuite le liquide de cuisson (bouillon ou eau) et le sel et portez à ébullition.

- Le volume de liquide nécessaire à la cuisson est d'environ 1,5 l par kg d'ingrédients, y compris pour les pâtes ou le riz. Cette quantité peut cependant varier, parfois de façon importante, en fonction de la nature des ingrédients et de leur tendance à absorber l'eau.
- Ajoutez éventuellment des ingrédients supplémentaires, cuisinés à part ou demandant des temps de cuisson plus réduits, à mi-cuisson, ou vers la fin de la cuisson. Ils doivent avoir le temps de mélanger leurs saveurs ou leurs parfums à ceux des autres ingrédients sans cuire excessivement. Les pâtes et le riz, quant à eux, ne doivent être ajoutés qu'une fois la cuisson terminée.
- Les soupes doivent cuire à feu très doux. L'ébullition du liquide doit toujours être lente. Vous diminuerez de cette façon la perte en volume par évaporation et vous éviterez que les ingrédients les plus

tendres ne se réduisent en bouillie indistincte. Les conséquences sur la qualité gastronomique globale du plat seraient néfastes : certes, les différents ingrédients doivent être moelleux mais encore faut-il pouvoir les distinguer les uns des autres !

● Si le volume se réduit excessivement, ajoutez du liquide chaud, ou mieux encore, bouillant. Le liquide froid provoquerait un durcissement de certains ingrédients, notamment des légumes.

● Puisque le volume de cuisson a tendance à réduire considérablement, il est préférable de saler avec beaucoup de prudence à mi-cuisson et de rectifier l'assaisonnement en fin de cuisson.

Annibale Carrache, Le Mangeur de haricots, XVIe siècle. *(Galerie Colonna, Rome).*

Passoire à filet fin en acier inoxydable.

Du cru au cuit

Petites mesures en cuivre pour les liquides du XIXe siècle. (Collection Medagliani).

SAUCES ET CONDIMENTS

Les sauces et les condiments sont traditionnellement utilisés pour compléter ou enrichir la saveur et les arômes d'un grand nombre de soupes. Dans leurs différentes régions d'origine, ils accompagnent souvent le poisson rôti ou à la vapeur, et la viande.

AÏOLI Sauce typiquement provençale, composée de 2 gousses d'ail, 1 pincée de sel, 1 jaune d'œuf, 1 dl environ d'huile d'olive. Pilez l'ail avec le sel dans un mortier jusqu'à obtention d'une pâte homogène. Ajoutez le jaune d'œuf et mélangez d'un mouvement circulaire du pilon afin d'obtenir une crème onctueuse. Tout en continuant à remuer, toujours dans le même sens, ajoutez l'huile goutte à goutte, comme s'il s'agissait d'une mayonnaise.

AVGOLEMONO Sauce typique de la cuisine grecque, composée de 3 œufs, du jus de 2 citrons, de 2,5 dl de fumet de poisson. Pour la préparer, battez les œufs avec le jus de citron puis incorporez le fumet lentement et en mélangeant toujours dans le même sens.

HARISSA Sauce piquante nord-africaine. Pour la préparer, il vous faut 8 piments rouges piquants, 4 gousses d'ail, 1 cuillerée de feuilles de coriandre, 2 cuillerées à café de graines de cumin et du sel. Passez au mixeur les piments, l'ail, les feuilles de coriandre, le cumin, une pincée de sel et deux cuillerées d'eau jusqu'à obtenir un mélange onctueux.

GARAM MASALA Épice composée d'origine indienne. Elle se trouve toute prête dans les boutiques spécialisées mais vous pouvez la préparer vous-même en réduisant en poudre des clous de girofle, de la cannelle, du cumin et de la coriandre en proportions égales.

PISTOU Sauce provençale. Pour la préparer, passez au mixeur 12 feuilles de basilic, 1 gousse d'ail, 4 cuillerées d'huile d'olive et du sel jusqu'à obtenir un mélange onctueux. Laissez-le reposer pendant environ 1 heure avant utilisation.

SAUCE AU PIMENT Sauce typiquement orientale. Pour la préparer, passez au mixeur 20 piments bien piquants, 2 cuillerées de vinaigre de pommes, 1 cuillerée de sucre et une pincée de sel. Avant de l'utiliser, délayez-la avec un peu d'eau chaude.

ROUILLE Sauce traditionnelle du Sud de la France qui se prépare avec 2 gousses d'ail, 2 piments rouges piquants, 1 grosse noix de mie de pain, 2 cuillerées d'huile d'olive et 2 dl de fumet de poisson. Pilez dans un mortier – ou mixez – le pain, les gousses d'ail et les piments. Ajoutez de l'huile. Remuez jusqu'à obtenir un mélange homogène et délayez-le avec le fumet de poisson.

DES PRODUITS NOUVEAUX POUR DE VIEILLES RECETTES

Il y a un peu plus d'un siècle, les seuls ingrédients dont on disposait pour les soupes étaient des produits frais. D'autre part, la seule méthode de conservation des légumes était la déshydratation. Depuis, l'industrie agroalimentaire a accompli des pas en avant spectaculaires, notamment au cours des dernières années, et l'on dispose désormais d'une gamme pratiquement inépuisable de produits de bonne, voire d'excellente qualité.

Goûtez une soupe aux haricots ou aux pois chiches. Sauriez-vous dire si elle a été préparée avec des légumes frais, qui auraient trempé pendant une journée et qui auraient longuement mijoté, ou bien avec des produits à cuisson rapide, autrement dit des légumes en boîte ? De nos jours, la différence est pratiquement imperceptible.

Il faut cependant se montrer prudent : avant d'utiliser des produits en boîte, il convient de s'assurer qu'ils sont suffisamment tendres. De plus, si vous les ajoutez à des ingrédients que vous avez fait revenir et aux autres légumes éventuellement indiqués dans la recette, laissez-les cuire ensemble à feu moyen pendant un certain temps, afin que les saveurs puissent bien se mélanger.

Il en va de même pour les légumes surgelés. Le plus souvent, ils sont partiellement précuits, quand ils ne sont pas simplement blanchis. Il pourrait donc y avoir des problèmes de cuisson lors de leur utilisation, surtout si la soupe est préparée en mélangeant produits frais et produits congelés. On devra alors lire attentivement le mode d'emploi sur l'emballage pour éviter de commettre des erreurs ou au moins pour les limiter.

En revanche, il faut traiter à part les épices et les herbes aromatiques. Rappelons d'abord que de nombreux produits sont conservés par déshydratation totale ou partielle. C'est le cas, par exemple, de l'ail, mais aussi du poivre, du piment ou d'herbes aromatiques comme l'origan, le laurier, le thym, la marjolaine ou la menthe. En effet, le parfum de ces herbes varie en intensité et en qualité selon qu'il s'agit d'un produit frais ou d'un produit sec. Voilà pourquoi certaines recettes précisent sous quelle forme le produit doit être utilisé.

Faitouts avec couvercles en trois métaux (acier, aluminium, acier) pour une meilleure conduction de la chaleur et une hygiène parfaite.

Du cru au cuit

Couteau à découper en fer forgé de la fin du XIXe siècle. (Collection Medagliani).

L'industrie agroalimentaire, mais parfois aussi les marques artisanales, proposent depuis longtemps des épices, des légumes et des herbes aromatiques conservés de façon différente et qui donc possèdent des caractéristiques organoleptiques distinctes. Les premiers produits de ce genre, utilisés entre autres pour la préparation de soupes, furent les « sels » d'ail, d'oignon et de céleri. Il s'agissait de mélanges assez complexes contenant, entre autres, des composants chimiques donnant à ces trois ingrédients leur arôme caractéristique. Certes, ils ajoutent du goût mais il faut admettre que le parfum qu'ils confèrent aux aliments ne rappelle que vaguement celui des mêmes ingrédients frais.

Les produits analogues conservés par déshydratation sont en revanche plus acceptables. C'est le cas, par exemple, des oignons passés à la poêle puis déshydratés : ils ne sont pas parfaits, certes, mais ils sont assez proches de ceux que l'on fait revenir soi-même dans de l'huile d'olive.

On ne peut rien reprocher, en revanche, aux herbes aromatiques surgelées. Pas même au basilic. Celui-ci, quand il est séché, perd tout son parfum, mais décongelé il est pratiquement impossible de le distinguer du basilic frais.

Parmi les produits alimentaires de longue conservation utilisés pour les soupes, il ne faut pas oublier les coquillages, les crustacés et les poissons.

S'agissant des crustacés et des poissons, je fais référence uniquement aux produits surgelés. Ce sont les seuls qui, par leur mode de conservation, peuvent être employés dans les recettes qui nous intéressent ici. Le poisson surgelé est tout à fait correct. Certes, il n'aura jamais le goût incomparable du poisson fraîchement pêché, mais cela est vrai également pour le poisson frais vendu dans les poissonneries éloignées des côtes. Les crustacés conservent eux aussi presque toujours une bonne partie de leur goût et de leur consistance d'origine. Cependant certaines de leurs caractéristiques organoleptiques disparaissent au cours du blanchissement préalable à la congélation, surtout lorsque ces produits sont non pas blanchis, mais précuits.

En ce qui concerne les coquillages, le cas est différent si on les a congelés ou conservés à l'abri de l'air dans un liquide. Dans ce second cas, on perd irrémédiablement la consistance, le goût et cette senteur indéfinissable de mer qui constitue l'attrait principal des coquillages. Pour être conservés, les coquillages doivent être précuits et c'est justement au cours de cette opération que leurs caractéristiques organoleptiques s'altèrent ou disparaissent complètement.

Pour compenser cette perte, il suffit de faire revenir des légumes un peu piquants et savoureux et de les ajouter à la soupe.

Enfin, l'industrie agroalimentaire propose désormais des soupes toute prêtes, parfois aux pâtes ou au riz, conservés par déshydratation ou par congélation. À quelques exceptions près, il s'agit de produits tout à fait acceptables, préparés plutôt fidèlement selon des recettes classiques et avec des ingrédients de bonne qualité. Les techniques de conservation employées sont désormais très avancées et assurent une préservation satisfaisante du goût et de l'arôme des produits frais. Le vrai problème n'est pas là. Souvent, pour les produits alimentaires destinés à la grande distribution, les recettes sont

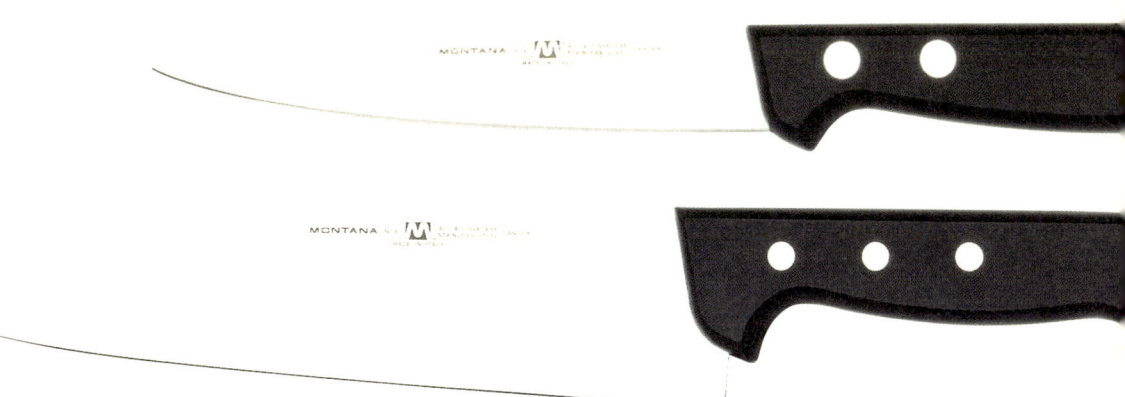

Au-dessus un couteau à émincer, au-dessous un couteau de cuisine multi-usages.

« apprivoisées » afin de satisfaire la demande du plus grand nombre possible de consommateurs. En d'autres termes, ces plats cuisinés sont dépourvus des arômes et du goût parfois un peu rustiques des recettes populaires qui risqueraient de déplaire. Ainsi les soupes sont presque toujours caractérisées par une remarquable médiocrité. Dans ce cas, pourtant, vous pouvez compenser ces défauts sans trop de difficulté : ajoutez à la soupe des oignons, ou d'autres ingrédients selon votre goût, rissolés comme il faut. Il suffit parfois d'ajouter du persil haché. Vous personnalisez ainsi votre soupe de façon rapide et économique. Il y a des exceptions, certes, mais ce sont justement celles qui confirment la règle.

En conclusion, ne boudons pas ces produits modernes de longue conservation : utilisés de façon avisée et intelligente, ils permettent de préparer des soupes d'un bon niveau gastronomique, sans beaucoup d'efforts et, qui plus est, en très peu de temps.

Ustensiles de cuisine provenant de la collection Medagliani : de gauche à droite, roulette à découper les pâtes dites trenette liguri (début du XXe siècle) ; râpe thaïlandaise en bambou encore utilisée de nos jours ; écailleur à poisson artisanal, construit à partir de la lame d'une scie courbée (fin du XIXe siècle).

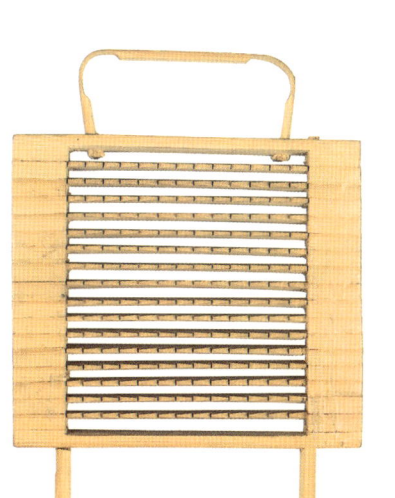

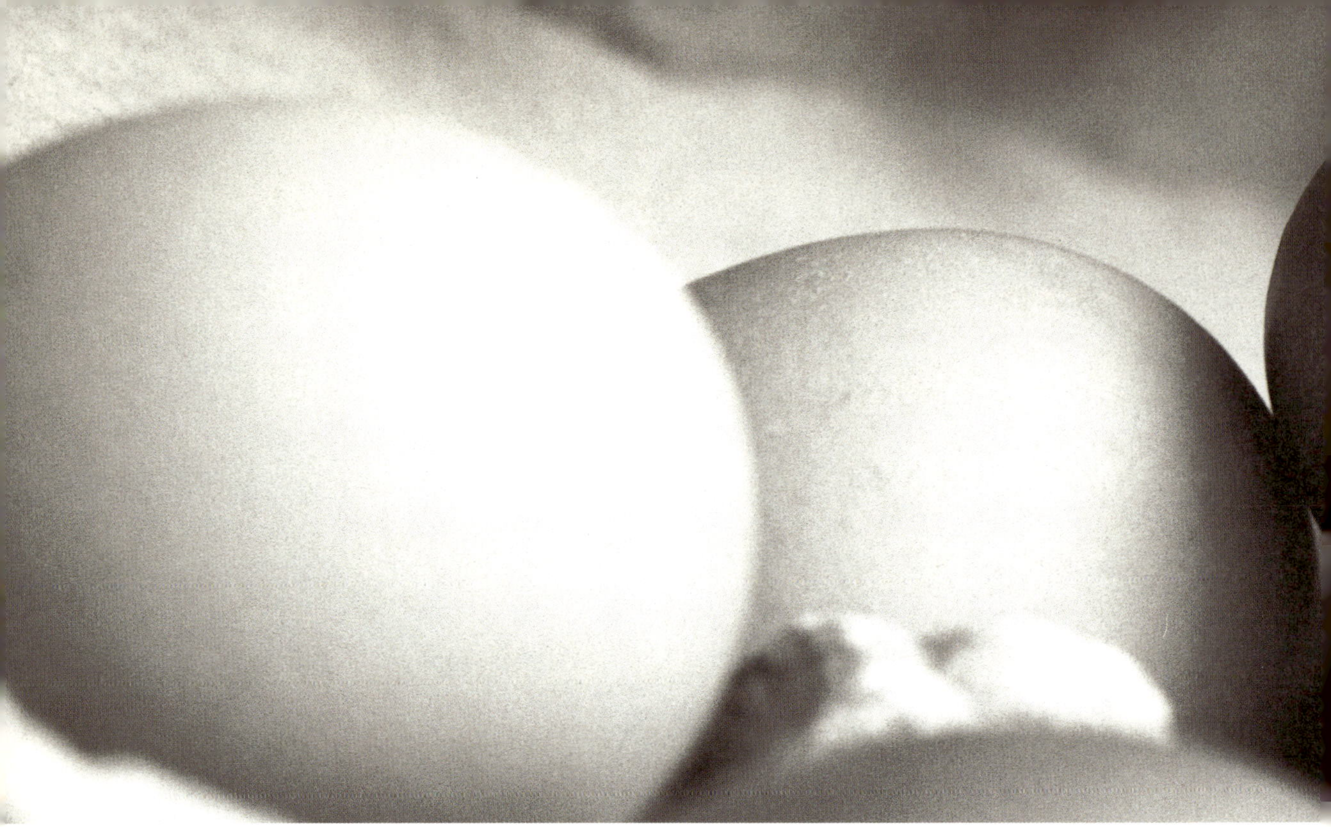

RECETTES D'HIER

Le consommé peut se préparer avec de la viande de chapon, de faisan, de perdrix, de chevreuil, de pigeon ou de colombe sauvage... De Honesta Voluptate et Valetudine, *chapitre CLXXIX.*
Bartolomeo Sacchi dit le Platina (1421-1481)

ET D'AVANT-HIER

Recettes d'hier et d'avant-hier

Chaque fois que l'on revisite une recette ancienne, c'est une agréable aventure qui commence : on découvre des saveurs et des arômes qui, bien qu'inconnus jusqu'alors, réveillent en nous des souvenirs ancestraux, des sensations toujours présentes dans notre inconscient collectif. On fait l'expérience intime d'habitudes et d'usages vieux de plusieurs siècles, voire de millénaires. On reconstruit l'histoire de l'homme, c'est-à-dire de nous-mêmes, dans ces menus détails chargés de sens qu'aucun livre ni aucune recherche scientifique ne peuvent nous apprendre. Voilà pourquoi j'ai voulu consacrer ce chapitre aux soupes du passé, avec des recettes datant de la préhistoire à la fin du XIXe siècle. Les premières ont été reconstituées sur la base des maigres témoignages dont on dispose mais elles sont vraisemblablement très proches de celles qu'utilisaient nos ancêtres. J'ai été obligé de remplacer certains ingrédients par d'autres, modernes, mais toujours dans le respect de la structure gastronomique originale du plat proposé.

Le chapitre commence avec un groupe de recettes « préhistoriques » reconstituées sur la base de documents incomplets et intégrées dans des recettes traditionnelles qui ont survécu jusqu'à nos jours.

Vous trouverez ensuite les premières soupes « historiques » provenant des recettes recueillies dans le De Re Coquinaria de Marcus Gavius Apicius, le richissime patricien romain né vers 25 av. J.-C. Grâce à ce recueil, le plus ancien parvenu jusqu'à nous, on connaît les mets favoris de la Rome impériale mais aussi la façon dont ils étaient cuisinés. Si les plats d'Apicius sont destinés à une classe sociale riche et raffinée, en les analysant attentivement on peut avoir une idée assez précise de l'alimentation d'il y a deux mille ans. Le De Re Coquinaria contient également de nombreuses recettes de soupes. Il est d'ailleurs étonnant de voir à quel point beaucoup d'entre elles sont en harmonie avec les goûts d'aujourd'hui. Celles que je vous propose ici, parmi les plus

Amphore à garum du Ier-IIe siècles apr. J.-C. (Musée Archéologique de Carthage). Le garum, sauce très employée à Rome, était obtenu par la fermentation des entrailles de poisson.

représentatives, ont été peu remaniées et sont donc assez fidèles aux recettes originales. La seule liberté que je me sois accordée a consisté à remplacer le garum – la sauce à base de poisson mentionnée dans le chapitre historique – par des anchois salés dissouts dans de l'huile d'olive.

Pour que paraisse un document écrit sur la cuisine ancienne aussi important que le De Re Coquinaria, il faudra attendre la fin du XIIIe siècle. À la Bibliothèque Nationale de Paris il existe des manuscrits sur parchemin datant de cette époque. Ils contiennent les recettes d'un cuisinier français anonyme, dont des recettes de soupes. Certes, la surabondance d'épices que l'on y retrouve est parfois difficile à justifier, mais les habitudes alimentaires de cette période sont encore influencées par celles de l'époque romaine. Ces habitudes se confirment, d'ailleurs, dans Le Viandier de Taillevent cité plus haut.

Elles commencent cependant à se modifier dès le XVe siècle. Au cours de la première moitié de ce siècle, on trouve dans le recueil de recettes d'un cuisinier anonyme, probablement du Sud de l'Italie, des soupes et des potages annonçant déjà la cuisine populaire de nos jours. Il en va de même du recueil de Maître Martin de Rubeis, véritable célébrité de la gastronomie du XVe siècle. Originaire du Val de Blenio, au Tessin, il était le cuisinier personnel du « révérend monseigneur Camorlengo, Patriarche d'Aquilée ». Toutefois, il ne dédaigna jamais la cuisine simple et populaire, comme le montrent les nombreuses recettes de soupes et de potages de son Livre de l'art culinaire. Son grand mérite est d'avoir su revisiter les plats de la tradition populaire en les rendant plus précieux sans les dénaturer. Son génie culinaire fut pourtant un cas assez isolé. À la même époque, Bartolomeo Sacchi, dit le Platina, un humaniste qui s'occupait aussi de gastronomie, s'inspira largement de l'œuvre de Martin qu'il admirait. Pourtant, dans son monumental De Honesta Voluptate et Valetudine, il propose des recettes parfois inutilement complexes, souvent dépourvues d'équilibre et de

Emblème de la Villa de Tor Marciana (moitié du IIe siècle apr. J.-C.), représentant différentes espèces de poissons, poulets, dattes et asperges, retrouvé dans les dépendances de la villa. (Musées du Vatican, Cité du Vatican).

Recettes d'hier et d'avant-hier

Au XIXe siècle, la tendance évolue vers des soupes plus simples et équilibrées tandis que les recueils de recettes adoptent un registre plus familial.

simplicité. C'est un défaut que l'on constate également dans la cuisine française, comme l'atteste le livre de recettes du Ménagier de Paris, datant approximativement de la fin du XVe siècle.

Au siècle suivant, en revanche, les soupes et les potages atteignent un niveau nettement supérieur. C'est le siècle de la Renaissance. Les grands chefs opérant dans les cours princières rédigent de véritables traités de cuisine, dont beaucoup sont parvenus jusqu'à nous. C'est aussi le siècle où Catherine de Médicis, épouse d'Henri d'Orléans, futur Henri II, fait connaître en France puis dans toute l'Europe les nouveaux légumes, tendres et doux, que les jardiniers italiens obtiennent par de longues et patientes sélections. Au cours de la deuxième moitié du XVIe siècle, on introduit en Italie la culture à grande échelle du riz, futur ingrédient de base de bon nombre de soupes. Il ne s'agit peut-être pas de la grande « révolution gastronomique » dont parlent certains, mais ce fut certainement un événement majeur.

Parmi les nombreux textes parvenus jusqu'à nous, il faut impérativement citer le Baldus, poème en latin macaronique écrit par Teofilo Folengo dans la première moitié du XVIe siècle. Mais la meilleure illustration du « nouveau monde » culinaire de l'époque est contenue dans le traité encyclopédique écrit par Cristoforo da Messisbugo, gentilhomme devenu cuisinier et administrateur à la cour des ducs d'Este. Il était si adroit dans ses fonctions que l'empereur Charles V le nomma comte palatin le 10 janvier 1533. Dans ses recettes, Messisbugo sut revisiter et adapter les plats de la tradition populaire au faste d'une table princière. Un mérite tout à fait remarquable qu'il partage d'ailleurs avec Bartolomeo Scappi. Vers la fin du XVIe siècle, ce cuisinier du cardinal Lorenzo Campeggi rédige un traité intitulé, un peu pompeusement, Œuvre. Dans ses recettes, on ne retrouve pas, cependant, l'effort de modernisation qui caractérise celles de Messisbugo. Au XVIIe siècle, l'évolution des soupes suit harmonieusement celle de la gastronomie et de la cuisine en Europe. L'école française commence à dominer, tandis que la tradition italienne semble incapable d'évoluer. Si l'on assiste en France au triomphe de potages légers et raffinés, en Italie on est obligé de constater une véritable régression. Cela ressort, par exemple, du traité L'art de bien cuisiner, publié à Mantoue en 1662 et rédigé par Bartolomeo Stefani, chef cuisinier à la cour des Gonzague, contenant des recettes d'origine souvent populaire mais enrichies exagérément.

Au XVIIIe siècle, l'acceptation généralisée des ingrédients provenant du Nouveau Monde – haricots, pommes de terre, tomates, maïs, poivrons, dinde et piments rouges – entraîne des changements radicaux dans les habitudes alimentaires, tandis que les soupes acquièrent les caractéristiques organoleptiques qu'elles possèdent encore de nos jours. La suprématie de la cuisine française se poursuit, alors que les cuisiniers italiens semblent avoir perdu leur créativité, se contentant de copier les inventions de leurs collègues transalpins. L'auteur anonyme du traité Le Cuisinier piémontais perfectionné à Paris, paru à Turin en 1766, propose surtout des recettes françaises sans en citer la source, mais même les recettes d'origine italienne sont fortement influencées par le nouveau style gastronomique.

Vers la fin du siècle, s'amorce cependant une inversion de tendance. Tout en continuant de s'adapter aux innovations de la cuisine française, dont ils adoptent, en les déformant, certains termes culinaires, les chefs italiens se montrent capables d'élaborer des soupes où l'ancien et le nouveau se mélangent harmonieusement. C'est la naissance d'une nouvelle dynastie de grands cuisiniers qui vont renouveler, sans la dénaturer, la cuisine traditionnelle et populaire italienne, en l'enrichissant de touches raffinées obtenues grâce aux saveurs et aux arômes des herbes et des légumes méditerranéens.

Pain de campagne, courge et chou figurent parmi les éléments de base de nombreuses soupes.

Recettes d'hier et d'avant-hier

Soupe de Jacob
Soupe de lentilles rouges

150 g de lentilles rouges
1 carotte
1 oignon moyen
2 gousses d'ail
1 cuillerée à café de cumin
250 g de courge fraîche sans l'écorce
2 cuillerées à soupe de coriandre fraîche
sel

➜ Mettez les lentilles dans un faitout. Couvrez d'eau (7,5 dl environ) et portez à ébullition. Écumez et réduisez le feu pour laisser cuire à petits bouillons.
➜ Ajoutez la carotte et l'oignon grossièrement coupés, l'ail et le cumin hachés finement et la courge coupée en dés.
➜ Laissez cuire pendant environ 1 heure jusqu'à ce que les lentilles soient cuites. Rectifiez l'assaisonnement, garnissez avec la coriandre hachée et servez.

📖 Dans les Écritures (Genèse 25, 29-34), on apprend qu'il s'agissait d'une soupe aux lentilles de couleur rouge. Sur cette base, l'exégète médiéval Shlomoh Jizchaqî, mieux connu sous le nom de Rashi le Sage, conclut qu'il devait s'agir d'une soupe aux lentilles rouges. En confirmation de cette thèse, rappelons qu'une soupe aux lentilles rouges existe réellement dans la cuisine traditionnelle juive et qu'elle possède les caractéristiques gastronomiques typiques de la cuisine du Moyen-Orient. Elle est préparée avec des ingrédients compatibles avec ceux qui pouvaient être utilisés au IIe millénaire av. J.-C. Selon la tradition, il s'agirait donc bien de la soupe qui coûta à Esaü son droit d'aînesse.

 Cuisine juive

 Mornag, Merlot, 2000 (Tunisie).

Mouloukhie
Soupe à base de viande et de légumes

1 kg de canard
5 oignons rouges
9 gousses d'ail
2 cuillerées à soupe de coriandre
150 g de riz
300 g de mouloukhie fraîche (ou d'épinards frais)
10 feuilles de mauve
6 cuillerées à soupe de vinaigre rouge de vin
2 cuillerées à soupe d'huile d'olive
sel, poivre noir fraîchement moulu

➜ Hachez ensemble 2 oignons et 3 gousses d'ail et mettez-les avec la viande dans un faitout. Versez 2 l d'eau froide, salez et portez à ébullition à feu moyen. Couvrez et faites cuire environ 2 heures en écumant souvent.
➜ Retirez la viande, désossez-la et coupez-la en petits morceaux. Hachez les gousses d'ail restantes et faites-les dorer dans l'huile, avec la coriandre hachée et 1/2 cuillerée à café de poivre.
➜ Faites cuire le riz dans un peu plus de 5 dl de bouillon de canard. Il doit être sec en fin de cuisson.
➜ Portez le bouillon à ébullition. Ajoutez les feuilles hachées de mouloukhie (ou d'épinards) et de mauve. Couvrez et laissez cuire 15 à 20 minutes en remuant.
➜ Ajoutez la viande et l'ail rissolé avec son huile. Laissez cuire ensemble pendant une dizaine de minutes puis mettez le tout dans une soupière, en ajoutant le riz. Garnissez avec les 3 oignons restants, hachés finement et trempés dans le vinaigre pendant quelques heures pour les adoucir.

📖 Des peintures murales d'un tombeau égyptien antique illustrent la préparation d'une soupe. Les opérations coïncident avec celles de la mouloukhie, soupe toujours présente dans la cuisine populaire égyptienne.

 Égypte

 Château Ksara, Blanc de blancs, 2000 (Liban).

Mole de poblano
Ancienne soupe mexicaine

1/2 dinde d'environ 2 kg
4 oignons
3 gousses d'ail
1 cuillerée à soupe de saindoux
50 g de piments rouges
4 tomates bien mûres
40 g d'amandes épluchées
40 g de cacahouètes grillées
40 g de graines de sésame grillées
50 g de chocolat amer
1 cuillerée à café de cannelle en poudre
1 cuillerée à café de sucre
1/2 cuillerée à café de graines d'anis
4 tortillas
sel

→ Coupez la dinde en morceaux. Mettez-la dans un faitout avec 2 oignons coupés en quartiers et 2 gousses d'ail écrasées. Recouvrez d'eau, salez et laissez bouillir doucement pendant 45 minutes, c'est-à-dire le temps nécessaire à la cuisson de la viande. Égouttez. Désossez la viande, en évitant de la réduire en morceaux trop petits. Filtrez le bouillon et réservez-le.
→ Mettez le saindoux dans une casserole. Faites-le fondre à feu moyen puis augmentez le feu. Ajoutez la viande et faites-la rissoler. Retirez-la de la casserole et égouttez-la bien puis mettez-la à sécher sur du papier absorbant.
→ Nettoyez les piments en éliminant les tiges et les graines. Mettez-les dans une petite casserole et versez 2,5 dl d'eau bouillante. Laissez-les tremper pendant une demi-heure puis passez-les au mixeur avec l'eau, les tomates et les ingrédients restants (sauf les tortillas).
→ Versez la sauce ainsi obtenue dans la casserole avec le saindoux. Laissez cuire à feu moyen pendant 5 à 10 minutes. Ajoutez la viande et versez du bouillon afin de couvrir entièrement. Laissez cuire à petits bouillons pendant une demi-heure environ. Rectifiez l'assaisonnement. Retirez du feu et laissez reposer dans un lieu frais, ou mieux encore, dans la partie basse du réfrigérateur, pendant une journée.
→ Réchauffez la soupe et servez-la avec des tortillas à part.

N.B. : Au Mexique, on utilise un mélange de différents piments, où prédominent des piments appelés *mulato* et *ancho*. On l'obtient en mélangeant 20 g de chaque type et 10 g de piment *pasilla*. Cependant, tout type de piment donnera de bons résultats. Ceux qui n'ont pas l'habitude des plats très relevés, devraient toutefois en diminuer les quantités.

 Cette soupe, toujours très populaire au Mexique, était servie à la cour de Montezuma. La présence du chocolat, réservé exclusivement au roi et aux guerriers de premier rang, indique qu'il devait s'agir d'un aliment utilisé dans les rites, aux origines probablement très anciennes.

Mexique

 La Cetto, Nebbiolo, 1996.

Recettes d'hier et d'avant-hier

Lenticula ex sfondilis
Potage aux lentilles et aux cardons

250 g de lentilles
400 g de cardons
3 filets d'anchois salés
10 grains de poivre noir
1/2 cuillerée à soupe de cumin
1/2 cuillerée à soupe de graines de coriandre
1 cuillerée à soupe de feuilles de menthe
1 feuille de laurier
2 cuillerées à soupe de vinaigre
1 cuillerée à café de miel
1 dl de vin cuit
4 cuillerées à soupe d'huile d'olive
sel

→ Dessalez les anchois et retirez les arêtes. Hachez-les finement avec les épices et les herbes aromatiques. Ajoutez le vinaigre, le miel et le vin cuit.
→ Mettez le tout dans un faitout, si possible en terre cuite. Ajoutez les lentilles et les cardons, en petits morceaux, cuits à l'eau salée. Couvrez d'eau (environ 7,5 dl). Mélangez intimement, couvrez et laissez bouillir légèrement 30 à 40 minutes. Rectifiez l'assaisonnement.
→ Versez le potage dans une soupière et ajoutez l'huile d'olive en remuant doucement avant de servir.

 Recette tirée du *De Re Coquinaria*, Liber V, II, I, d'Apicius (Ier siècle apr. J.-C).

 Italie

 Dal Fari, Rosso d'Orsone, 1997.

Aliter Tisanam
Crème d'orge et de légumes verts

100 g de pois chiches secs
100 g de pois cassés
100 g de lentilles sèches
200 g d'orge
2 poireaux hachés grossièrement
4 fenouils (coupés en huit)
2 cuillerées à soupe de coriandre fraîche hachée
1 cuillerée à soupe d'aneth frais haché
8 feuilles de mauve
400 g de bettes nettoyées
1 chou-fleur moyen coupé en cimes
2 branches de céleri coupées en petits morceaux
1/2 cuillerée à soupe d'origan
6 cuillerées à soupe d'huile d'olive
2 anchois salés, sel

➔ Faites tremper séparément les légumes secs et l'orge pendant 1 journée. Égouttez l'orge, lavez-le, écrasez-le et mettez-le dans un faitout avec les légumes.
➔ Couvrez d'eau froide. Portez à ébullition et laissez cuire doucement pendant 4 heures à couvert.
➔ Ajoutez les poireaux, les fenouils, la coriandre, l'aneth et les autres ingrédients, sauf le chou-fleur, le céleri, l'origan et l'huile d'olive. Faites cuire pendant 1 heure. Salez et assaisonnez avec 4 cuillerées à soupe d'huile d'olive. Faites cuire à l'étouffée à feu très doux.
➔ Faites cuire le chou-fleur dans de l'eau froide salée.
➔ Faites fondre les anchois à feu moyen dans 2 cuillerées à soupe d'huile. Ajoutez le céleri, l'origan et la sauce d'anchois aux légumes. Versez le tout dans une soupière. Décorez avec les cimes de chou-fleur bien égouttées et servez.

 Recette tirée du *De Re Coquinaria*, Liber V, V, II, d'Apicius (1ᵉʳ siècle apr. J.-C.).

 Italie

Roggio del Filare, Piceno, 1997.

Recettes d'hier et d'avant-hier

Congordes
Potage de courge

3 kg de courge
150 g d'amandes mondées
80 g de beurre
sel

→ Passez les amandes à la moulinette avec 1,25 l d'eau jusqu'à obtention d'un liquide blanc. Filtrez-le à l'aide d'une double gaze mouillée et essorée.
→ Nettoyez la courge et coupez-la en morceaux. Faites-la cuire dans de l'eau bouillante et salée pendant environ 10 minutes. Surveillez la cuisson pour éviter que les morceaux de courge ne se décomposent. Égouttez-la soigneusement. Pressez pour éliminer l'eau absorbée et passez au mixeur.
→ Ajoutez la crème de courge obtenue au lait d'amandes. Incorporez le beurre et portez à ébullition. Rectifiez l'assaisonnement et servez.

Recette d'un français anonyme contenue dans *Le Viandier* de Guillaume Tirel, dit Taillevent, datant approximativement de la fin du XIIIe siècle.

 France

Cauli verdi con carne
Soupe au chou et à la viande parfumée au fenouil

1 chou vert (assez gros)
400 g de chair de bœuf
4 fenouils
1 l environ de bouillon de chapon (p. 39) ou d'eau
4 cuillerées à soupe d'huile d'olive (si vous n'utilisez pas de bouillon)
sel

→ Nettoyez le chou en éliminant la tige. Retirez les feuilles et mettez-les dans un faitout, si possible en terre cuite. Ajoutez la viande coupée en dés et recouvrez d'eau froide. Salez et portez à ébullition.
→ Laissez cuire environ 90 minutes avec le couvercle jusqu'à ce que la viande soit bien cuite. Retirez cependant les feuilles du chou quand elles sont encore *al dente*, égouttez-les et passez-les sous l'eau du robinet pour les refroidir rapidement.
→ À la fin de la cuisson, retirez la viande. Nettoyez les fenouils et coupez-les en huit. Disposez-les dans un faitout à part et couvrez de bouillon de chapon ou d'eau. Faites-les cuire *al dente* (environ 30 minutes).
→ Mettez dans un faitout la viande, les feuilles de chou et les fenouils avec tout leur bouillon. Ajoutez, si nécessaire, davantage de bouillon de chapon. Laissez cuire à l'étouffée une dizaine de minutes avant de servir.
→ Si vous avez fait cuire les fenouils dans l'eau, assaisonnez la soupe avec de l'huile d'olive.

Recette tirée du *Livre de la cuisine* d'un toscan anonyme du XIVe siècle.

 Italie

 La Grande Cuvée, Pouilly Fumé, 1996.

 Roggio del Filare, 1997.

Brodecto de li dicti pisci
Court-bouillon de poisson blanc

500 g de poisson blanc
1 l de vin blanc sec
2 doses de safran
2 cuillerées à soupe d'huile d'olive
pain de campagne en tranches
sel

→ Videz les poissons et ôtez-en les têtes et les arêtes. Mettez-les dans une sauteuse en terre cuite. Versez-y le vin blanc.
→ Ajoutez le safran et salez avec modération. Portez à ébullition, couvrez et faites cuire doucement pendant une dizaine de minutes.
→ Après la fin de la cuisson, rectifiez l'assaisonnement et ajoutez l'huile d'olive. Servez le court-bouillon accompagné de tranches de pain de campagne frais.

 Recette tirée des *Deux livres de cuisine* d'un italien anonyme du XVe siècle. À l'origine, la préparation incluait une importante dose de sucre que j'ai préféré omettre. On remarquera une ressemblance entre cette recette et celles des courts-bouillons de la côte Adriatique italienne.

 Italie

Villa Sparici Landini, Pietraia, 1999.

Menestra d'herbette
Potage aux côtes de bettes

500 g de côtes de bettes
2 bouquets de bourrache
1,5 l de bouillon de chapon (p. 39)
1 bouquet de persil
1 bouquet de menthe
sel, poivre noir (facultatif)

→ Nettoyez et lavez les côtes de bettes et la bourrache. Faites-les cuire dans de l'eau salée pendant 5 minutes. Égouttez-les bien, essorez-les et hachez-les au couteau ou au hachoir.
→ Portez le bouillon de chapon à ébullition. Ajoutez les légumes précuits, avec le persil et la menthe, que vous aurez auparavant passés à la moulinette.
→ Attendez que le bouillon recommence à bouillir puis rectifiez l'assaisonnement. Laissez cuire à l'étouffée au chaud pendant une dizaine de minutes et servez.
→ Vous pouvez aromatiser le potage en saupoudrant de poivre noir fraîchement moulu.

 Recette tirée du *Livre de l'Art Culinaire*, de Maître Martin de Rubeis (moitié du XVe siècle).

Italie

Savardo, Sauvignon, 1999.

Zanzarelli
Potage d'œufs en bouillon

4 œufs
100 g de parmesan râpé
50 g de pain rassis
1 l de bouillon de viande (p. 39)
1 dose de safran
gingembre en poudre
cannelle en poudre
noix de muscade en poudre
sel, poivre noir

→ Battez les œufs, incorporez le fromage râpé et le pain moulu finement. Mélangez jusqu'à obtenir une pâte homogène.
→ Chauffez le bouillon. Dès qu'il bout, ajoutez le safran puis retirez-le du feu. Laissez reposer jusqu'à ce que le bouillon ait pris une jolie couleur jaune.
→ Entre-temps, mélangez le poivre, le gingembre, la cannelle et la noix de muscade à parts égales.
→ Remettez sur le feu et portez encore une fois à ébullition. Jetez-y le mélange d'œufs et de fromage. Laissez bouillir pendant quelques secondes en remuant à l'aide d'un fouet, jusqu'à ce que le mélange prenne, même irrégulièrement.
→ Retirez du feu et rectifiez l'assaisonnement. Avant de servir, ajoutez 1/2 cuillerée à soupe des épices préalablement mélangées.

Recette tirée du *Livre d'art culinaire* de Maître Martin de Rubeis (moitié du XVe siècle). Le bouillon à utiliser pour cette recette doit être préparé sans ajouter de tomates, inconnues en Europe du temps de Maître Martin. Les bouillons avaient alors toujours une couleur claire.

 Italie

Loredan Gasparini, Falconera, 1999.

Cretonnée de pois ou de fèves

400 g de petits pois ou de fèves fraîches écossées
200 g de chair de bœuf bouillie
100 g de foies de volaille
200 g de pain rassis
2,5 dl de bouillon de chapon (p. 39)
5 dl de lait entier
4 cuillerées à soupe de crème fraîche
1 cuillerée à café de gingembre en poudre
1 cuillerée à café de safran en stigmates
2 cuillerées à soupe de saindoux
sel

→ Faites cuire les petits pois (ou les fèves) dans 2 l d'eau. Ne salez qu'à la fin de la cuisson. Lorsque les légumes sont presque décomposés, égouttez soigneusement.
→ Mettez le pain à tremper dans le bouillon. Dès qu'il devient mou, essorez-le et passez-le au moulin avec les légumes pour obtenir un mélange homogène.
→ Versez le lait et la crème fraîche dans une casserole. Portez à ébullition et ajoutez le mélange de légumes et de pain, le gingembre et le safran. Mélangez intimement jusqu'à obtention d'une crème liquide et onctueuse.
→ Entre-temps, faites rissoler la viande coupée en petits morceaux et les foies de volaille dans le saindoux. Quand ils sont cuits, égouttez-les, éliminez l'excès de graisse avec du papier absorbant. Incorporez-les dans la crème de légumes. Laissez cuire à l'étouffée à feu très doux pendant 5 minutes. Rectifiez l'assaisonnement et servez.
N.B. : Les petits pois doivent être un peu gros et pas trop sucrés. Pour les fèves, ôtez le pédoncule qui les relie à la cosse.

 Recette tirée du *Ménagier de Paris*, d'un anonyme français de la fin du XVe siècle.

 France

Château Roquefort, Bordeaux, 1999.

Recettes d'hier et d'avant-hier

Doctrina duodecima
Crème de navets

300 g de navets épluchés
2 œufs
5 dl de lait entier
2,5 dl de crème fraîche
1 cuillerée à café de safran en stigmates
1/2 cuillerée à café de gingembre en poudre
1/2 cuillerée à café de cannelle
1/2 cuillerée à café de noix de muscade
2 cuillerées à café de sucre
sel, poivre noir (facultatif)

→ Coupez les navets en morceaux. Mettez-les dans un faitout et couvrez d'eau. Salez et portez à ébullition. Laissez cuire jusqu'à ce que les navets soient devenus très tendres puis égouttez. Laissez refroidir et passez au mixeur avec les œufs.

→ Mélangez le lait avec la crème fraîche et portez le mélange à ébullition. Ajoutez le safran, retirez du feu et laissez reposer pour faire prendre de la couleur.

→ Chauffez à nouveau, incorporez la crème de navets et d'œufs en mélangeant à l'aide d'un fouet. Ajoutez également le gingembre, le mélange de noix de muscade et de cannelle et le sucre. Rectifiez l'assaisonnement, laissez cuire à l'étouffée à feu moyen une dizaine de minutes. Saupoudrez à votre convenance de poivre noir fraîchement moulu et servez.

Recette tirée de *Baldus* de Teofilo Folengo (1496-1544)

 Italie

Suppa di capirotta francese
Soupe de faisan

400 g de faisan rôti
50 g de parmesan râpé
1/4 de cuillerée à café de cannelle en poudre
4 grosses tranches de pain de campagne d'1 cm d'épaisseur
1 l de bouillon de chapon (p. 39)
beurre
sel, poivre blanc fraîchement moulu

→ Coupez au hachoir à main (pas trop finement) la viande de faisan déjà rôtie, sans peau ni os, ni nerfs. Mélangez-la au fromage râpé et à la cannelle. Rectifiez l'assaisonnement et saupoudrez selon votre goût de poivre blanc fraîchement moulu.

→ Faites frire les tranches de pain dans le beurre, égouttez-les et séchez-les à l'aide de papier absorbant. Disposez-les dans 4 assiettes creuses et répartissez le mélange de viande hachée et de fromage de façon uniforme.

→ Chauffez le bouillon presque à ébullition et versez-le dans les assiettes. Couvrez chaque assiette d'une autre assiette et laissez reposer 6 à 8 minutes avant de servir.

Recette tirée des *Compositions des mets les plus importants*, de Cristoforo da Messisbugo (première édition : Ferrare, 1549)

 Italie

 Vergaio, Villa Pigna, 1997.

 Pillastro, Primitivo Oak, 1998.

Verze piene in minestra
Rouleaux de chou frisé en bouillon

24 feuilles très tendres de chou frisé
1 cuillerée à café de gingembre en poudre
1/2 cuillerée à café de noix de muscade
4 clous de girofle
4 noix
1 gros bouquet de persil
2 cuillerées à café de marjolaine séchée
10 feuilles de sauge
1 gousse d'ail
30 g de jambon de Paris
30 g de joue de bœuf
100 g de parmesan râpé
2 œufs
1,25 l de bouillon de viande de bœuf
4 figatelli
sel, poivre noir

➜ Mettez les feuilles de chou frisé à tremper dans de l'eau froide.
➜ Hachez finement à la main les épices (gingembre, noix de muscade, clous de girofle), les noix, les herbes aromatiques (persil, marjolaine, sauge), l'ail, le jambon de Paris et la joue de bœuf.
➜ Dès que le mélange est devenu assez homogène, mettez-le dans un bol. Incorporez le fromage râpé et les œufs et mélangez intimement. Rectifiez l'assaisonnement, saupoudrez de poivre fraîchement moulu selon votre goût puis divisez le mélange en 24 portions égales.
➜ Retirez les feuilles de chou de l'eau et séchez-les. Disposez de la farce sur les feuilles et roulez-les. Fermez les rouleaux obtenus à l'aide de cure-dents.
➜ Portez le bouillon à ébullition. Ajoutez les figatelli, couvrez et laissez cuire pendant 15 minutes.
➜ Ajoutez également les rouleaux et laissez cuire, toujours avec le couvercle, encore 10 minutes.
➜ Retirez du feu et laissez refroidir un peu. Coupez chaque figatelli en trois, retirez les cure-dents des rouleaux et servez.

 Recette tirée des *Compositions des mets les plus importants* de Cristoforo da Messisbugo (première édition : Ferrare, 1549). Il pourrait s'agir d'une interprétation très personnelle des *lahanodolmates* de la cuisine grecque.

Italie

 Paolo Masi, Chianti, 1999.

Recettes d'hier et d'avant-hier

Suppa di tartufali
Potage aux truffes

Au moins 100 g de truffes noires
7,5 dl environ de vin blanc sec
1/2 verre de jus de grenade
200 g de pain blanc en tranches d'environ 2 mm d'épaisseur
1/2 cuillerée à café de sucre
1/4 de cuillerée à café de cannelle en poudre
4 clous de girofle
huile d'olive, sel, poivre blanc en grains

→ Grattez les truffes à la brosse dure. Mettez-les dans une sauteuse. Couvrez-les de vin et ajoutez une dizaine de grains de poivre blanc écrasés. Laissez bouillir 15 minutes.
→ Égouttez les truffes et réservez le vin de cuisson. Pelez-les. Coupez-les en petits morceaux et mettez-les dans une cocotte en terre cuite. Couvrez d'huile d'olive, salez et poivrez. Laissez rissoler 15 minutes à feu doux, jusqu'à ce qu'elles soient tendres.
→ Égouttez-les soigneusement, éliminez l'excès d'huile avec du papier absorbant et aspergez-les de jus de grenade.
→ Grillez les tranches de pain et faites-les frire dans l'huile où les truffes ont cuit. Égouttez-les, éliminez l'excès d'huile et placez-les dans des assiettes creuses.
→ Mélangez 2 dl de vin avec le reste de jus de grenades, le sucre, la cannelle et les clous de girofle. Faites bouillir vivement. Passez ce mélange au tamis et utilisez-le pour arroser les tranches de pain dont vous aurez retiré la croûte. Disposez ensuite les morceaux de truffes sur le pain.
→ Versez le vin de cuisson des truffes dans les assiettes creuses et servez.

 Recette tirée d'*Œuvre*, chapitre CCLXIV de Bartolomeo Scappi (première édition : Venise, 1570).

 Italie

Sergio Zenato, Lugana, 1999.

Minestra di lenti secche
Potage de lentilles

250 g de lentilles
1 petite carotte
1 branche de céleri
1 bouquet de persil frais
2 gousses d'ail
1 dose de safran
300 g de filets de poisson d'eau douce
4 cuillerées à soupe d'huile d'olive
sel, poivre noir fraîchement moulu

→ Mettez les lentilles dans un faitout et couvrez d'eau froide.
→ Ajoutez les aromates (préalablement hachés) ainsi que l'huile d'olive et le safran. Portez à ébullition.
→ Laissez bouillir légèrement à couvert jusqu'à la fin de la cuisson. Ajoutez ensuite le poisson coupé en morceaux de la taille d'une bouchée.
→ Faites cuire, toujours à feu doux, pendant 5 minutes. Retirez du feu et laissez cuire à l'étouffée 10 à 15 minutes. Servez le potage avec, à part, de l'huile d'olive et du poivre noir fraîchement moulu.

 Recette tirée d'*Œuvre*, chapitre CCLIV de Bartolomeo Scappi (première édition : Venise, 1570). Il s'agit de la version « riche » d'un des nombreux plats « terre-mer » de la tradition populaire de la gastronomie européenne. On remarquera également la parenté avec les courts-bouillons de la côte adriatique.

 Italie

Redaelli de Zinis, Grappello, 1999.

Recettes d'hier et d'avant-hier

Minestre d'inverno e d'estate
Potage d'anolini en bouillon

300 g de poitrine de chapon cuite à l'eau
100 g de moelle de bœuf
1,5 l de bouillon de chapon (p. 39)
4 cuillerées à soupe de chapelure
50 g de parmesan râpé
1 œuf
1/2 cuillerée à café de cannelle en poudre
2 clous de girofle
noix de muscade
abaisse pour pâtes aux œufs (p. 49) enrichie de safran
sel, poivre noir

→ Avant de commencer, sachez que la moelle de bœuf peut être remplacée par une quantité équivalente de joue de bœuf ou de poitrine fraîche, cuite à l'eau non salée pendant environ 2 heures.
→ Passez au mixeur la viande de chapon, la moelle (ou la joue), la cannelle et les clous de girofle. Versez 2,5 dl de bouillon dans une casserole et portez à ébullition. Ajoutez la chapelure et faites cuire 5 minutes. Laissez refroidir puis égouttez et récupérez la chapelure.
→ Mélangez la viande et les épices avec la chapelure récupérée, le fromage et l'œuf. Rectifiez l'assaisonnement et saupoudrez selon votre goût de poivre et de noix de muscade. Confectionnez les anolini comme indiqué page 52.
→ Faites-les cuire dans le bouillon et servez.

Recette tirée de *L'Art de bien cuisiner* de Bartolomeo Stefani (première édition : Mantoue 1662).

 Italie

 Dal Fari, Rosso d'Orsone, 1997.

Suppa per i giorni di magro
Soupe de mange-tout

500 g de pois gourmands
noix de muscade et cannelle en poudre
8 tranches de pain de campagne d'environ 5 mm d'épaisseur
parmesan râpé
100 g de beurre
sel, poivre noir

→ Effilez les pois gourmands en retirant les pointes et les tiges des cosses. Lavez-les et mettez-les dans une casserole. Couvrez-les d'eau froide, salez et portez à ébullition. Laissez cuire 20 à 25 minutes avec le couvercle puis égouttez en réservant l'eau de cuisson.
→ Faites fondre 50 g de beurre à feu doux dans une large poêle. Saupoudrez de noix de muscade et de cannelle. Ajoutez les mange-tout et mélangez bien. Versez un peu d'eau de cuisson et faites cuire jusqu'à ce que les légumes soient assez tendres. Rectifiez l'assaisonnement.
→ Dans une autre poêle, faites fondre le reste du beurre et dorez les tranches de pain des deux côtés sans la croûte.
→ Disposez les tranches de pain dans des assiettes creuses et couvrez-les avec les mange-tout. Arrosez avec l'eau de cuisson réchauffée et saupoudrez abondamment de fromage râpé. Ajoutez de la noix de muscade et du poivre noir fraîchement moulu.

N.B. : Les mange-tout sont des pois imparfaitement mûrs dont on mange aussi la cosse. À défaut, il est possible d'utiliser des haricots verts (variété large).

Recette tirée de *L'Art de bien cuisiner* de Bartolomeo Stefani (première édition : Mantoue 1662).

 Italie

 Badia dei Miracoli, Montepulciano, 1998.

Soupe d'eutrapel
Soupe de volaille aux haricots

1/2 poulet et 1/4 oie
300 g de haricots blancs précuits
1 bouquet garni (1 branche de céleri, 1 feuille de laurier, 1 petite branche de thym, 1 petite branche de romarin, 1 brin de persil et 1 brin de cerfeuil)
1 oignon
4 clous de girofle
2 carottes coupées en morceaux
1 poireau
1/2 chou
1 navet
8 tranches de pain rassis
sel

→ Versez 1,5 l d'eau dans un faitout. Ajoutez la volaille coupée en petits morceaux, le bouquet garni, l'oignon piqué de clous de girofle, les carottes et le poireau grossièrement haché. Portez à ébullition et laissez cuire 1 heure à petits bouillons en écumant et en salant légèrement.

→ Ajoutez le chou, que vous aurez blanchi et coupé en petits morceaux, et le navet coupé en dés. Laissez cuire, toujours à feu doux, pendant 30 minutes.

→ Ajoutez les haricots et laissez bouillir légèrement encore 30 minutes, c'est-à-dire le temps nécessaire à la cuisson des légumes. Rectifiez l'assaisonnement. Disposez les tranches de pain au fond d'une soupière. Versez la soupe encore bouillante et laissez reposer 5 minutes avant de servir.

 Potage provenant de la tradition populaire française du XVIIe siècle. Aujourd'hui encore, on retrouve des plats similaires dans la région du sud de Pavie et dans les Apennins émiliens.

 France

Roggio del Filare, Piceno, 1997.

Potage vert

400 g de petits pois frais écossés
24 asperges
1/2 oignon
un bouquet de persil
200 g de côtes de bettes fraîches
8 tranches de pain de mie
1 l de bouillon de légumes (p. 47)
2 cuillerées à soupe de beurre
sel, poivre blanc fraîchement moulu

→ Mettez les petits pois dans une casserole. Ajoutez l'oignon et le persil. Couvrez d'eau froide et laissez cuire avec le couvercle environ 30 minutes.

→ Ajoutez les côtes de bettes coupées en morceaux, salez et laissez cuire encore une demi-heure. Égouttez et passez au moulin à légumes.

→ Faites cuire les asperges dans de l'eau salée. Égouttez-les quand elles sont encore al dente et gardez-les au chaud.

→ Coupez chaque tranche de pain de mie en 4 et toastez-les légèrement.

→ Réchauffez le bouillon de légumes. Ajoutez la purée de petits pois et de bettes et mélangez. Ajoutez le beurre, rectifiez l'assaisonnement et saupoudrez selon votre goût de poivre blanc fraîchement moulu. Laissez cuire à l'étouffée une dizaine de minutes à feu doux.

→ Versez le potage dans les assiettes creuses, que vous pouvez décorer d'asperges disposés en étoile, pointes vers le centre. Servez avec le pain grillé à part.

 Recette d'un anonyme français de la deuxième moitié du XVIIe siècle. Le caractère simple et sobre de cette recette, fruit d'une recherche esthétique et culinaire, est tout à fait remarquable.

 France

Rémy Pannier, Sauvignon, 2000.

Zuppa alli gambari
Soupe aux écrevisses

24 écrevisses de taille moyenne
1 bouquet de persil
1 branche de céleri
1 oignon
1 l de bouillon de viande de bœuf (p. 39)
8 tranches de pain de mie
50 g de beurre
sel

Pour préparer le coulis :
1 branche de céleri
1 bouquet de persil
1 feuille de laurier
10 grains de poivre noir écrasés
50 g de pain rassis
5 dl de bouillon de viande de bœuf (p. 39)
50 g de beurre
sel

Préparation de la soupe :
→ Châtrez les écrevisses, ébouillantez-les et décortiquez-les. Réservez les têtes, les pinces et les carapaces.
→ Faites revenir dans le beurre le persil et le céleri émincés ainsi que l'oignon coupé en fines tranches. Quand l'oignon a pris de la couleur, ajoutez les écrevisses décortiquées et laissez-les rissoler vivement.
→ Versez la moitié du bouillon dans le récipient et laissez cuire à l'étouffée 15 minutes à feu moyen. Retirez du feu, enlevez les écrevisses et filtrez le liquide avec un torchon à trame serrée. Ajoutez-le au bouillon restant et rectifiez l'assaisonnement.
→ Coupez les tranches de pain de mie en diagonale de façon à obtenir des triangles. Enlevez la croûte et toastez-les. Mouillez-les avec le bouillon et disposez-les dans les assiettes creuses.

Pour le coulis, procédez comme suit :
→ Faites revenir dans le beurre le persil et le céleri hachés finement, avec le laurier et le poivre. Mouillez le pain avec un peu de bouillon et mélangez-le aux parures des écrevisses. Passez au mixeur.
→ Ajoutez le mélange aux aromates cuits dans le beurre. Faites cuire quelques minutes puis ajoutez encore un peu de bouillon. Portez à ébullition sans arrêter de remuer. Ajoutez peu à peu le bouillon nécessaire pour obtenir une crème dense. Passez-la ensuite au tamis.
→ Mélangez le coulis au bouillon. Chauffez presque jusqu'à ébullition puis laissez cuire à feu moyen à l'étouffée, tout en remuant, pendant 5 minutes.
→ Versez ce bouillon très riche dans les assiettes creuses. Décorez avec quelques brins de persil frais.

 Recette tirée du *Cuisinier galant* de Vincenzo Corrado (première édition : Naples, 1773).

Naples, Italie

 Lighea, Donnafugata, 1999.

Recettes d'hier et d'avant-hier

Culì di pomidoro
Crème de tomates

500 g de tomates bien mûres
1 gousse d'ail
1 oignon blanc moyen
100 g de céleri-rave
1 carotte moyenne
2 échalotes
100 g de rôti de veau
100 g de jambon cru
1 bouquet de persil frais
8 feuilles de basilic
7,5 dl de bouillon de légumes (p. 47)
50 g de beurre
sel

➜ Faites fondre le beurre dans une casserole à feu moyen. Ajoutez l'ail écrasé et l'oignon avec le céleri-rave, la carotte et l'échalote râpés ou émincés.
➜ Dès qu'ils ont pris de la couleur, ajoutez la viande et le jambon en dés puis laissez rissoler. Entre-temps, blanchissez et épluchez les tomates. Émincez-les et ajoutez-les au mélange.
➜ Laissez cuire 3 à 4 minutes. Ajoutez le persil et le basilic et laissez cuire encore 3 à 4 minutes. Versez ensuite la moitié du bouillon et laissez cuire à feu moyen à l'étouffée environ 10 minutes. Rectifiez l'assaisonnement.
➜ Égouttez et réservez le bouillon. Passez au mixeur puis au tamis et ajoutez la crème obtenue au bouillon de cuisson. Versez peu à peu l'autre moitié du bouillon jusqu'à obtention d'une crème très liquide.
➜ Laissez cuire à l'étouffée encore 15 minutes. Contrôlez le sel, mélangez intimement et servez.

 Recette tirée de l'*Apicius moderne* de Francesco Leonardi (première édition : 1790). C'est la première recette « officielle » où sont associés tomates et basilic.

 Italie

Scambia, Pinot nero, 1994.

Soupe aux oignons dorés

4 oignons blancs
1 l de lait entier
50 g de beurre
4 tranches de pain de campagne rassis
sel, poivre noir fraîchement moulu

➜ Faites fondre du beurre dans une casserole assez grande et faites revenir les oignons coupés en rondelles. Quand ils ont pris une jolie couleur dorée, versez le lait. Salez selon votre goût et laissez cuire à petits bouillons 10 à 15 minutes.
➜ Mettez les tranches de pain dans les assiettes creuses et versez-y la soupe encore bouillante. Laissez reposer quelques minutes pour que le pain ait le temps d'absorber le lait. Servez avec du poivre noir fraîchement moulu à part.

 Cette version bretonne d'une soupe aux origines très anciennes est l'ancêtre de la soupe aux oignons moderne. On la présente ici avec d'autres recettes du XIXe siècle car, à cette époque-là encore, elle était traditionnellement servie aux jeunes mariés le soir des noces, accompagnée de chants populaires.

 Bretagne, France

Pascal Jolivet, Pouilly Fumé, 1996.

Beggar's soup
Soupe du pauvre

250 g de viande de bœuf pas trop maigre
250 g de lard
400 g de pommes de terre
8 carottes
2 oignons blancs
1 branche de céleri
3 cuillerées à soupe de farine d'avoine
sel

→ Mettez la viande, coupée en petits morceaux, dans un faitout. Couvrez d'eau, salez et portez à ébullition. Écumez et laissez cuire à feu moyen en ajoutant de l'eau si le niveau du liquide devient trop bas.
→ Lorsque la viande est bien tendre, retirez-la de la marmite et réservez-la. Laissez refroidir le bouillon puis dégraissez-le. Ajoutez les légumes coupés en petits morceaux et, le cas échéant, davantage d'eau. Portez à ébullition, réduisez le feu et laissez bouillir légèrement avec le couvercle jusqu'à cuisson complète des légumes.
→ Épaississez la soupe avec la farine d'avoine. Ajoutez la viande et rectifiez l'assaisonnement. Laissez cuire à l'étouffée encore quelques minutes puis servez.

Recette de Charles Elmé Francatelli, cuisinier de la reine Victoria, Royaume-Uni. Dans ses mémoires, Francatelli raconte que cette soupe était distribuée aux pauvres pendant les froids hivers d'Angleterre. La *beggar's soup* pourrait être la version soupe de l'*Irish stew*.

 Royaume-Uni

Zuppa alla romana
Soupe de légumes verts à la romaine

500 g de brocolis nettoyés
100 g de chicorée
2 grosses tranches de pain de campagne d'1 cm d'épaisseur environ
4 cuillerées à soupe de jus de rôti
beurre
sel

→ Faites cuire les brocolis et la chicorée dans une petite quantité d'eau. Quand les légumes se seront dissouts et que la majeure partie de l'eau se sera évaporée, vous obtiendrez une sorte de crème très liquide. Ne salez qu'en fin de cuisson.
→ Mettez les légumes dans la soupière de service. Ajoutez le jus de rôti. Servez la soupe avec, à part, le pain coupé en dés et rissolé dans du beurre.

Recette tirée du *Nouveau Cuisinier milanais économique* de Giovan Felice Luraschi (Milan, 1829).

 Italie

Château Cabrières, Côteaux du Languedoc, 1998. (France).

Scambia, Pinot nero, 1994.

Menesta de fasule frische
Potage de haricots frais

300 g de haricots frais écossés
2 gousses d'ail
500 g de tomates bien mûres
4 cuillerées à soupe de saindoux (ou 4 cuillerées à soupe d'huile d'olive)
sel

➜ Mettez les haricots dans un faitout et couvrez-les avec beaucoup d'eau froide. Portez à ébullition puis baissez le feu. Laissez-les bouillir légèrement jusqu'au 3/4 de la cuisson puis salez. Égouttez-les et réservez l'eau de cuisson.
➜ Faites revenir avec le corps gras choisi l'ail haché grossièrement dans une casserole assez grande. Quand il a pris une jolie couleur dorée, ajoutez les tomates blanchies, épluchées, épépinées et émincées.
➜ Laissez cuire une dizaine de minutes à feu doux pour bien mélanger les saveurs. Ajoutez ensuite les haricots et une partie de leur eau de cuisson. Laissez bouillir doucement jusqu'à la fin de la cuisson. Si le liquide réduit trop, ajoutez davantage d'eau de cuisson. Celle-ci doit toujours être bouillante afin que les haricots ne durcissent pas.
➜ Quand les haricots sont complètement cuits, faites évaporer l'excès de liquide pour obtenir une soupe assez épaisse. Rectifiez l'assaisonnement et servez.

Recette tirée de *Cuisine familiale en langue napolitaine* d'Ippolito Cavalcanti, duc de Buonvicino (Naples, 1837).

 Italie

 Villa Terlina, Monsicuro, 1998.

Minestra di fagiuoli verdi
Potage de haricots verts

300 g de haricots verts
1,5 l de bouillon de légumes ou de viande (p. 47 ou 39)
100 g de saindoux (ou 100 g de beurre)
3 gousses d'ail
6 à 8 feuilles de sauge
1 feuille de laurier
un peu de cerfeuil
8 tranches de pain de mie
sel

➜ Effilez les haricots et coupez-les en morceaux d'environ 2 cm de long.
➜ Portez le bouillon à ébullition. Ajoutez un mélange préparé avec le saindoux, les herbes et l'ail hachés puis faites cuire jusqu'à ce que les haricots soient devenus très tendres.
➜ Si vous ne voulez pas utiliser de saindoux, faites rissoler dans une petite poêle les mêmes herbes et la même quantité d'ail dans du beurre fondu.
➜ Au bout de 30 à 45 minutes, selon la qualité, les haricots seront cuits. Salez selon votre goût et laissez cuire à l'étouffée à feu très bas une quinzaine de minutes. Servez avec, à part, le pain coupé en gros carrés et légèrement grillé.

Recette tirée du *Traité de cuisine pâtissière* de Giovanni Vialardi (Turin, 1854).

 Italie

Firriato, Nevo d'Avola, 1998.

SA MAJESTÉ

*Belle soupe ! Qui demanderait poisson, gibier ou toute autre collation ?
Qui ne renoncerait à tout cela pour deux sous de belle soupe ?*
Chant de la Tortue Fantaisie, *tiré d'Alice au pays des merveilles,* Lewis Carroll.

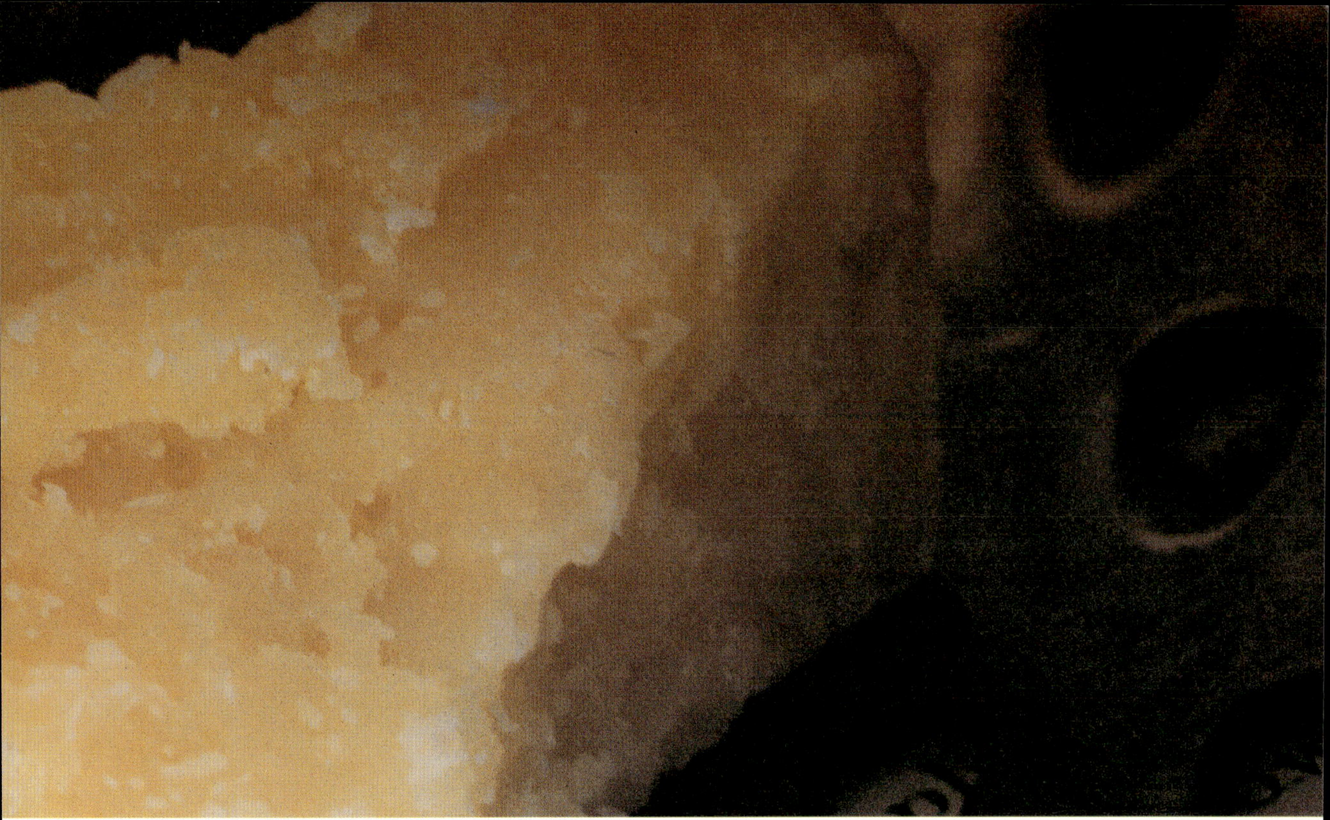

LE BOUILLON

Sa Majesté le bouillon

Dans l'univers des soupes, le bouillon occupe une place éminente. Lui seul est capable d'apporter des solutions à la fois adéquates et élégantes à n'importe quelle exigence culinaire. Grâce à son arôme agréable et à son goût délicat, il constitue le moyen le plus efficace pour relever les parfums et les saveurs de nombreux plats exquis sans les alourdir. L'apport en calories du bouillon, qui peut être presque complètement dégraissé, est en effet extrêmement réduit.

Les pages qui suivent illustrent les nombreuses possibilités offertes par l'utilisation rationnelle d'un bon bouillon. Les premières recettes que je vous proposerai sont celles de bouillons simples ou enrichis. Elles offrent des solutions gastronomiques adaptées à toutes les occasions, y compris les plus raffinées. À cette dernière catégorie appartient le classique consommé dont j'ai déjà parlé, idéal pour commencer un repas, prélude raffiné à un déjeuner ou à un dîner sophistiqués, mais aussi remède délicat en cas de manque d'appétit.

Filippo De Pisis : Nature morte aux œufs. *(Pinacothèque de Brera, Milan).*

Vous trouverez ensuite ces délices du palais appelés, de façon réductrice, « pâtes farcies en bouillon » : une enveloppe fine mais résistante de pâte aux œufs renfermant une farce parfumée et savoureuse. Si les pâtes farcies de la cuisine d'Émilie-Romagne sont sans doute les plus exceptionnelles, il ne faut pas oublier celles qui sont issues d'autres traditions culinaires, européennes ou non.

Cette présentation se poursuit ensuite, comme l'exige la logique, avec les « quenelles en bouillon ». Cette appellation risque pourtant de générer des équivoques : il s'agit en réalité d'une solution culinaire des plus intéressantes et des plus parfaites d'un point de vue purement gastronomique, qui permet de savourer les farces décrites plus haut sans leur enveloppe de pâte. Dans ce cadre, vous pourrez découvrir également les passatelli, ancêtres probables des macaroni et très proches des quenelles ou des gnocchi.

J'ai ensuite répertorié les résultats que l'on obtient en mélangeant des œufs au bouillon. On découvrira un assortiment de plats très nourrissants, aux saveurs et aux arômes toujours remarquables, parfois proches des « veloutés ». Ces derniers potages au raffinement extrême, sont ainsi appelés parce que l'ajout d'un épaississant leur confère une onctueuse consistance, remarquablement douce et crèmeuse.

Les œufs jouent également un rôle essentiel dans une autre catégorie de soupes, celle des consommés à la royale, préparés avec des mélanges crèmeux à base d'œufs. Ces crèmes, qui dans un premier temps s'épaississent au bain-marie jusqu'à devenir solides, sont ensuite découpées en petits morceaux, puis versées dans un bouillon chaud.

Cependant, le bouillon peut aussi tenir le rôle du sherpa, l'irremplaçable hindou qui accompagne les alpinistes durant les ascensions de l'Himalaya, à la fois guide et porteur. Dans certaines soupes, le bouillon assume exactement cette fonction : il cède, en partie au moins, sa saveur et son parfum à certains des ingrédients qu'il sert à faire cuire ; mais il se charge en même temps d'absorber les goûts et les arômes d'autres ingrédients, en créant des mélanges étonnants et tout à fait harmonieux.

La vichyssoise, soupe à la réputation mondiale bien méritée, constitue un exemple typique de cette fonction particulière du bouillon. Mais, comme on le verra, il existe bien d'autres soupes où sa majesté le bouillon joue à la perfection son double rôle.

Avant que se généralise la très discutable habitude de commencer tout repas important par des hors-d'œuvre plus ou moins copieux, en Émilie-Romagne les réunions conviviales et les banquets de noces débutaient par des assiettes fumantes de cappelletti en bouillon. Comme le bouillon était souvent utilisé pour « ouvrir » le repas, les commensaux sirotaient d'abord religieusement le savoureux liquide (pour « s'ouvrir l'estomac » disait-on). Après les avoir assaisonnées d'une bonne sauce bolognaise, ils consommaient ensuite les pâtes farcies. Une bien agréable coutume qui mériterait de revivre de nos jours.

Les passatelli et les cappelletti en bouillon sont des plats typiques de la cuisine italienne (recettes pp.103 et 99).

Sa Majesté le bouillon

Consumado de gallina
Consommé de viandes variées

1 poule moyenne
1 kg de viande de veau maigre
100 g de jambon cru très maigre en un seul morceau
1 branche de céleri
1 poireau
1 oignon
2 clous de girofle
sel

→ Videz la poule et levez les filets qui devront rester entiers. Versez 2 l d'eau dans un faitout, mettez-y la poule, la poitrine et les autres morceaux de viande. Salez avec modération.
→ Portez à ébullition et baissez immédiatement le feu afin que le liquide bouille légèrement. Écumez soigneusement à plusieurs reprises. Quand il ne se forme plus d'écume, ajoutez les aromates et l'oignon entier épluché et piqué de clous de girofle.
→ Laissez cuire lentement jusqu'à ce que la viande soit bien tendre, retirez-la de la marmite ainsi que les légumes. Filtrez le bouillon à l'aide d'une serviette à trame très serrée pour le dégraisser.
→ Au moment de servir, chauffez le consommé nécessaire et servez-le en portions individuelles en garnissant chaque bol avec un peu de poitrine et un peu de jambon coupés en julienne.

 Espagne

Bouillon de l'ambassadeur
Consommé à la truffe

150 g de filet de dinde
100 g de langue à l'écarlate en tranches fines
1 petite truffe noire
1/2 verre de marsala extra-sec
1 l environ de consommé (p. 41)
beurre
sel

→ Aplatissez le filet de dinde puis faites-le cuire dans le beurre en salant légèrement. Veillez à ce qu'il reste blanc.
→ Une fois cuit, essuyez-le à l'aide de papier absorbant afin d'éliminer l'excès de graisse et laissez-le refroidir.
→ Éliminez la partie extérieure la plus dure des tranches de langue et coupez-les en petites lanières d'un demi centimètre de large environ. Procédez de la même manière avec le filet de dinde.
→ Nettoyez la truffe puis coupez-la en tranches fines et découpez les petites tranches en baguettes.
→ Placez les ingrédients dans les bols. Versez dans chacun un peu de marsala. Portez le consommé presque à ébullition, versez-le dans les bols et servez.

 Italie

 Matarromera, 1998.

 Cartizze, spumante, 1999.

Sa Majesté le bouillon

Mock Turtle
Soupe de tortue fantaisie

1 l de bouillon de volaille dégraissé (p. 39)
1 bouquet de persil
1 feuille de sauge
1/2 cuillerée à café de romarin
1/2 cuillerée à café de marjolaine
2 feuilles de basilic
1 oignon
1 clou de girofle
1 cuillerée à soupe de champignons secs
1 tranche de jambon
1/2 cuillerée à café d'extrait de viande
1/2 tête de veau
1 branche de céleri
1 carotte
75 g de viande de dinde hachée
25 g de mie de pain imbibée de lait et essorée
1 jaune d'œuf
noix de muscade
12 rognons blancs (testicules) de coq
4 crêtes de coq
2 cuillerées à soupe de marsala extra-sec
piment de Cayenne (facultatif)
beurre
sel

→ Versez le bouillon de volaille dans un faitout. Ajoutez le persil, la sauge, le romarin, la marjolaine, le basilic, la moitié de l'oignon piqué avec le clou de girofle, les champignons préalablement trempés dans l'eau tiède et le jambon coupé en julienne.

→ Portez à ébullition. Couvrez, retirez du feu et laissez reposer 15 minutes. Filtrez le bouillon et mettez-le dans une autre marmite. Ajoutez l'extrait de viande et laissez bouillir doucement encore 30 minutes en écumant soigneusement.

→ Entre-temps, faites cuire la tête de veau dans l'eau salée avec le céleri, la carotte et l'autre moitié d'oignon.

→ Quand elle est cuite, ne récupérez que la partie gélatineuse extérieure. Faites-la refroidir au-dessous d'un poids puis formez des petits disques d'environ 2 cm de diamètre.

→ Mélangez la viande hachée avec le pain et le jaune d'œuf. Salez et saupoudrez d'un tout petit peu de noix de muscade. Formez des boulettes sphériques à peine plus grosses qu'une noisette et faites-les frire dans du beurre.

→ Dans le même beurre, faites rissoler les rognons blancs et les crêtes de coq coupées en deux.

→ Portez le bouillon à la température de service. Rectifiez l'assaisonnement. Versez le marsala puis transférez le tout dans une soupière. Ajoutez la garniture (les petits disques de tête de veau, les boulettes de viande, les rognons blancs et les crêtes de coq). Saupoudrez de piment de Cayenne à votre convenance et servez.

Les tortues sont désormais une espèce protégée. Cependant, la science culinaire a réussi à créer une soupe qui reproduit exactement le goût délicieux de la véritable soupe de tortue d'antan sans utiliser de tortue. Au XIXe siècle, cette soupe inspira Lewis Carroll pour le *Chant de la Tortue Fantaisie* qui ouvre ce chapitre.

 Version italienne

 Donnfugata, Chardonnay, 1999.

Zuppa di falsa tartaruga vegetariana
Soupe fausse tortue

1,5 l de grand bouillon de légumes (p. 47)
1 bouquet de persil
1/2 oignon
4 feuilles de basilic
1/2 cuillerée à café de thym en poudre
2 feuilles de sauge
2 feuilles de laurier
2 clous de girofle
4 grains de poivre noir écrasés
1/4 de cuillerée à café de noix de muscade râpée
1 cuillerée de champignons secs
1 petite truffe
1 cuillerée à soupe de fécule de pommes de terre
5 cl de marsala sec très vieux
le jus d'1/2 citron
piment de Cayenne
8 jaunes d'œufs durs
1 blanc d'œuf
8 tranches de pain de mie de 2 cm d'épaisseur
beurre
sel

➜ Versez le bouillon dans un faitout. Jetez-y bouquet garni (persil, oignon, basilic, thym, sauge, laurier) et les épices dans un petit sac de gaze (clous de girofle, poivre noir, noix de muscade). Laissez cuire à petits bouillons 30 minutes.
➜ Ajoutez les champignons, que vous aurez fait tremper dans de l'eau tiède, la truffe coupée en petits morceaux, la fécule de pommes de terre délayée dans quelques cuillerées à soupe d'eau, le marsala et le jus de citron. Rectifiez l'assaisonnement et parfumez de piment de Cayenne.
➜ Pour préparer la garniture, faites durcir les œufs et écrasez les jaunes dans un tamis. Mélangez-les au blanc d'œuf et formez des boulettes de 1,5 à 2 cm de diamètre. Faites-les raffermir dans de l'eau frémissante et égouttez-les rapidement. Coupez le pain en carrés et faites-les frire dans le beurre.
➜ Chauffez le bouillon à la température de service. Versez-le dans une soupière puis ajoutez les boulettes de jaune d'œufs. Servez avec les carrés de pain à part.

 On doit cette version purement végétarienne du bouillon de tortue fantaisie au gastronome Enrico Alliata, qui a su concilier ses idées strictement végétariennes avec les délices de la bonne chère.

Italie

Terre dei Sesi, Le Conche, 1998.

Sa Majesté le bouillon

Pebre
Potage de viande d'agneau

500 g de viande d'agneau maigre
50 g de tomates bien mûres
1/2 cuillerée à café de cumin
8 grains de poivre noir
4 tranches de pain de campagne
huile d'olive
sel

→ Versez 1 l d'eau dans un faitout. Chauffez et ajoutez la viande juste avant l'ébullition. Salez avec modération. Laissez cuire doucement 20 minutes puis ajoutez les tomates blanchies, épluchées et épépinées.
→ Laissez cuire encore 30 minutes. Retirez les tomates, passez-les au mixeur avec le cumin et le poivre puis remettez-les dans la marmite.
→ Laissez cuire, toujours à feu très doux, jusqu'à ce que la viande soit bien tendre. Rectifiez l'assaisonnement et filtrez le bouillon.
→ Faites dorer les tranches de pain dans de l'huile d'olive très chaude. Disposez-les dans des assiettes creuses, versez le bouillon très chaud et servez.

 Murcie, Espagne

Consommé à la royale

50 g de beurre
75 g de farine
2 œufs
1/4 de cuillerée à café de sel
1 l environ de bouillon de viandes variées (p. 40)
beurre

→ Mettez le beurre, 1,25 dl d'eau et le sel dans une petite casserole. Portez à ébullition. Retirez du feu et incorporez la farine préalablement tamisée, en une seule fois et en remuant. Toujours en remuant, remettez sur le feu pendant environ 3 minutes : le mélange devra se détacher de la casserole.
→ Laissez refroidir, ajoutez un par un les deux œufs en mélangeant soigneusement, de façon à obtenir une pâte à choux onctueuse.
→ Beurrez légèrement une plaque du four sur laquelle vous disposerez des petits tas de pâte à choux à l'aide d'une poche à douille. Mettez la plaque au four chauffé à 160 °C. Retirez-la quand les petits choux auront gonflé et pris une jolie couleur dorée. Comptez une douzaine de petits choux par personne.
→ Chauffez le bouillon de viandes variées sans porter à ébullition. Versez-le dans une soupière, jetez-y les boulettes et servez sans tarder.
→ Cette pâte peut être conservée pendant environ 1 mois dans le freezer à l'abri de l'air.

 France

 Yecla, Rosé, 1998.

 Wolfberger, Alsace Grand Cru, Tokay-pinot gris, 1998.

Pasta reale
Consommé aux quenelles à la ricotta

100 g de ricotta fraîche
50 g de farine
2 œufs
un peu de farine
huile d'olive
1 l de faux bouillon « express » ou de fond brun (p. 48 et p. 42)
parmesan râpé
sel, poivre blanc

→ Mélangez la ricotta avec la farine préalablement tamisée et les œufs pour obtenir une pâte bien onctueuse. Salez légèrement et ajoutez selon votre goût du poivre blanc fraîchement moulu.
→ Laissez reposer environ une demi-heure. Mettez le mélange dans une poche à douille ayant un orifice rond de 0,5 cm de diamètre et formez des boulettes. Roulez-les dans la farine et faites-les frire dans de l'huile d'olive très chaude. Comptez une dizaine de quenelles par personne.
→ Chauffez le faux bouillon ou le fond brun sans porter à ébullition. Versez-le dans une soupière, jetez-y les quenelles et servez sans tarder avec le parmesan râpé servi à part.
→ Ces quenelles peuvent être conservées pendant environ 1 mois dans le freezer à l'abri de l'air.

 Lombardie, Italie

 Redaelli de Zinis, Poggio Belvedere, 1998.

Consommé aux crêpes

60 g de farine
1 œuf
2 petits bouquets de persil
1 dl de lait
1 l de consommé (p. 41)
3 cuillerées à soupe environ de beurre
sel

→ Nettoyez un bouquet de persil en ne conservant que les feuilles et hachez-les finement.
→ Versez la farine dans un bol. Faites une fontaine et versez l'œuf au milieu. Salez avec beaucoup de modération et ajoutez le persil haché. Mélangez avec une spatule en bois. Quand le mélange est assez homogène, délayez-le avec du lait (versez-le peu à peu et sans cesser de remuer).
→ Mettez sur le feu une petite poêle d'environ 20 cm de diamètre, de préférence avec un fond anti-adhésif. Mettez-y 1/2 cuillerée à soupe de beurre. Quand il est fondu et bien chaud, versez 2 cuillerées à soupe de mélange de farine et d'œufs. Secouez la poêle dans toutes les directions pour que le mélange se répande uniformément. Quand la partie inférieure aura pris, retournez la crêpe à l'aide d'une spatule large. Laissez-la cuire de l'autre côté puis faites-la glisser dans une assiette.
→ Répétez l'opération jusqu'à épuisement de la pâte. Coupez les crêpes en lamelles de 0,5 cm de large et 4 cm de long.
→ Répartissez ces lamelles dans les bols. Versez le consommé frémissant et décorez avec l'autre bouquet de persil.

 France

 Dopff & Irion, Riesling, 1998.

Sa Majesté le bouillon

Panada
Panade

400 g de pain complet rassis
1 feuille de laurier
10 grains de poivre noir
1,5 l de bouillon de viandes variées (p. 40)
4 œufs
1/2 cuillerée à café de cannelle en poudre
50 g de parmesan râpé
huile d'olive

→ Coupez le pain en tranches. Mettez les tranches au fond d'une casserole en terre cuite. Ajoutez le laurier et le poivre écrasé. Versez le bouillon de viandes variées déjà tiède et ajoutez les œufs battus avec la cannelle. Laissez cuire à feu moyen 45 minutes jusqu'à obtention d'une crème très dense.
→ Incorporez ensuite le fromage râpé et servez dans le récipient de cuisson avec de l'huile d'olive à part.

 Vénétie, Italie

 Dal Fari, Rosso d'Orsone, 1997.

Sopa de pan con jamón
Soupe au pain et au jambon

250 g de pain de campagne rassis
100 g de jambon serrano (ou de jambon maigre de montagne)
4 gousses d'ail
1 cuillerée à café de graines de cumin
1,25 l de bouillon de viandes variées (p. 40)
3 cuillerées à soupe d'huile d'olive
sel

→ Chauffez l'huile dans une sauteuse. Ajoutez les gousses d'ail en chemise. Faites-les dorer puis ajoutez le cumin préalablement concassé au pilon, le pain coupé en tranches et grillé au four et le jambon coupé en petits dés.
→ Laissez cuire ensemble quelques minutes en remuant. Versez le bouillon de viandes variées et laissez cuire environ 20 minutes. Remuez à l'aide d'une spatule en bois pour que le pain se décompose grossièrement. Rectifiez l'assaisonnement si nécessaire.
→ Versez dans les bols (selon la tradition, cette soupe se mange dans des petits récipients en terre cuite) et servez.

 La Manche, Espagne

 Ijalba, Rioja, 1996.

Sa Majesté le bouillon

Marubini in brodo
Bouillon aux pâtes farcies

300 g de viande de bœuf maigre
1 petite carotte
1 petite branche de céleri
1 gousse d'ail
1 oignon très petit
2 dl de vin rouge
1 foie de volaille
100 g de saucisson à cuire
2 œufs
75 g de parmesan râpé
1 cuillerée à soupe environ de chapelure
abaisse pour pâtes aux œufs (p. 49)
bouillon de viandes variées (voir ci-après)
noix de muscade
50 g de beurre
sel, poivre noir

→ Hachez la carotte, le céleri, l'ail et l'oignon. Faites-les revenir à feu moyen dans la moitié du beurre que vous aurez fait fondre dans une sauteuse. Quand l'oignon aura pris de la couleur, ajoutez la viande de bœuf hachée. Mouillez de vin, salez, saupoudrez selon votre goût de poivre noir fraîchement moulu. Couvrez et laissez cuire à l'étouffée à feu moyen, presque doux, au moins 2 heures. Mouillez de bouillon si le liquide réduit trop.
→ Dans une casserole, faites fondre le reste du beurre et faites-y rissoler le foie de volaille avec le salami préalablement pelé.
→ Passez au mixeur la viande de bœuf, le foie et le salami. Ajoutez les œufs, le fromage râpé et la chapelure nécessaire pour obtenir un mélange bien onctueux. Rectifiez l'assaisonnement et ajoutez du poivre fraîchement moulu ainsi qu'une râpée de noix de muscade.

→ Couvrez le mélange d'un torchon mouillé d'un peu de vin et laissez reposer pendant environ 1 heure. Faites une abaisse de pâte, et confectionnez les marubini, (petites pâtes à la forme ronde) comme indiqué page 52. Versez le bouillon dans un faitout. Portez à ébullition, faites cuire les pâtes dans celui-ci et servez.
→ Pour la cuisson des marubini, on utilise un bouillon de viandes variées un peu spécial. Faites cuire séparément de la viande de bœuf, de la viande de poulet et un saucisson à cuire comme indiqué page 40. Quand les trois bouillons sont cuits, dégraissez-les, filtrez-les et mélangez-les en portions égales.

N.B. : Le saucisson à cuire peut être remplacé par un mélange comprenant 400 g de viande de porc pas trop maigre, 4 dl de vin rouge, 10 grains entiers de poivre noir, 1/4 de feuille de laurier broyée, 1/2 cuillerée à café de cannelle en poudre et 2 clous de girofle. Salez avec modération et laissez reposer le mélange pendant 12 à 24 heures dans la partie basse du réfrigérateur. Modelez-le ensuite pour former un saucisson d'environ 7 à 8 cm de diamètre. Enroulez-le dans une gaze de cuisine, ficelez-le et faites-le cuire à l'eau.

 Dans certaines versions, la farce comprend également de la cervelle de veau cuite à l'eau.

Mantoue, Italie

 Dezzani, Gliscaglioni, 1997.

Cappelletti di magro in brodo
Bouillon aux cappelletti

75 g de fromage blanc en faisselle
75 g de ricotta
1 cuillerée à soupe de parmesan râpé
1 œuf
noix de muscade
abaisse pour pâtes aux œufs (p. 49)
1,25 l de bouillon de chapon ou de grand bouillon (p. 39 et p. 47)
sel

→ Mettez les fromages et l'œuf dans un bol et mélangez-les soigneusement. Salez et saupoudrez de noix de muscade selon votre goût.
→ Laissez reposer la pâte pendant quelques heures. Préparez les cappelletti avec l'abaisse comme indiqué page 53, puis faites-les cuire dans le bouillon choisi.

 Romagne, Italie

Cappelletti di magro con crema di melanzane
Cappelletti à la crème d'aubergines

350 g de cappelletti (voir recette précédente)
3 aubergines
1 gousse d'ail
1 oignon
4 tomates bien mûres
1/2 poivron rouge
12 feuilles de basilic
1,25 l de bouillon de légumes (p. 47)
2 cuillerées à soupe d'huile d'olive
sel, piment de Cayenne

→ Versez l'huile dans un faitout. Ajoutez l'ail écrasé et l'oignon haché grossièrement. Faites-les revenir vivement sans qu'ils prennent de couleur. Ajoutez les aubergines coupées en dés, les tomates pelées et coupées en dés, le poivron nettoyé et haché, le basilic. Salez légèrement et saupoudrez selon votre goût de piment de Cayenne.
→ Laissez cuire à feu moyen pendant 15 minutes en remuant souvent à l'aide d'une spatule en bois. Ajoutez le bouillon de légumes. Portez à ébullition puis diminuez le feu. Laissez cuire à petits bouillons pendant 45 minutes.
→ Passez le tout au moulin à légumes ou au mixeur puis remettez-le dans la marmite de cuisson et chauffez.
→ Faites cuire *al dente*, dans de l'eau salée, les cappelletti. Égouttez-les et mettez-les dans la crème d'aubergines. Laissez cuire à l'étouffée 5 minutes et servez.

 Italie

 Villa Pigna, Vergaio, 1997.

Badia dei Miracoli, Montepulciano, 1998.

Sa Majesté le bouillon

Schlickkrapfen
Bouillon aux pâtes farcies

200 g de ricotta
40 g d'emmental
2 cuillerées à soupe de parmesan râpé
40 g de speck (jambon fumé typique de la cuisine allemande)
40 g de jambon cuit
1 œuf
1 jaune d'œuf
1 cuillerée à soupe de persil haché
noix de muscade
abaisse pour pâtes aux œufs (p. 49)
1,25 l de bouillon de viandes variées (p. 40)
sel, poivre noir

➜ Mélangez la ricotta, l'emmental haché finement, le parmesan, le speck et le jambon cuit hachés grossièrement, l'œuf entier, le jaune d'œuf et le persil.
➜ Mélangez intimement, rectifiez l'assaisonnement et saupoudrez selon votre goût de noix de muscade et de poivre noir fraîchement moulu.
➜ Confectionnez avec l'abaisse les *schlickkrapfen*, traditionnellement ronds avec un diamètre d'environ 7 cm, comme indiqué page 52. Faites-les cuire dans le bouillon de viandes variées.

 Allemagne

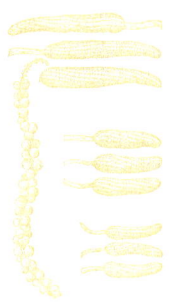

 Schweigener Sonnenberg, Gewürztraminer Spätlese, 1999.

Shuijao
Bouillon aux pâtes farcies

25 g de champignons noirs secs
200 g de viande de porc bien grasse
200 g de crevettes crues décortiquées
5 ou 6 petits oignons frais hachés finement
2,5 cl de vin de riz (ou de marsala extra-sec)
2 cuillerées à café de sauce de soja
2 cuillerées à café de sucre
2 cuillerées à café d'huile de sésame
abaisse de farine et eau (p. 49)
1 l environ de bouillon de volaille dégraissé (p. 39)
poivre noir
1/2 cuillerée à café de sel

➜ Faites tremper les champignons dans de l'eau tiède. Rincez-les, retirez les tiges et hachez finement les chapeaux. Mélangez-les avec la viande de porc hachée finement, les crevettes crues décortiquées et hachées grossièrement, 2 cuillerées à soupe de petits oignons hachés et le reste des ingrédients.
➜ Confectionnez les *shuijao* avec l'abaisse en forme de demi-lune de 7 cm de diamètre (voir p. 52). Versez environ 5 l d'eau dans une grosse marmite. Portez à ébullition et faites cuire les *shuijao* pendant 3 minutes. Égouttez soigneusement.
➜ Versez le bouillon de volaille dans une autre marmite et portez à ébullition. Réduisez la chaleur pour le faire bouillir doucement. Rectifiez l'assaisonnement et ajoutez les *shuijao*. Laissez cuire à l'étouffée 1 minute. Versez le tout dans une soupière. Saupoudrez de petits oignons hachés et servez sans tarder.

Il s'agit d'un des rares exemples de raviolis en bouillon de la cuisine chinoise traditionnelle.

Province du Guangzhou, République Populaire de Chine

 Thé ou Grand Cru Mausbourg, Riesling, 1999.

Kulak Corba
Bouillon aux pâtes farcies à la viande

100 g de viande de bœuf hachée cuite à l'eau
1/2 oignon
abaisse de farine et eau (p. 49)
sel, poivre noir

Pour le bouillon de cuisson :
1 os de bœuf
1/2 oignon
1 carotte
1 branche de céleri
1 bouquet de persil avec ses racines
30 g de farine
30 g de beurre
4 cuillerées à soupe de crème fraîche aigre
1 cuillerée à soupe de jus de citron
1 jaune d'œuf
sel, poivre noir

➜ Hachez la moitié d'un oignon et ajoutez-la à la viande hachée. Parfumez selon votre goût avec du poivre fraîchement moulu. Confectionnez des raviolis semi-circulaires de 3 à 4 cm de diamètre (page 52). Laissez-les reposer au moins 30 minutes avant de les faire cuire.
➜ Pour préparer le bouillon, versez 1,5 l d'eau dans un faitout. Ajoutez l'os, l'autre moitié de l'oignon, la carotte, le céleri et les racines du persil.
➜ Portez à ébullition. Laissez cuire à petits bouillons environ 2 heures et filtrez le bouillon ainsi obtenu. Liez-le avec la farine revenue dans du beurre. Remettez sur le feu, portez à ébullition et faites cuire les raviolis.
➜ À la fin de la cuisson, ajoutez la crème fraîche aigre, préalablement mélangée avec le jaune d'œuf et le jus de citron. Mélangez et laissez encore quelques minutes sur le feu. Décorez avec le vert du persil haché finement et servez.

 Bosnie

 Mladina, Grasevina Riesling, 1999. (Croatie).

Tirolerknödel
Potage aux gnocchi à la tyrolienne

2 œufs
2 dl de lait entier
200 g de pain rassis
75 g de speck (jambon fumé typique de la cuisine allemande)
75 g de lard
50 g de saucisse sèche
2 cuillerées à soupe de ciboulette
1 bouquet de persil
noix de muscade
100 g environ de farine
1,5 l de bouillon de viandes variées (p. 40)
sel

➜ Battez les œufs avec le lait. Ajoutez le pain coupé en morceaux, la charcuterie coupée en petits dés, la ciboulette hachée grossièrement, le persil haché et mélangez intimement. Saupoudrez de noix de muscade selon votre goût et salez.
➜ Portez le bouillon de viandes à ébullition. Entre-temps, ajoutez au mélange la farine nécessaire pour qu'il devienne ferme mais la pâte doit être facile à travailler.
➜ Quand le bouillon bout, mouillez vos mains et préparez avec la pâte des boulettes d'environ 10 cm de diamètre. Roulez-les dans la farine et faites-les cuire pendant 20 minutes environ.
➜ Quand les *Knödels* sont cuits, égouttez-les délicatement. Versez le bouillon dans une soupière, ajoutez les *Knödels* et servez. Attention : les *Knödels* étant très délicats, versez d'abord le bouillon seul dans la soupière pour éviter qu'ils ne s'abîment.

 Tyrol, Autriche

 Weber, Villa Nomine Lusman, 1998.

Leberknödels
Potage aux quenelles de foie

350 g de pain blanc rassis
300 g de foie de porc
1 petit oignon blanc
1 branche de céleri
1 bouquet de persil
2 feuilles de marjolaine fraîche
1 feuille de laurier
2 œufs
le zeste râpé d'1 citron
noix de muscade
150 g de farine
1 dl de lait entier
1,5 l de bouillon de viandes variées (p. 40)
1/2 cuillerée à soupe d'huile d'olive
sel, poivre noir

→ Hachez ensemble dans le mixeur le pain et le foie. Ajoutez tous les légumes hachés. Tout en mélangeant, incorporez l'huile d'olive, les œufs et le zeste de citron râpé.
→ Salez et parfumez, selon votre goût, avec la noix de muscade et le poivre fraîchement moulu. Ajoutez la farine et le lait nécessaires pour obtenir un mélange bien onctueux.
→ Préparez avec les mains mouillées des boules de la taille d'un poing et faites-les cuire à couvert 20 minutes dans 5 l d'eau salée. L'eau doit bouillir légèrement.
→ Égouttez les *Leberknödels* un par un à l'aide d'une louche trouée et disposez-les dans une soupière contenant le bouillon de viandes variées chaud.

 Bavière, Allemagne

Passatelli

4 cuillerées à soupe de mie de pain rassis
2 cuillerées à soupe de parmesan râpé
2 œufs
1 cuillerée à soupe de farine
noix de muscade
1,25 l de bouillon de chapon et de bœuf (p. 39)
parmesan râpé
sel, poivre blanc (facultatif)

→ Mélangez la mie de pain hachée très finement, 2 cuillerées à soupe de parmesan râpé, les œufs et la farine. Salez, saupoudrez selon votre goût de noix de muscade et, si vous le souhaitez, de poivre blanc fraîchement moulu.
→ Versez le bouillon de chapon et de bœuf dans un faitout. Portez à ébullition. Réduisez la chaleur pour que le bouillon cuise doucement. À l'aide du petit moule prévu à cet effet, préparez les passatelli en les faisant tomber directement dans le bouillon sur le feu.
→ Laissez-les cuire environ 5 minutes. Servez avec du parmesan râpé à part.

N.B. : Dans certaines parties de la Romagne, on ajoute de la moelle de bœuf au mélange pour la farce.

Pour préparer les passatelli, probables ancêtres des macaronis, il faut un appareil spécial. Cependant, il peut être remplacé par une machine à vis pour confectionner les pâtes dotée de trous d'environ 3 mm de diamètre.

 Romagne, Italie

 Anselmann, Huxelrebe, 1999.

 Sergio Zenato, Lugana, 1999.

Sa Majesté le bouillon

Passatelli di carne alla marchigiana
Passatelli à la viande

200 g de viande de bœuf très maigre
200 g d'épinards
50 g de parmesan râpé pour la préparation
du parmesan râpé pour l'assaisonnement
2 cuillerées à soupe de mie de pain
50 g de beurre
4 œufs
noix de muscade
1,25 l de bouillon de viande de bœuf (p. 39)
sel

➜ Hachez finement, éventuellement au mixeur, les épinards cuits à l'eau salée et la viande. Ajoutez le parmesan râpé, la mie de pain rassis hachée, le beurre et les œufs en mélangeant intimement. Lorsque vous aurez obtenu un mélange onctueux, salez et saupoudrez de noix de muscade selon votre goût.
➜ Préparez les passatelli et faites-les cuire dans le bouillon comme indiqué dans la recette précédente. Servez avec du parmesan râpé à part.

 Marches, Italie

Gnocchetti di semolino in brodo
Bouillon aux gnocchi de semoule

50 g de beurre
2 œufs
1 bouquet de persil frais
noix de muscade
75 g de semoule
1 l de bouillon de volaille (p. 39)
sel

➜ Ramollissez le beurre, éventuellement en le réchauffant. Ajoutez les deux œufs et battez à l'aide d'un fouet jusqu'à obtention d'un mélange léger et mousseux. Ajoutez le persil haché très fin, le sel et la noix de muscade.
➜ Versez en pluie la semoule en remuant avec une spatule en bois jusqu'à obtention d'une pâte homogène.
➜ Versez 3 l d'eau dans un récipient bas et large et chauffez à feu vif. Dès que l'eau bout, baissez le feu. Prenez un peu de mélange à l'aide d'une petite cuiller. Avec une autre petite cuiller mouillée d'eau chaude, donnez une forme arrondie à la partie supérieure du morceau. Laissez glisser le gnocchi, en utilisant la seconde petite cuiller, dans l'eau très chaude mais non bouillante.
➜ Continuez de cette manière et utilisez tout le mélange. Couvrez le récipient et laissez cuire environ 10 minutes à feu très doux sans faire bouillir.
➜ Retirez peu à peu les gnocchi à l'aide d'une écumoire. Après la cuisson, ils seront plus fermes et plus gros. Égouttez-les et répartissez-les dans les bols. Versez doucement le bouillon de volaille, dégraissé et clarifié, préalablement réchauffé.

 Autriche

 Verdicchio dei Castelli di Jesi, Le Vaglie, 1999.

 Hafner, Pinot gris, 1999.

Bazin
Bouillon aux gnocchi de semoule

200 g de semoule
une dose de levure de boulanger
2 cuillerées à soupe d'huile d'olive
1 l de bouillon de volaille ou de fumet (p. 39 ou 43)
sel

➜ Mettez la semoule dans un bol. Délayez la levure avec un peu d'eau tiède et ajoutez-la à la semoule. Versez de l'eau en mélangeant avec une spatule en bois pour former une crème onctueuse. Laissez-la lever pendant 30 minutes à l'abri des courants d'air.
➜ Versez 3 l d'eau dans une casserole. Salez et portez à ébullition. Ajoutez peu à peu, en remuant, la pâte levée. Baissez le feu et faites cuire sans arrêter de remuer, jusqu'à ce que la pâte se dessèche et se détache des parois de la casserole.
➜ Ajoutez l'huile d'olive et mélangez pour bien l'incorporer. Formez ensuite des boulettes de la taille d'une noisette et disposez-les dans une grande assiette.
➜ Entre-temps, réchauffez le bouillon de volaille ou le fumet. Versez-le dans une soupière et servez avec les gnocchi à part.

 Libye

Tridura
Potage aux œufs et au fromage

300 g de farine
3 œufs
100 g de parmesan râpé pour la préparation
du parmesan râpé pour l'assaisonnement
noix de muscade
1 l de bouillon de légumes (p. 47)
sel, poivre blanc

➜ Mélangez la farine aux œufs et au parmesan râpé. Ajoutez éventuellement un peu d'eau. Salez précautionneusement et saupoudrez selon votre goût, mais avec modération, de noix de muscade et poivre blanc fraîchement moulu. Vous devez obtenir une pâte homogène et ferme.
➜ Laissez-la reposer 30 à 45 minutes. Râpez-la et laissez-la sécher sur un torchon. Portez le bouillon de légumes à ébullition. Versez la pâte, laissez cuire. Laissez reposer à feu éteint une quinzaine de minutes puis servez.

 Cette recette semble être une véritable interprétation lombarde du couscous.

Lombardie, Italie

 Wardy, Chardonnay, 1998 (Liban).

 Gli Scaglioni, Dezzani, 1997.

Sa Majesté le bouillon

Stracciatella alla marchigiana
Bouillon aux œufs et au parmesan

4 œufs
4 cuillerées à soupe de parmesan râpé
2 cuillerées à soupe de chapelure
zeste râpé d'1 citron
farine
1 l de bouillon de viande de bœuf (p. 39)
sel

→ Battez les œufs. Ajoutez le fromage râpé, la chapelure et l'écorce de citron râpée sans arrêter de remuer.
→ Ajoutez peu à peu la farine nécessaire pour obtenir une pâte plutôt liquide. Salez selon votre goût.
→ Portez le bouillon de bœuf dégraissé à ébullition. Versez la pâte en un filament continu en la faisant couler le long d'une cuiller. Laissez cuire à feu moyen 1 ou 2 minutes puis servez.

On retrouve ce plat dans plusieurs cuisines régionales italiennes. Dans la région des Marches, il a conservé une forme proche de celle des zanzarelli, décrits par Maître Martin au XVᵉ siècle.

 Marches, Italie

Minestra mille fanti
Bouillon au pain et aux œufs

75 g de mie de pain
25 g de parmesan râpé
4 œufs
noix de muscade
1 l de bouillon de viandes variées (p. 40)
sel, poivre blanc

→ Mixez la mie de pain frais avec le fromage et 2 œufs. Salez avec modération. Parfumez d'un peu de noix de muscade et saupoudrez abondamment de poivre blanc fraîchement moulu.
→ Battez les 2 œufs restant et ajoutez-les peu à peu au mélange.
→ Versez le bouillon de viandes variées dans un faitout. Portez à ébullition et versez le mélange tout en battant à l'aide d'un fouet. Réduisez la chaleur et laissez cuire à très faible ébullition 7 à 8 minutes. Servez avec du poivre blanc à part.

 Italie

Verdicchio dei Castelli di Jesi, Le Vaglie, 1999.

 Rosato di Alezio, 1999.

Sa Majesté le bouillon

Zuppa pavese
Soupe de Pavie

Doses par personne :
2 tranches de pain blanc d'environ 1 cm d'épaisseur
2 œufs
1 cuillerée à soupe de parmesan râpé
2,5 dl de bouillon de viandes variées (p. 40)
beurre
sel

➜ Faites frire les 2 tranches de pain dans du beurre. Quand elles sont bien dorées, disposez-les dans une assiette creuse.
➜ Cassez les 2 œufs dans l'assiette sans abîmer les jaunes. Assaisonnez d'un brin de sel et de fromage râpé.
➜ Portez le bouillon à ébullition, versez-le doucement dans l'assiette et servez.

Cette soupe est préparée sur-le-champ et individuellement.

 Lombardie, Italie

Kotosupa avgolemono
Potage au riz aux œufs et au citron

100 g de riz rond
3 œufs
le jus d'1 gros citron
2 cuillerées à soupe de zeste de citron râpé
1,25 l de bouillon de viande d'agneau
sel, poivre blanc

➜ Portez le bouillon à ébullition dans un faitout. Ajoutez le riz, préalablement lavé pour éliminer l'excès d'amidon. Laissez cuire *al dente* et rectifiez l'assaisonnement.
➜ Entre-temps, battez les œufs avec le jus et le zeste de citron. Saupoudrez de poivre blanc fraîchement moulu selon votre goût.
➜ Retirez le faitout du feu. Ajoutez les œufs battus. Mélangez intimement en gardant le potage au chaud mais sans qu'il arrive à ébullition. Rectifiez éventuellement l'assaisonnement. Versez le potage dans une soupière et servez.

 Grèce

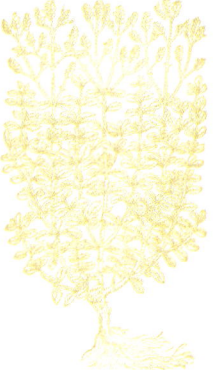

 Tantra, Monferrato, 1998.

 Agioritikos, Tsantali, 2000.

Brodetto pasquale alla romana
Bouillon de Pâques à la romaine

1,25 l de bouillon de viandes de bœuf et d'agneau (p. 39)
4 jaunes d'œufs
1/2 cuillerée à soupe de feuilles fraîches de marjolaine ciselées
le jus d'1 citron
8 tranches de pain de campagne
pecorino râpé (fromage de brebis, voisin du parmesan)
Sel, poivre noir

→ Portez à ébullition le bouillon de viandes. Fouettez les jaunes d'œufs et la marjolaine en les délayant lentement avec le jus de citron puis versez-les dans une casserole assez grosse. Ajoutez peu à peu le bouillon chaud sans arrêter de remuer à l'aide d'une spatule en bois.
→ Laissez cuire à feu très doux (le liquide ne doit surtout pas bouillir). Laissez épaissir légèrement le bouillon et rectifiez l'assaisonnement si nécessaire.
→ Disposez les tranches de pain, toastées au four, dans des assiettes creuses. Versez le bouillon bien chaud et servez le pecorino râpé et le poivre noir fraîchement moulu à part.

 Latium, Italie

 Pillastro, Salento, 1998.

Jaj Bayd
Potage au riz et aux boulettes de volaille

1 blanc de poulet
1 jaune d'œuf
50 g de beurre
1 oignon
1,25 l de bouillon de volaille (p. 39)
200 g de riz rond
2 œufs
le jus d'1 citron
1 bouquet de persil haché très finement
sel, poivre

→ Hachez le blanc de poulet et mélangez-le avec le jaune d'œuf. Salez et poivrez selon votre goût. Formez des boulettes d'environ 1 cm de diamètre.
→ Chauffez le beurre dans une sauteuse. Faites-y revenir l'oignon coupé très finement. Quand il a pris de la couleur, versez le bouillon de volaille en remuant soigneusement. Portez à ébullition. Ajoutez les boulettes de viande et le riz et laissez cuire à feu moyen pendant 20 à 30 minutes. Rectifiez l'assaisonnement si nécessaire.
→ Battez les 2 œufs avec le jus de citron et le persil. Ajoutez 2 cuillerées à soupe de bouillon pour allonger le mélange et laissez refroidir.
→ Quand le potage est cuit, retirez du feu et incorporez les œufs battus. Remuez en réchauffant doucement (le potage ne doit pas recommencer à bouillir) et servez.

 Algérie

 Domaine Clavel, Saint-Gervais, 1999 (France).

Sa Majesté le bouillon

Vellutata classica
Velouté classique

1 l de bouillon de votre choix, dégraissé (p. 39)
2 cuillerées à soupe de tapioca
2 jaunes d'œufs
2 cuillerées à soupe de parmesan râpé
35 g de beurre
2 cuillerées à soupe de crème fraîche
sel, poivre blanc

➜ Portez le bouillon à ébullition. Versez le tapioca en pluie et laissez cuire environ 15 minutes.
➜ Entre-temps, mettez 2 jaunes d'œufs, le parmesan râpé, le beurre ramolli et en morceaux, la crème fraîche dans la soupière de service.
➜ Mélangez intimement en délayant avec 2 cuillerées à soupe de bouillon chaud. Quand le mélange est bien homogène ajoutez le bouillon avec le tapioca.
➜ Remuez soigneusement et servez avec, à part, le poivre blanc fraîchement moulu.

 Italie

 Villa Sparici Landini, Pietraia, 1999.

Queen Victoria soup
Velouté aux champignons

150 g de champignons frais
50 g de beurre
1 petit oignon blanc
3 branches de céleri
7,5 dl de bouillon de viandes variées (p. 40)
1 cuillerée à soupe de tapioca
100 g de viande de poulet déjà cuite
100 g de jambon cuit
2 dl de crème fraîche
2 œufs durs
noix de muscade
sel, poivre noir

➜ Mettez le beurre dans une casserole et chauffez à feu doux. Ajoutez l'oignon haché très finement et faites-le dorer.
➜ Ajoutez les champignons et le céleri hachés grossièrement. Saupoudrez de noix de muscade selon votre goût et laissez cuire encore 10 minutes.
➜ Versez dans la casserole le bouillon de viandes variées. Ajoutez le tapioca, la viande de poulet et le jambon cuits coupés en dés, mélangez soigneusement et laissez cuire à petits bouillons 20 minutes. Ajoutez enfin la crème fraîche et les œufs durs hachés finement. Salez, saupoudrez de poivre noir fraîchement moulu et laissez cuire à l'étouffée 10 minutes (le velouté ne doit surtout pas bouillir) puis servez.

 Royaume-Uni

 Château du Carillon, Fronsac, 1998 (France).

Chicken gumbo soup
Velouté de volaille

200 g de chair de poulet déjà cuite
50 g de beurre
1 oignon blanc
7,5 dl de bouillon de volaille (p. 39)
1/2 poivron vert doux
300 g de tomates bien mûres
150 g de gombos
250 g de riz cuit à l'eau
sel, poivre noir

→ Faites fondre le beurre dans une casserole assez grosse. Ajoutez l'oignon émincé et laissez-le dorer en remuant souvent.
→ Sans arrêter de remuer, ajoutez le bouillon de volaille dégraissé, 1/2 poivron nettoyé et haché finement, les tomates pelées, épépinées et émincées. Portez à ébullition puis laissez cuire à petits bouillons pendant 30 minutes.
→ Ajoutez les gombos coupés en rondelles et laissez cuire encore 10 minutes. Ajoutez le riz et la viande de poulet coupée en dés. Salez et saupoudrez abondamment de poivre noir fraîchement moulu. Laissez cuire à l'étouffée encore une dizaine de minutes. Servez avec du poivre noir à part.

Les veloutés de la tradition gastronomique européenne trouvent leur équivalents dans les gumbos *de la cuisine créole-cajun. Le produit épaississant utilisé dans la préparation des* gumbos *se compose des cosses imparfaitement mûres de l'okra, une plante locale sauvage. Elle contribue également au résultat final grâce à son goût agréable et très particulier. N'oubliez pas qu'une fois les okras (gombos) incorporés, le temps de cuisson ne doit pas dépasser 20 minutes pour éviter un épaississement irrégulier.*

 Louisiane, États-Unis

 Robert Mondavi, Cabernet-Sauvignon, 1996.

Creme de palmito
Crème de cœurs de palmier

300 g de cœurs de palmier (même en boîte)
7,5 dl de bouillon de légumes (p. 47)
2 cuillerées à soupe de farine
1 jaune d'œuf
2 dl de crème fraîche
1 bouquet de persil
sel, poivre noir

→ Coupez les cœurs de palmiers en rondelles très minces. Versez le bouillon de légumes dans un faitout. Portez à ébullition et jetez-y les cœurs de palmier. Laissez cuire doucement 15 minutes.
→ Délayez la farine et le jaune d'œuf dans un peu de bouillon. Allongez avec de la crème fraîche. Versez le mélange dans la marmite et laissez cuire à feu moyen encore 10 minutes sans arrêter de remuer.
→ Rectifiez l'assaisonnement et parfumez de poivre noir fraîchement moulu. Versez la crème dans les bols, garnissez chaque bol de persil haché et servez.

 Brésil

 Salton, Chardonnay, 1998.

Consommé à la royale classique

Ingrédients pour 10 personnes :
1 œuf entier
3 jaunes d'œufs
2 dl de bouillon de volaille (p. 39)
2,5 dl de consommé environ par personne (p. 41)
beurre
sel

→ Battez l'œuf entier et les 3 jaunes d'œuf comme si vous prépariez une omelette. Ajoutez les 2 dl de bouillon de volaille tiède. Filtrez au tamis. S'il se forme de l'écume, éliminez-la soigneusement.
→ Beurrez une petite casserole d'environ 5 dl. Versez-y le mélange et laissez cuire au bain-marie 30 minutes, jusqu'à ce que la crème ait pris. L'eau du bain-marie doit être très chaude mais sans bouillir, pour éviter que la crème ne tourne.
→ Une fois que la crème a pris, laissez-la refroidir. Retirez-la de la casserole et coupez-la en tranches d'environ 2 cm d'épaisseur. Coupez-les ensuite en dés d'environ 2 cm de chaque côté.
→ Disposez quelques dés dans chaque bol et versez le consommé bien chaud.

 Les proportions indiquées sont réduites le plus possible. Mais puisque dans ce cas on n'ajoute que quelques dés dans les bols de bouillon, celles-ci suffiront pour une dizaine de personnes.

 France

 Arthur Metz, Crémant d'Alsace, 1998.

Royale alla Stecchetti
Consommé à la royale au fromage

60 g de farine
2 œufs
4 cuillerées à soupe de parmesan râpé
pour la préparation
du parmesan râpé pour l'assaisonnement
40 g de beurre
noix de muscade
1 l de bouillon de viandes variées (p. 40)
sel

→ Mélangez la farine, les œufs, le parmesan râpé et le beurre préalablement ramolli, jusqu'à obtention d'une masse assez homogène. Salez et parfumez légèrement avec la noix de muscade. Formez une boule, disposez-la au centre d'un torchon ou d'une gaze mouillée. Réunissez les coins et attachez-les à l'aide d'un fil de cuisine de façon à contenir le mélange.
→ Portez le bouillon de viandes variées à ébullition. Plongez la boule et laissez cuire à petits bouillons environ 2 heures. Retirez la boule et laissez-la refroidir. Sortez-la de la gaze et coupez-la en dés d'environ 1 cm de côté.
→ Portez à nouveau le bouillon à ébullition. Ajoutez les dés et laissez encore cuire doucement 10 minutes. Servez avec du parmesan râpé à part.

Émilie, Italie

 Loredan Gasparini, Colli Trevigiani, 1999.

Sa Majesté le bouillon

Consommé à la royale aux truffes

1 petite truffe noire
40 cubes environ de royale préparée comme indiqué dans la recette (p. 113)
1 l de consommé (p. 41)
200 g de blanc de poulet cuit à l'eau
32 pointes d'asperges

→ Répartissez les cubes de royale dans des bols et portez le consommé presque à ébullition.
→ Ajoutez le blanc de poulet coupé en lamelles, la truffe émincée et les pointes d'asperges cuites *al dente*.
→ Laissez reposer une dizaine de minutes puis versez le bouillon dans les bols. Répartissez le plus également possible les morceaux de truffe et les pointes d'asperges puis servez.

 France

 Château Ollwiller, Riesling, 1998.

Vichyssoise

50 g de beurre
1 oignon haché
4 poireaux
2 branches de céleri
2 pommes de terre
1 bouquet de persil frais
1 l de bouillon de volaille (p. 39)
2,5 dl de crème fraîche
1 cuillerée à soupe de ciboulette
sel, poivre noir

→ Faites fondre le beurre dans une casserole assez grande à feu moyen. Ajoutez l'oignon, le blanc des poireaux émincé et le céleri en morceaux. Baissez le feu et faites cuire vivement sans cesser de remuer : les légumes ne doivent surtout pas prendre couleur.
→ Toujours en remuant, ajoutez les pommes de terre épluchées et coupées en tranches, un peu de persil et le bouillon de volaille dégraissé. Couvrez et laissez cuire environ 20 minutes. Rectifiez l'assaisonnement.
→ Égouttez les légumes, passez-les au presse-purée puis remettez-les dans le bouillon. Ajoutez la ciboulette finement hachée et la crème fraîche tout en remuant. Saupoudrez selon votre goût de poivre noir fraîchement moulu.
→ Si vous souhaitez la consommer froide, laissez la vichyssoise dans la partie basse du réfrigérateur pendant environ 2 heures avant de servir. Sinon, réchauffez-la et servez.

 Potage élaboré aux États-Unis par le chef français Louis Diat.

États-Unis

 Domaine de La Perrière, Sancerre, 2000. (France).

Ris ed erborin
Potage au riz et au persil

200 g de riz rond
2 bouquets de persil frais
1,25 l de bouillon de viandes variées (p. 40)
20 g de beurre
parmesan râpé
sel

➜ Lavez le riz pour éliminer l'excès d'amidon. Hachez le persil et réservez-le.
➜ Versez le bouillon dans un faitout et portez à ébullition. Ajoutez le riz et faites-le cuire *al dente*, en remuant de temps en temps. Rectifiez l'assaisonnement.
➜ Retirez du feu. Ajoutez le beurre et le persil. Laissez reposer quelques minutes puis servez avec du parmesan râpé à part.

 Lombardie, Italie

Sen mee nam gup moo
Potage aux pousses de soja et à la viande de porc

200 g de chair de porc
100 g de pousses de soja
1 l de bouillon de volaille (p. 39)
200 g de spaghetti de riz
4 gousses d'ail
2 cuillerées à soupe d'huile de tournesol ou d'arachide
2 cuillerées à café de nam pla (ou 2 anchois salés)
2 oignon frais
2 piments rouges piquants
1 cuillerée à soupe de sucre
2 cuillerées à soupe de cacahouètes écossées
1 bouquet de persil
sel

➜ Émincez la viande en julienne. Versez le bouillon de volaille dans un faitout et portez à ébullition. Ajoutez la viande et laissez cuire à feu doux pendant environ 20 minutes. Ajoutez ensuite les spaghetti de riz (s'ils sont secs, laissez-les tremper dans de l'eau chaude 15 minutes). 5 minutes plus tard, ajoutez les pousses de soja et faites cuire.
➜ Entre-temps, hachez l'ail et faites-le revenir dans l'huile. Mettez-le, avec son huile, dans une soupière. Ajoutez le *nam pla* (pâte de poisson salée et fermentée en vente dans les magasins de spécialités orientales) ou les anchois salés et sans arêtes dissouts dans deux cuillerées à soupe de bouillon chaud, les oignons et les piments rouges hachés finement et le sucre.
➜ Mélangez soigneusement. Versez le potage bouillant dans la soupière et mélangez à nouveau. Laissez reposer quelques minutes, garnissez de cacahouètes et de persil hachés et servez.

 Thaïlande

 Redaelli de Zinis, Poggio Belvedere, 1998.

 Caprice de Colombelle, Côtes de Gascogne, 2000. (France).

Sa Majesté le bouillon

Shorbat jaj
Potage piquant au poulet

1 poulet
1 cuillerée à soupe de graines de fenugrec
2 gousses d'ail
3 cuillerées à soupe de coriandre fraîche
1 piment rouge piquant
le jus d'1 citron
1 oignon
50 g de beurre
1/2 cuillerée à café de safran
sel, poivre noir

➜ Laissez tremper les graines de fenugrec dans l'eau froide pendant 12 heures. Réchauffez-les. Passez-les à la moulinette avec l'ail, les feuilles de coriandre et le piment en ajoutant peu à peu le jus de citron. Quand vous avez obtenu une pâte onctueuse (dans la cuisine Libyenne on l'appelle *hilba*), salez légèrement.

➜ Hachez l'oignon et faites-le revenir dans du beurre. Quand il aura pris de la couleur, ajoutez le poulet coupé en morceaux et dont vous aurez éliminé la peau. Faites-le dorer puis ajoutez 1,5 l d'eau et le safran. Salez et saupoudrez de poivre noir fraîchement moulu. Portez à ébullition et laissez cuire 90 minutes à feu moyen.

➜ Assaisonnez avec l'*hilba*. Portez le poulet à cuisson complète (il faudra compter encore une demi-heure). Mettez le tout dans une soupière et servez.

 Libye

Potage froid
Crème froide d'avocat

2 avocats
le jus de 2 limes (citrons verts au jus amer)
2 dl de crème fraîche
7,5 dl de bouillon de viande de bœuf (p. 39)
4 cuillerées à soupe de ciboulette
sel

➜ Retirez l'écorce et les noyaux des avocats. Mixez-les finement avec le jus de limes, la crème fraîche et le bouillon de viande de bœuf dégraissé, puis salez.

➜ Répartissez le potage dans les bols et saupoudrez abondamment de ciboulette ciselée. Laissez refroidir environ 2 heures dans la partie basse du réfrigérateur avant de servir.

 Sud des États-Unis

Domaine de Vézian, Pays Catalan, 1999. (France).

Dry Creek, Fumé blanc, 1998.

Sa Majesté le bouillon

Mulligatawny soup
Consommé de poulet au riz et aux légumes

1 poulet d'environ 1,5 kg
1 bâtonnet de cannelle
30 g de pulpe de noix de coco
1 gousse d'ail écrasée
1 oignon
1 piment vert piquant haché
100 g d'amandes hachées finement
1/2 cuillerée à café de garam masala (p. 56)
1/2 cuillerée à café de poivre noir fraîchement moulu
25 g de beurre
1 cuillerée à soupe de pois chiches réduits en poudre
1/4 de cuillerée à café de piment rouge piquant en poudre
125 g de riz cuit à l'eau
le jus d'1 citron
sel

→ Versez 1,5 l d'eau dans un faitout. Ajoutez le poulet coupé en morceaux, la cannelle, la pulpe de noix de coco hachée. Laissez cuire à feu très doux jusqu'à ce que le poulet devienne tendre.
→ Retirez-le du bouillon, coupez-le en dés et réservez les os. Laissez refroidir.
→ Remettez les os dans le faitout et laissez cuire jusqu'à ce que le bouillon réduise à environ 7,5 dl. Ajoutez l'ail, le piment vert, les amandes, le *garam masala* et le poivre. Mélangez soigneusement et portez à ébullition pendant 2 minutes. Filtrez le bouillon et réservez-le.
→ Faites fondre le beurre dans une casserole et faites-y rissoler l'oignon. Ajoutez les pois chiches, de l'eau et laissez cuire quelques minutes. Versez le bouillon dans la casserole. Laissez cuire jusqu'à épaississement.
→ Répartissez le poulet dans les bols. Versez le bouillon et saupoudrez de piment rouge. Servez avec le riz et le jus de citron à part.

 Cuisine anglo-indienne

 Château Cabrières, Côteaux du Languedoc, 1998. (France).

Minestra del buongustaio
Bouillon de viande aux champignons

25 g de champignons secs
1 petit oignon
50 g de beurre
1 l de bouillon de viandes variées (p. 40)
2 branches de céleri
1 carotte moyenne
100 g de jambon cru
150 g de riz rond
1/2 cuillerée à café de persil haché finement
parmesan râpé
sel, poivre noir

→ Faites tremper les champignons dans l'eau tiède pendant 2 heures. Égouttez-les, hachez-les grossièrement et mettez-les dans une casserole. Ajoutez l'oignon émincé et la moitié du beurre. Mouillez de quelques cuillerées à soupe de bouillon de viandes variées et laissez cuire doucement. Salez avec modération et saupoudrez de poivre noir fraîchement moulu.
→ Hachez la carotte et le céleri et faites-les revenir dans une autre casserole, avec le reste du beurre. Ajoutez ensuite le jambon coupé en lamelles d'1/2 cm de long. Versez le bouillon et faites cuire à petits bouillons pendant 10 minutes.
→ Ajoutez le riz préalablement lavé pour éliminer l'excès d'amidon. Laissez cuire et ajoutez les champignons avec l'oignon et rectifiez l'assaisonnement.
→ Laissez cuire à l'étouffée pendant 5 minutes. Après avoir saupoudré de persil haché, servez avec du parmesan râpé à part.

 Italie

 Corte Pavone, Brunello di Montalcino, 1996.

Oxtail soup
Soupe de queue de bœuf

500 g de queue de bœuf
farine
1,5 l de bouillon de viande de bœuf (p. 39)
1 carotte
1 branche de céleri
1/2 oignon de taille moyenne
100 g de navets
1 cuillerée à soupe de jus de citron
2 cuillerées à café de sauce Worcestershire
2 cuillerées à soupe d'huile d'olive
sel, poivre noir

→ Versez l'huile dans un faitout et réchauffez-la. Quand elle est très chaude, ajoutez la queue de bœuf coupée en morceaux de 4 à 5 cm bien farinés. Faites-les rissoler tout en remuant jusqu'à ce qu'ils deviennent brun foncé.
→ Retirez la viande du faitout. Éliminez l'huile et versez lentement le bouillon de viande de bœuf en grattant le fond du faitout avec une spatule pour le déglacer.
→ Remettez la viande dans le faitout, couvrez en partie et laissez cuire à petits bouillons pendant 2 heures et demie. Maintenez le liquide à un niveau constant en ajoutant du bouillon chaud.
→ Filtrez le bouillon, laissez refroidir les morceaux de queue, désossez-les et mettez la viande obtenue dans le bouillon. Ajoutez les légumes coupés en dés et laissez bouillir doucement encore 45 minutes.
→ Ajoutez le jus de citron et la sauce Worcestershire. Salez et parfumez de poivre noir fraîchement moulu. Laissez cuire à l'étouffée 10 à 15 minutes et servez.

 Royaume-Uni

 Château Ollwiller, Riesling, 1998 (France).

Lord Mayor soup
Soupe du maire

2 pieds et 2 oreilles de porc
1 carotte
1 branche de céleri
1 oignon blanc
2 clous de girofle
1/2 feuille de laurier
25 g de beurre
2 cuillerées à soupe de farine
1/2 verre de marsala extra-sec
1/2 cuillerée à soupe de persil haché
4 grains de poivre noir écrasés
sel

→ Flambez les pieds, raclez-les, lavez-les et coupez-les en deux dans le sens de la longueur. Lavez les oreilles, ébouillantez-les 5 minutes puis nettoyez-les soigneusement.
→ Versez 1,5 l d'eau dans un faitout. Salez et ajoutez les grains de poivre. Mettez les pieds et les oreilles dans le faitout et portez à ébullition. Écumez et ajoutez les aromates, dont l'oignon piqué de clous de girofle.
→ Quand l'eau recommence à bouillir, réduisez le feu, couvrez en partie et laissez cuire à petits bouillons 3 heures et demie, jusqu'à cuisson complète de la viande. Sortez-la de la marmite, retirez la chair des pieds et coupez-la ainsi que les oreilles en lamelles fines. Dégraissez soigneusement le bouillon.
→ Mettez le beurre dans une casserole et faites-le blondir. Ajoutez la farine tamisée et mélangez sur le feu avec une spatule en bois, jusqu'à ce que la farine et le beurre aient pris une jolie couleur brune.
→ Versez le bouillon dans la casserole, en ajoutant un peu d'eau chaude si nécessaire. Portez à ébullition et ajoutez le marsala, les lamelles de viande et le persil. Rectifiez l'assaisonnement si nécessaire.
→ Laisser cuire à l'étouffée quelques minutes et servez.

 Royaume-Uni

 Blanc de Morgex et de La Salle, Val-d'Aoste, 1999. (Italie).

Sa Majesté le bouillon

Scotch broth
Potage à la viande d'agneau et à l'orge

700 g de chair d'agneau désossée
100 g d'orge
1 carotte
1 petit navet
1 oignon
1 branche de céleri
50 g de beurre
sel, poivre noir

→ Coupez la viande en petits morceaux après l'avoir dégraissée le plus possible. Mettez-la dans un faitout et versez-y 1 l d'eau. Portez à ébullition. Ajoutez l'orge et laissez bouillir doucement pendant 1 heure et demie, jusqu'à ce que la viande et l'orge soient tendres. Ajoutez de l'eau très chaude si le niveau de liquide réduit trop.
→ Laissez refroidir le potage et dégraissez-le soigneusement.
→ Faites fondre le beurre dans une grande casserole et ajoutez les légumes coupés en dés. Faites cuire à feu moyen et remuez souvent pendant 10 à 15 minutes. Versez ensuite le potage dans la casserole, salez et saupoudrez de poivre noir fraîchement moulu. Laissez cuire jusqu'à ce que les légumes soient tendres.
→ Ce potage doit être servi très chaud.

 Écosse, Royaume-uni

Sopa carmelitana
Soupe de viande de taureau et de poulet

200 g de viande de taureau (ou de bœuf)
1/4 de poule
100 g de jambon serrano (ou jambon cru) en un seul morceau
100 de lard
1 carotte
1 poireau
1 oignon
2 clous de girofle
1 branche de céleri
2 gousses d'ail
1 dose de safran
100 g d'avoine perlée
2 œufs durs
1 bouquet de cerfeuil frais
sel, 4 ou 5 grains de poivre noir

→ Versez 1,25 l d'eau dans un faitout et faites cuire tous les ingrédients à l'exception du safran, de l'avoine, des œufs et du cerfeuil. Les légumes doivent être coupés en morceaux, sauf l'oignon qui sera piqué de clous de girofle et de poivre noir.
→ Couvrez et laissez cuire à feu moyen au moins 3 heures.
→ Dès que la viande est cuite, salez avec modération. Ajoutez le safran, délayé dans un peu d'eau chaude, et l'avoine. Laissez cuire sans couvercle.
→ Quand l'avoine est cuite, coupez la viande en petits morceaux. Ajoutez les œufs durs broyés. Parfumez de cerfeuil finement haché et servez.

 Il s'agit d'une des nombreuses et délicieuses soupes que l'on dit nées dans les cuisines des couvents.

Espagne

 Les Terres Noires, Cabernet Sauvignon, 1999. (Moldavie).

 Monte Ducay, Gran reserva, 1993.

Sa Majesté le bouillon

Puchero
Potage de viande et de légumes

500 g de pois chiches
1 poulet
1 os de jambon
1 os de bœuf
3 carottes
1 branche de céleri
4 pommes de terre moyennes épluchées
4 tranches de pain de campagne
2 œufs durs
150 g de jambon cru maigre (ou jambon serrano)
quelques feuilles de menthe fraîche
huile d'olive
sel

➜ Versez 1,5 l d'eau dans un faitout. Ajoutez le poulet en morceaux, les os, les carottes et le céleri en petits morceaux. Portez à ébullition puis baissez le feu. Laissez cuire à petits bouillons en écumant.

➜ Quand le poulet est cuit (après un peu plus d'1 heure), ajoutez les pois chiches, que vous aurez fait tremper le temps nécessaire. Quand les pois chiches sont devenus tendres, ajoutez aussi les pommes de terre. Salez et terminez la cuisson.

➜ Filtrez le bouillon et versez-le dans une soupière. Garnissez-le de quelques feuilles de menthe. Servez à part le pain coupé en cubes frits dans de l'huile, les œufs durs coupés en quartiers et le jambon en dés.

La tradition espagnole propose des potages dont le bouillon est préparé, comme autrefois, en faisant cuire ensemble viande et légumes. Leur nom est *olla*, mais dans chaque région ils prennent aussi d'autres appellations. Le *puchero*, version andalouse de ce potage, est un *dos vuelcos*, c'est-à-dire qu'il vaut pour deux plats : le bouillon est consommé en entrée, les viandes et les légumes en plat principal.

 Andalousie, Espagne

 Barbadillo, Manzanilla de Sanlúcar, 1997.

Shurbat el-Kibbi
Potage de boulgour et de viande d'agneau

400 g de boulgour fin
200 g de viande d'agneau
1 gros oignon rouge
1 cuillerée à café de cannelle en poudre
2 cuillerées à soupe de pignons
1,25 l de bouillon de volaille (p. 39)
2 bouquets de persil
4 cuillerées à soupe d'huile d'olive
sel, poivre noir

➜ Faites tremper le boulgour pendant 30 minutes. Essorez-le et mélangez-le à la viande finement hachée, à la moitié de l'oignon haché, à la cannelle et aux pignons. Salez et saupoudrez de poivre noir fraîchement moulu. Formez avec ce mélange des boulettes d'environ 3 cm de diamètre.

➜ Versez l'huile dans une casserole et faites-y revenir l'autre moitié de l'oignon. Ajoutez les boulettes et faites-les dorer. Retirez-les et essuyez-les à l'aide de papier absorbant pour éliminer l'excès de graisse.

➜ Versez le bouillon de volaille dans la casserole et mélangez intimement. Portez à ébullition et ajoutez les boulettes. Laissez cuire à l'étouffée 15 minutes puis versez le tout dans la soupière de service. Saupoudrez de persil et servez.

 Liban

 Château Ksara, Blanc de blancs, 2000.

Bosanski lonac
Soupe à la viande et aux légumes

800 g de viande de bœuf persillée
600 g de pommes de terre
4 grosses tomates bien mûres
4 carottes moyennes
2 oignons moyens
2 poivrons
2 aubergines
2 gousses d'ail
1/2 piment rouge piquant
1 clou de girofle
10 grains de poivre vert
2 dl de vin blanc
sel

→ Coupez la viande en morceaux de la taille d'une grosse bouchée. Épluchez les pommes de terre et les tomates. Nettoyez les autres légumes et coupez-les en morceaux assez gros.
→ Mettez les ingrédients dans un faitout en terre cuite. Ajoutez l'ail écrasé, le piment rouge, le clou de girofle et le poivre vert. Mouillez de vin blanc. Mélangez soigneusement et laissez reposer environ 1 heure.
→ Couvrez d'eau froide et salez. Couvrez la marmite avec du papier sulfurisé, fermé sur le bord à l'aide d'une pâte composée d'eau et de farine. Mettez le couvercle et laissez cuire à feu moyen environ 4 heures puis servez.

 Bosnie

Rousi chuan mian
Potage aux tagliolini et à la viande de porc

450 g de viande de porc hachée
2 cuillerées à café de vin de riz (ou de marsala très sec)
1 cuillerée à soupe de sauce de soja
100 g de pickles variés
400 g de tagliolini aux œufs (p. 50)
6 gousses d'ail
1 cuillerée à café de gingembre
2 cuillerées à café de sauce au piment (p. 56)
1 cuillerée à café de piment rouge piquant haché
1 cuillerée à café de sucre
1 l de bouillon de volaille (p. 39)
4 petits oignons frais hachés finement
1 cuillerée à café d'huile de sésame
1 cuillerée à café et 1/2 d'huile d'arachide
sel

→ Mélangez dans un bol la viande de porc, le vin de riz, la sauce de soja et l'huile de sésame puis laissez reposer.
→ Rincez les pickles et hachez-les finement. Portez à ébullition 2 l d'eau dans un faitout. Faites-y cuire les tagliolini 4 à 5 minutes. Égouttez-les et réservez-les.
→ Réchauffez une grosse poêle. Versez l'huile d'arachide, l'ail et le gingembre hachés finement. Mélangez soigneusement. Ajoutez la viande de porc et les pickles. Faites rissoler sans cesser de remuer pendant 3 minutes. Ajoutez la sauce au piment, le piment en poudre et le sucre.
→ Laissez rissoler encore 2 minutes, toujours en remuant vigoureusement. Mettez les tagliolini dans une soupière, versez-y la viande de porc avec les ingrédients de sa cuisson et le bouillon de volaille très chaud.
→ Décorez avec les oignons et servez sans tarder.

 Sichuan, République Populaire de Chine

 Capris Rdeci, Vinokaper, 1998 (Slovénie).

 Vieux Clocher, Vacqueyras, 1999 (France).

LÉGUMES :

...On aurait pu penser que l'on avait parlé suffisamment des navets. En réalité, les experts distinguent les navets mâles, ronds, des navets femelles, plus gros et concaves, plus savoureux et plus faciles à assaisonner...
Histoire Naturelle, *Livre XIX, C. PLINIUS SECUNDUS.*

UNE RICHESSE INÉPUISABLE

Légumes : une richesse inépuisable

Paul Cézanne : Nature morte aux oignons, 1886. (Musée d'Orsay, Paris).

Page ci-contre : à gauche, une assiette de potage aux fèves à la romaine (p. 146). Ce légume, connu depuis l'Antiquité, joue un rôle central ; à droite, une assiette de minestrone à la milanaise (p. 173), l'une des nombreuses versions du célèbre minestrone.

Les soupes à base de légumes offrent une palette de saveurs, de parfums et de consistances susceptibles de répondre aux exigences gastronomiques les plus diverses, de la plus raffinée à la plus originale. Cette variété presque infinie présente par ailleurs une richesse nutritionnelle tout à fait exceptionnelle. S'y côtoient des potages légers et très délicats et des soupes plus rustiques, mais jamais grossières ni dépourvues d'harmonie, qui peuvent d'ailleurs être enrichies par de savants ajouts de viandes variées.

Les innombrables variations autour du thème des soupes et des potages à base de légumes couvrent donc toutes les nuances de la gamme des saveurs, des arômes et des consistances, jusqu'à atteindre parfois la plus exquise volupté. Aux côtés de l'élégante et aristocratique soupe aux capucines, on trouvera la plus rustique, soupe aux haricots et au chou frisé, irrésistible mets et véritable conquête de la cuisine populaire. Au fil des siècles les cuisines traditionnelles du monde entier ont élaboré des recettes où tous les ingrédients, y compris l'humble navet évoqué dans la citation en tête de ce chapitre, deviennent savoureux et appétissants.

À l'éclectisme gastronomique se conjugue la richesse nutritive. Ces soupes peuvent constituer des plats uniques, riches et somptueux, ou – comme c'est souvent le cas en Espagne – être servis à la fois comme entrée et comme plat principal. En outre, ils peuvent être entièrement, presque austèrement, végétariens et posséder néanmoins des qualités gastronomiques de très haut niveau. Il s'agit, dans ce dernier cas, de plats de base du régime méditerranéen si bien analysé dans les années soixante-dix par les chercheurs américains Ancel et Margaret Keys, dans leur ouvrage How to Eat Well and Stay Well : the Mediterranean Way.

Les ingrédients fondamentaux, tant pour leur valeur gastronomique que nutritionnelle, de ces soupes sont, bien sûr, les légumes. Les lentilles, les petits pois, les pois chiches et les haricots offrent leurs goûts et leurs parfums naturellement délicieux. Mais lorsqu'on les marie à des oignons ou à de l'ail bien rissolés ou qu'on les accompagne d'un filet d'huile, ils deviennent littéralement irrésistibles.

Tous les légumes, frais ou secs, sont riches en protéines. C'est pourquoi une soupe de légumes, enrichie par un peu de matière grasse, constitue un repas presque complet. Il suffira d'ajouter au repas une salade et des fruits pour disposer de toute la gamme d'éléments nutritifs nécessaires à une alimentation non seulement saine mais très agréable au palais. L'ajout d'autres légumes verts ou d'ingrédients riches en glucides – céréales, pâtes, riz, pommes de terre – permet d'ailleurs d'atteindre un équilibre nutritionnel pratiquement parfait. Bien évidemment, cet équilibre et le bien-être qui en découle sont d'autant plus appréciables qu'on les obtient, avec ces soupes, en consommant des mets savoureux.

En ce qui concerne les recettes, je vous proposerai d'abord celles de potages crus, sympathiques alternatives aux entrées traditionnelles pendant la saison chaude et agréables interprétations modernes des soupes « préhistoriques » qui n'étaient jamais cuits. On passera ensuite à un assez large éventail de soupes où les légumes jouent le rôle central en conférant à chacune de ces préparations leurs caractéristiques organoleptiques. On terminera par des recettes où les différents légumes se marient harmonieusement à la viande pour enrichir encore la palette des saveurs, des arômes et des consistances.

Une des démonstrations empiriques les plus efficaces des bienfaits d'un régime à base de légumes remonte à 1340. L'histoire raconte que le pape Benoît XII s'inquiétait des effets débilitants du régime végétarien très strict, imposé aux frères chartreux par leur Règle. Pour dissiper ces craintes, trois moines se rendirent à pied de leur couvent en Italie jusqu'en Avignon où résidait alors le souverain pontife. Bien que la somme totale de leurs âges atteignait 275 ans, soit un âge moyen de 90 ans, ils étaient en excellente santé.

Légumes : une richesse inépuisable

Gaspacho andaluz
Soupe froide de légumes

1 poivron doux (de taille moyenne)
200 g de tomates bien mûres
1 concombre de taille moyenne
100 g de mie de pain complet
1/4 de cuillerée à café de graines de cumin
1 petite gousse d'ail
3 cuillerées à soupe de vinaigre de vin rouge
8 grains de poivre
sel

Pour la garniture :
1 petit poivron
2 tomates mûres et bien fermes
1 petit concombre
1 petit oignon épluché
50 g de pain coupé en dés

➜ Coupez en morceaux le poivron (après avoir retiré la tige, la partie intérieure membraneuse et les pépins), les tomates et le concombre (sans le peler). Passez les légumes au mixeur puis ajoutez la mie de pain. Continuez à mixer. Laissez refroidir le mélange ainsi obtenu dans le réfrigérateur environ 2 heures.
➜ Pilez les graines de cumin et les grains de poivre. Hachez l'ail et mélangez-le aux deux épices puis mouillez de vinaigre. Versez 7,5 dl d'eau dans le mélange de légumes refroidi. Ajoutez les épices et l'ail hachés, mélangez intimement, salez avec modération et laissez reposer dans le réfrigérateur environ 30 minutes.
➜ Préparez la garniture en coupant le poivron cru et pelé en carrés (pour le peler sans le faire cuire, brûlez-le sur la flamme de la cuisinière puis passez-le sous l'eau froide et frottez-le à l'aide d'un torchon). Coupez en dés les tomates épluchées et épépinées et le concombre pelé. Coupez l'oignon grossièrement. Déposez les différents ingrédients et les carrés de pain légèrement grillé (il doit être sec mais pas coloré) dans de petites assiettes.
➜ Mélangez encore une fois le gaspacho et servez. Ajoutez à part les différents éléments de la garniture y compris le pain.

Le gaspacho, véritable soupe froide et crue, constituait le repas de midi des paysans andalous pendant les mois d'été. Un repas pauvre mais tout à fait appétissant.

 Andalousie, Espagne

René Barbier, Penedés, Chardonnay, 1999.

Légumes : une richesse inépuisable

Panzanella
Soupe à la tomate et au pain

8 tranches de pain de campagne rassis
6 tomates bien mûres
2 filets d'anchois salés
1 cuillerée à soupe de câpres salées
1 gousse d'ail
1/4 de piment rouge piquant
1 petit bouquet de persil
8 feuilles de basilic
3 cuillerées à soupe d'huile d'olive
1 cuillerée à soupe de vinaigre de vin
sel

→ Faites tremper le pain dans l'eau, essorez-le et mettez-le dans une soupière.
→ Ébouillantez les tomates, pelez-les et épépinez-les. Concassez-les.
→ Hachez finement, éventuellement au mixeur, les anchois sans arêtes et dessalés, les câpres bien dessalées et tous les autres ingrédients, à l'exception du basilic, et mélangez-les. Assaisonnez avec l'huile et le vinaigre. Ajoutez ce mélange aux tomates concassées.
→ Versez le tout sur le pain et mélangez intimement. Rectifiez l'assaisonnement si nécessaire. Laissez reposer au frais ou dans le réfrigérateur environ 1 heure.
→ Avant de servir décorez de feuilles de basilic ciselées.

 La panzanella peut être considérée comme un proche parent du gaspacho, notamment dans sa forme la plus ancienne et la plus pauvre, lorsqu'elle n'était composée que de pain rassis mouillé d'eau et de quelques gouttes de vinaigre.

Latium, Italie

Donnafugata, Vigna di Cabri, 1999.

Minestra di pomodori
Potage à la tomate

1 kg de tomates bien mûres
1 concombre
2 courgettes
3 oignons
1 petite gousse d'ail
8 feuilles de basilic
1/2 cuillerée à café d'origan
12 cerneaux de noix
sel, poivre blanc

→ Coupez en morceaux les légumes et mixez-les. Hachez l'ail et le basilic très finement et ajoutez-les au jus que vous avez obtenu. Salez selon votre goût, saupoudrez d'origan et de poivre blanc. Laissez reposer environ 1 heure dans le réfrigérateur.
→ Juste avant de servir, ajoutez au potage les cerneaux de noix broyés grossièrement, de l'eau si nécessaire, et mélangez intimement.

 Sicile, Italie

Verdicchio dei Castelli di Jesi, Le Vaglie, 1999.

Minestra di zucca
Soupe de courge

2 kg de courge épluchée
100 g de champignons de Paris
1 gousse d'ail
500 g d'oignons
4 carottes
1 branche de céleri
1 bouquet de persil
1 cuillerée à café de moutarde en poudre
3 cuillerées à soupe d'huile d'olive
sel

➜ Hachez finement les champignons et l'ail. Ajoutez l'huile d'olive et laissez reposer 2 heures en remuant de temps en temps.
➜ Coupez la courge et les autres légumes en morceaux. Mixez-les et assaisonnez le jus ainsi obtenu avec la moutarde en poudre, les champignons, l'ail et l'huile. Allongez, si nécessaire, avec de l'eau. Salez avec modération, mélangez intimement et servez.

 Sicile, Italie

Sopa gelada de abacate
Potage froid aux avocats

2 avocats
2,5 dl de crème fraîche
0,5 dl de vin blanc sec
le jus d'1 citron
sel, poivre noir

➜ Épluchez les avocats et retirez les noyaux. Passez-les au mixeur avec 5 dl d'eau. Mélangez également la crème fraîche, le vin et le jus de citron.
➜ Salez légèrement. Versez le potage dans les bols et saupoudrez de poivre noir fraîchement moulu.
➜ Laissez reposer environ 2 heures dans la partie basse du réfrigérateur puis servez.

 Brésil

🍷 Firriato, Nero d'Avola, 1998.

 De Gréville Brut rosé, 1998.

Légumes : une richesse inépuisable

Les lentilles, légumes de la chance

Faciles à conserver et extrêmement savoureuses, les lentilles figurent parmi les premiers légumes cultivés par l'homme. Symboles de sécurité et de continuité, elles ont été tout naturellement associées aux rituels célébrant la renaissance du soleil.

Du point de vue gastronomique, elles possèdent des qualités tout à fait exceptionnelles. À leur très agréable saveur se conjugue un arôme appétissant et légèrement exotique, tandis que leur consistance pâteuse est mise en valeur par la subtile résistance de leur peau.

Elles sont consommées après séchage. Il est cependant inutile de les faire tremper.

Lenticchie portafortuna di Capodanno

Lentilles porte-bonheur du Jour de l'An

300 g de lentilles
2 gousses d'ail
1 branche de céleri
1 kg de pieds de porc farcis
huile d'olive
sel

→ Versez 1 l d'eau dans un faitout. Ajoutez les lentilles, si nécessaire préalablement trempées, l'ail et le céleri. Portez à ébullition puis réduisez le feu et laissez cuire à petits bouillons presque jusqu'à cuisson complète. Salez avec modération.

→ Faites tremper le pied de porc dans l'eau pendant quelques heures. Trouez la peau pour faire sortir la graisse et faites-le cuire à part dans de l'eau bouillante.

→ Quand les lentilles seront cuites, le bouillon de cuisson aura beaucoup réduit. Ajoutez alors quelques louches d'eau de cuisson du pied de porc. Chauffez presque à ébullition. Rectifiez l'assaisonnement et laissez cuire à l'étouffée 20 à 30 minutes. Retirez la branche de céleri et servez avec de l'huile d'olive à part.

 Italie

 Louis Bouillot, Crémant de Bourgogne, 1999. (France).

Minestra di lenticchie e borragine
Potage de lentilles et de bourrache

100 g de lentilles
2 bouquets de bourrache
200 g de tomates
4 tranches de pain de campagne
4 cuillerées à soupe d'huile d'olive
sel

➜ Versez 1,5 l d'eau dans un faitout. Ajoutez les lentilles. Portez à ébullition. Baissez le feu et laissez bouillir doucement jusqu'à cuisson presque complète.
➜ Ajoutez la bourrache, lavée et coupée en petits morceaux, les tomates hachées et l'huile.
➜ Laissez cuire à feu moyen encore 30 minutes. Salez. Disposez les tranches de pain au fond d'une soupière, versez le potage et servez.

 Campanie, Italie

Pasta e lenticchie
Potage aux pâtes et aux lentilles

200 g de lentilles
120 g de spaghetti coupés
50 g de lard
1 oignon
1 branche de céleri
2 gousses d'ail
1 cuillerée à café de concentré de tomate
huile d'olive dont 2 cuillerées à soupe pour la préparation
sel

➜ Mettez les lentilles dans un faitout. Ajoutez 1,5 l d'eau et portez à ébullition. Laissez cuire à petits bouillons.
➜ Hachez et mélangez le lard, l'oignon et le céleri. Faites-les revenir dans de l'huile d'olive avec l'ail écrasé.
➜ Quand l'ail aura pris de la couleur, retirez du feu. Allongez avec deux cuillerées à soupe d'eau délayée avec le concentré de tomate. Rectifiez l'assaisonnement et laissez cuire une vingtaine de minutes avant de verser le tout dans la marmite avec les lentilles.
➜ Remuez et laissez cuire encore à feu moyen. Quand les lentilles sont cuites, ajoutez les pâtes. Rectifiez l'assaisonnement. Dès que les pâtes sont cuites, servez avec de l'huile d'olive à part.

 Latium, Italie

 Badia dei Miracoli, Montepulciano, 1998.

 Il Grifone, Piceno, 1997.

Légumes : une richesse inépuisable

Lentejas estofadas
Lentilles en daube

250 g de lentilles
1 gros oignon
2 clous de girofle
2 gousses d'ail
1 feuille de laurier
1 bouquet de persil
1 cuillerée à café de paprika doux
200 g de lard
4 cuillerées à soupe d'huile d'olive
sel

→ Versez 1,5 l d'eau dans un faitout. Ajoutez les lentilles, l'oignon piqué de clous de girofle, l'ail, le laurier et le persil. Assaisonnez avec 2 cuillerées à soupe d'huile d'olive. Salez légèrement et faites cuire à feu très doux.
→ Mettez dans une poêle le reste d'huile, le paprika et la poitrine coupée en dés et faites rissoler. Quand les lentilles sont cuites, ajoutez les ingrédients dorés dans le faitout.
→ Rectifiez l'assaisonnement et retirez la feuille de laurier. Laissez cuire à l'étouffée 10 à 15 minutes puis servez.

 La Manche, Espagne

Adas bis-silq
Potage aux lentilles et aux côtes de bettes

200 g de lentilles
200 g de côtes de bettes
100 g de riz
1 oignon
1,25 l d'eau (ou de bouillon de volaille, p. 39)
4 cuillerées à soupe d'huile d'olive
sel, poivre noir

→ Versez 1,25 l d'eau (ou de bouillon de volaille) dans un faitout. Ajoutez les lentilles. Salez avec modération, portez à ébullition et laissez cuire à feu moyen.
→ Quand les lentilles sont presque cuites, ajoutez les bettes coupées en morceaux et le riz. Hachez l'oignon et faites-le revenir dans l'huile. Quand il aura pris de la couleur, mettez-le avec son huile dans la marmite. Rectifiez l'assaisonnement et saupoudrez selon votre goût de poivre noir fraîchement moulu. Terminez la cuisson et servez.

 Liban

Antigua Usanza, Rioja, 1995.

Château Ksara, Réserve du Couvent, 1999.

Légumes : une richesse inépuisable

Dhal
Potage aux lentilles et aux légumes

200 g de lentilles jaunes Moong
400 g de légumes variés (courge, chou-fleur, carottes)
1 cuillerée de noix de coco en poudre
1/2 cuillerée à café de poivre noir
1 cuillerée à café de curcuma
1 cuillerée à café de mélasse
2 feuilles de laurier
1 cuillerée à café de graines de moutarde
1/4 de piment rouge
50 g de beurre
sel

→ Mettez les lentilles et les légumes verts coupés en morceaux dans un faitout. Versez 1,5 l d'eau et portez à ébullition. Baissez le feu. Ajoutez la noix de coco, salez et saupoudrez de poivre noir fraîchement moulu et de curcuma. Laissez cuire doucement.
→ Quand les lentilles et les légumes sont cuits, retirez-les du feu et ajoutez la mélasse en remuant soigneusement.
→ Faites fondre le beurre dans une petite poêle et faites-y revenir les feuilles de laurier, les graines de moutarde et le piment pendant 4 à 5 minutes en remuant à l'aide d'une spatule. Ajoutez ensuite ces aromates aux lentilles. Rectifiez l'assaisonnement si nécessaire. Laissez reposer quelques minutes et servez.

 Inde

 Domaine de Guirlandes, Pays d'Oc, 1999. (France).

Khichuri
Potage au riz et aux lentilles

150 g de lentilles jaunes Moong
250 g de riz
1 oignon
1 gousse d'ail
15 g de racine de gingembre
4 clous de girofle
1 bâtonnet de cannelle
4 graines de cardamome
1/2 cuillerée à café de poivre noir
1 cuillerée à café de curcuma
2 cuillerées à soupe de lait
50 g de beurre
sel

Pour la garniture :
2 œufs durs
2 oignons
beurre

→ Faites tremper les lentilles et le riz pendant 1 heure. Entre-temps, hachez et mélangez l'oignon, l'ail, le gingembre, les clous de girofle, la cannelle et les graines de cardamome.
→ Faites fondre le beurre dans une casserole avec un couvercle. Mettez-y les épices et les aromates hachés et faites-les revenir. Ajoutez les lentilles et le riz. Salez et parfumez avec le poivre fraîchement moulu et le curcuma. Laissez cuire à feu doux 5 minutes en remuant.
→ Versez de l'eau bouillante pour recouvrir les lentilles et le riz. Couvrez et laissez bouillir doucement jusqu'à ce que tout le liquide ait été absorbé et que le riz soit cuit. Si le liquide réduit trop, ajoutez peu à peu de l'eau bouillante.
→ Dès que le riz est cuit, mouillez avec du lait. Garnissez de rondelles d'œufs durs et d'oignons dorés dans le beurre puis servez.

 Inde

 Château Maurel Fonsalade, Saint-Chinian, 1998. (France).

La gesse : grande oubliée

La gesse est un peu négligée de nos jours par la cuisine et la gastronomie. Elle mériterait pourtant une place de tout premier plan dans l'univers des soupes et des potages.

Par son goût et sa consistance, elle se situe entre les lentilles et les pois chiches. Il est donc possible de préparer des entrées tout à fait savoureuses en suivant des recettes conçues pour elle à l'origine, en la remplaçant par l'un de ces deux légumes. Les préparations qui suivent sont néanmoins consacrées uniquement à la gesse.

Une recommandation : la gesse est toujours vendue sèche. Avant de l'utiliser faites-la tremper pendant 36 à 48 heures en changeant l'eau toutes les 8 à 12 heures.

Zuppa di cicerchie
Soupe de gesse

300 g de gesse
2 gousses d'ail
2 cuillerées à café de feuilles de marjolaine
2 cuillerées à café de feuilles de thym
2 cuillerées à café de concentré de tomate
1 petite branche de romarin
huile d'olive dont 2 cuillerées à soupe pour la préparation
sel, poivre noir

➜ Hachez l'ail, la marjolaine et le thym. Faites-les revenir dans un faitout avec l'huile d'olive. Quand l'ail aura pris de la couleur, ajoutez le concentré de tomate tout en remuant.

➜ Laissez cuire 2 à 3 minutes pour bien mélanger les saveurs puis versez 1,5 l d'eau. Ajoutez la gesse (que vous aurez fait tremper 48 heures en changeant l'eau au moins 4 fois) et la petite branche de romarin. Portez à ébullition et laissez cuire doucement dans la marmite presque couverte.

➜ Quand la gesse est presque cuite, retirez le couvercle. Salez avec modération et terminez la cuisson en faisant réduire le liquide jusqu'à ce que la soupe soit bien épaisse. Servez avec le poivre noir fraîchement moulu et l'huile d'olive à part.

 Italie du Centre-Sud

 Scambia, Allerona, 1994.

Légumes : une richesse inépuisable

Zuppa di cicerchie all'acciuga
Soupe de gesse aux anchois

200 g de gesse
1 petite branche de romarin
2 gousses d'ail
2 filets d'anchois salés
huile d'olive dont 2 cuillerées à soupe pour la préparation
sel, poivre noir

→ Versez 1,5 l d'eau dans un faitout avec la gesse (que vous aurez fait tremper 48 heures en changeant l'eau au moins 4 fois) et la petite branche de romarin. Portez à ébullition et laissez cuire à feu moyen en salant modérément.
→ Mettez l'huile d'olive dans une casserole assez grande et faites-y rissoler l'ail et les filets d'anchois dessalés. Remuez à l'aide d'une spatule de façon à dissoudre les anchois dans l'huile.
→ Quand l'ail aura pris de la couleur, versez la gesse avec son eau de cuisson dans la casserole. Portez à ébullition et laissez cuire à l'étouffée, à feu moyen, pendant 15 minutes. Servez à part du poivre noir fraîchement moulu et de l'huile d'olive.

 Italie du Sud

 Firriato, Nero d'Avola, 1998.

Les pois chiches : légumes des divins ancêtres

Très riches en substances nutritives, les pois chiches peuvent se marier à de nombreux ingrédients. Ils sont consommés et appréciés depuis l'antiquité la plus reculée et étaient même utilisés comme offrande aux esprits des ancêtres lors des Lémuries. Les pois chiches ne sont, eux aussi, vendus que secs. Il faut donc les faire tremper au moins 24 heures, en changeant l'eau 3 à 4 fois, avant de les cuisiner.

Laganelle con i ceci
Soupe de laganelles aux pois chiches

200 g de pois chiches
200 g de laganelles (petites lasagnes d'environ
1 x 4 cm composée uniquement d'eau et de farine,
p. 49)
2 branches de céleri
1 petit oignon blanc
1 gousse d'ail
3 feuilles de laurier
huile d'olive
sel, poivre noir

→ Versez 1,75 l d'eau dans un faitout. Ajoutez les pois chiches, préalablement trempés le temps nécessaire. Salez avec modération. Ajoutez également le céleri coupé en petits morceaux, l'oignon coupé en quartiers, l'ail haché et les feuilles de laurier.
→ Portez à ébullition et couvrez. Laissez cuire à petits bouillons environ 4 heures sans jamais ôter le couvercle.
→ Retirez les feuilles de laurier. Ajoutez les laganelles et augmentez un peu le feu pour obtenir une ébullition plus soutenue. Quand elles sont cuites, répartissez le potage dans les bols. Servez avec l'huile d'olive et le poivre noir fraîchement moulu à part.

Il s'agit d'une recette que l'on trouve aujourd'hui dans les Pouilles mais qui a des origines probablement très anciennes.

 Pouilles, Italie

 Pillastro, Primitivo Oak, 1998.

Minestra di ceci
Potage de pois chiches

300 g de pois chiches
2 gousses d'ail
1 petite branche de romarin
200 g de pâtes (facultatif)
huile d'olive dont 2 cuillerées à soupe
pour la préparation
sel, poivre noir

→ Faites tremper les pois chiches pendant le temps nécessaire puis mettez-les dans un faitout avec un couvercle hermétique. Couvrez d'eau. Ajoutez l'ail, l'huile d'olive et le romarin. Couvrez et laissez cuire à faible ébullition pendant environ 4 heures. Si le niveau de l'eau diminue trop, vous pouvez ajouter de l'eau bouillante.
→ Juste avant la fin de la cuisson, retirez le romarin. Une fois la cuisson terminée, servez avec l'huile d'olive et le poivre noir fraîchement moulu à part.
→ Vous pouvez éventuellement ajouter des petites pâtes comme les macaronis, les coquillettes ou encore les canarozzetti. Dans ce cas, quand les pois chiches sont cuits, ajoutez de l'eau bouillante et portez à ébullition. Jetez-y les pâtes et laissez cuire en remuant de temps en temps. Quand les pâtes sont cuites, servez, comme indiqué plus haut.

 Italie du Sud

 Tancredi, Donnafugata, 1998.

Cacciucco di ceci
Soupe de pois chiches

250 g de pois chiches
200 g de feuilles de côtes de bettes
1 gousse d'ail
1 gros oignon
1 anchois salé
1/2 cuillerée à soupe de concentré de tomate (facultatif)
8 tranches de pain de campagne
4 cuillerées à soupe d'huile d'olive
pecorino râpé (fromage de brebis, voisin du parmesan)
sel, poivre noir

→ Lavez les feuilles de côtes de bettes et faites-les cuire dans l'eau restée sur les feuilles, sans en ajouter davantage.
→ Versez l'huile dans une sauteuse en terre cuite avec un couvercle qui ferme bien. Chauffez l'huile puis faites revenir l'ail et l'oignon émincé. Faites fondre dans l'huile l'anchois, sans arêtes et dessalé sous l'eau du robinet, en mélangeant bien à l'aide d'une spatule.
→ Ajoutez les pois chiches, que vous aurez fait tremper le temps nécessaire, et les feuilles de bettes. Versez de l'eau froide, dans laquelle vous pouvez délayer le concentré de tomate afin de couvrir tous les ingrédients. Salez. Couvrez et laissez cuire à faible ébullition, sans jamais retirer le couvercle, environ 2 heures, jusqu'à ce que les pois chiches soient devenus tendres.
→ Disposez dans des assiettes creuses les tranches de pain coupées en deux et toastées au four. Versez le potage et servez avec du pecorino râpé et du poivre noir fraîchement moulu à part.

 Toscane, Italie

Zuppa di ceci e finocchietti selvatici
Soupe de pois chiches et de fenouils sauvages

250 g de pois chiches
2 bouquets de fenouil sauvage
50 g de lard
1/2 oignon petit
1 bouquet de persil
pain carasau (pain typique de la Sardaigne, très fin et croquant)
2 cuillerées à soupe d'huile d'olive
sel

→ Mettez les pois chiches, préalablement trempés, dans un faitout, de préférence en terre cuite et avec un couvercle hermétique. Couvrez d'eau froide. Fermez et laissez cuire à petits bouillons environ 4 heures, en ajoutant davantage d'eau bouillante si le niveau du liquide diminue excessivement. Ajoutez ensuite les fenouils et salez avec modération.
→ Entre-temps, hachez le lard, l'oignon et le persil. Faites-les revenir à feu moyen dans de l'huile pendant environ 15 minutes. Ajoutez-les aux pois chiches. Terminez la cuisson et servez avec le pain carasau à part.

 Sardaigne, Italie

Falerio, Vigna Solaria, 1999.

 Isola del Mulino, Merlot, 1998.

Légumes : une richesse inépuisable

Cisrà
Potage de pois chiches

300 g de pois chiches
2 côtelettes de porc
1 oignon
2 blancs de poireaux
2 carottes
1 branche de céleri
1 gousse d'ail
1 cuillerée à soupe de feuilles de menthe
1 bouquet de persil
400 g de pommes de terre
sel, poivre noir

→ Faites tremper les pois chiches le temps nécessaire puis mettez-les dans un faitout. Versez de l'eau bouillante jusqu'à les couvrir. Ajoutez les côtelettes et les aromates pilés. Laissez cuire à feu moyen jusqu'à ce que les pois chiches soient devenus tendres, en ajoutant de l'eau bouillante si nécessaire.
→ Jetez dans la marmite les pommes de terre épluchées et coupées en morceaux. Salez et terminez la cuisson puis retirez les côtelettes. Servez avec du poivre noir fraîchement moulu à part.

 Piémont, Italie

Revithia soupa
Soupe de pois chiches

400 g de pois chiches
4 oignons plutôt petits
4 cuillerées à soupe d'huile d'olive
jus de citron
sel

→ Mettez les pois chiches dans un faitout. Couvrez d'eau froide et portez à ébullition. Écumez, ajoutez les oignons entiers et laissez cuire à petits bouillons jusqu'à ce que les pois chiches soient devenus tendres. Ajoutez de l'eau bouillante si nécessaire.
→ Une fois la cuisson terminée, assaisonnez avec l'huile d'olive et salez selon votre goût. Laissez cuire à l'étouffée 15 minutes. Servez avec le jus de citron à part.

 Grèce

 Villa Terlina, Monsicuro, 1998.

 Tsantali, Merlot, 1999.

Cigrons amb espinacs
Soupe de pois chiches et d'épinards

300 g de pois chiches
500 g d'épinards
1 oignon
3 gousses d'ail
3 tomates bien mûres
100 g de lard
4 cuillerées à soupe d'huile d'olive
sel

→ Mettez les pois chiches, que vous aurez fait tremper le temps nécessaire, dans un faitout. Couvrez d'eau et portez à ébullition. Couvrez et laissez cuire à faible ébullition environ 3 heures.
→ Dans l'ordre faites revenir dans l'huile l'oignon grossièrement haché, l'ail, les tomates épluchées et émincées, la poitrine fraîche coupée en petits dés.
→ Quand ces ingrédients sont prêts, versez-les dans le faitout. Ajoutez également les épinards coupés en morceaux. Salez légèrement et laissez cuire doucement le temps nécessaire pour la cuisson des pois chiches. Rectifiez, si nécessaire, l'assaisonnement et servez.

 Catalogne, Espagne

Cigrons amb bolets
Soupe de pois chiches et de champignons

300 g de pois chiches
50 g de champignons secs
4 gousses d'ail
1 petit bouquet de persil
15 g de pignons
2 jaunes d'œufs
4 cuillerées à soupe d'huile d'olive
sel

→ Faites tremper les pois chiches le temps nécessaire puis mettez-les dans un faitout avec un couvercle. Couvrez d'eau et portez à ébullition. Réduisez la chaleur et laissez bouillir doucement environ 4 heures. Salez légèrement en fin de cuisson.
→ Faites tremper les champignons dans de l'eau tiède environ 8 heures. Retirez-les ensuite de l'eau, que vous filtrerez pour la réserver.
→ Hachez très finement l'ail et le persil. Faites-les revenir dans l'huile.
→ Versez dans une casserole l'eau de trempage des champignons. Mettez-y également les champignons et laissez cuire à feu moyen pendant 20 minutes. Égouttez les pois chiches et ajoutez-les aux champignons. Laissez cuire, toujours à feu moyen, encore 15 minutes, en rectifiant l'assaisonnement. S'il faut allonger le potage, ajoutez de l'eau de cuisson des pois chiches.
→ Hachez finement les pignons et mélangez-les avec l'ail et le persil. Ajoutez 2 jaunes d'œufs et mélangez intimement. Versez ce contenu dans la casserole de pois chiches et de champignons. Mélangez soigneusement et laissez cuire à l'étouffée à feu moyen pendant 5 à 10 minutes avant de servir.

 Catalogne, Espagne

 Morlanda, Do Priorat, 1999.

 Valdubón, Roble, 1999.

Légumes : une richesse inépuisable

Hummus shorbet
Potage de pois chiches

300 g de pois chiches
1 oignon rouge
1 cuillerée à café de graines de coriandre
4 gousses d'ail
200 g de pain arabe (à défaut : 2 feuilles de pain carasau, pain typique de la Sardaigne)
4 cuillerées à soupe d'huile d'olive
sel

→ Mettez les pois chiches dans un faitout, après les avoir fait tremper le temps nécessaire. Ajoutez l'oignon émincé et les graines de coriandre. Couvrez d'eau et faites cuire à feu moyen jusqu'à ce que les légumes deviennent tendres.
→ Hachez l'ail et faites-le revenir dans l'huile d'olive. Coupez le pain en petits morceaux et déposez-les au fond d'une soupière. Versez-y les pois chiches avec leur eau de cuisson. Assaisonnez avec de l'huile parfumée à l'ail et servez.

 Égypte

Mornag, Merlot, 2000. (Tunisie).

Lablabi
Soupe de pois chiches

400 g de pois chiches
1 gousse d'ail
1/2 cuillerée à soupe de graines de cumin
4 cuillerées à café de harissa (p. 56)
le jus de 2 citrons
4 tranches de pain de campagne rassis
4 cuillerées à soupe d'huile d'olive
sel

→ Mettez les pois chiches dans un faitout, après les avoir fait tremper le temps nécessaire. Couvrez d'eau. Ajoutez l'ail finement haché puis portez à ébullition. Laissez cuire à feu moyen sans couvrir, jusqu'à ce que les pois chiches deviennent assez tendres. Ne salez qu'une fois la cuisson presque terminée. La soupe devra être très épaisse.
→ Disposez les tranches de pain dans 4 assiettes creuses et répartissez ensuite les pois chiches avec leur liquide de cuisson. Parfumez de cumin haché. Ajoutez dans chaque assiette une cuillerée à café de harissa et une cuillerée à soupe d'huile d'olive. Mélangez soigneusement avant de servir.

 Tunisie

Mornag, Alicante Grenache, 2000.

Les fèves : injustement négligées

On raconte que Pythagore interdisait à ses disciples de goûter aux fèves. Était-ce une précaution visant à les protéger du « favisme », une allergie qui désormais ne fait plus peur ? J'aime à croire que cette interdiction était plutôt motivée par leur grande richesse en protéines et par leurs indéniables qualités gastronomiques, deux facteurs qui allaient à l'encontre des préceptes ascétiques du grand philosophe. Les fèves, sèches ou fraîches, permettent de préparer une gamme très variée de potages délicieux. On passera du goût délicat des potages printaniers, (assez proches des potages aux petits pois) préparés avec des fèves fraîches, aux saveurs des soupes de fèves sèches, plus rustiques mais tout à fait raffinées.

Que vous les utilisiez fraîches (même congelées) ou sèches, il faut au préalable retirer le pédoncule. Une opération parfois fastidieuse mais qui vous permettra de savourer pleinement leur goût délicat et doux.

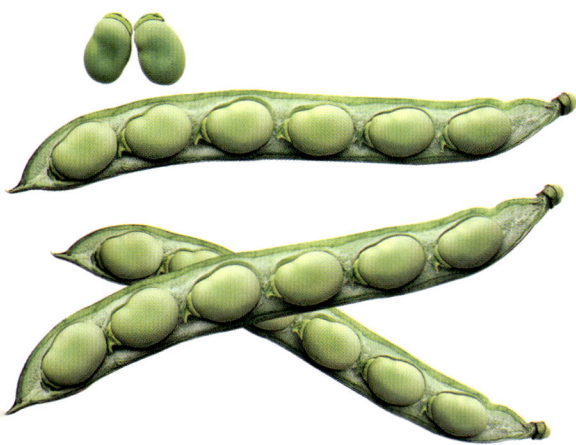

Zuppa di fave fresce
Soupe de fèves fraîches

400 g de fèves fraîches écossées
50 g de carne 'ncartarata (spécialité calabraise de viande conservée avec du sel et des piments) ou de jambon cru
1 gros oignon blanc
2 tomates bien mûres
4 tranches de pain de campagne
4 cuillerées à soupe d'huile d'olive
sel, poivre noir

→ Versez l'huile dans une sauteuse. Chauffez-la et faites revenir l'oignon haché finement. Quand il aura pris de la couleur, ajoutez les tomates épluchées et émincées, la viande (coupée grossièrement) ou le jambon (très maigre et saupoudré de piment rouge piquant en poudre) et les fèves.
→ Couvrez d'eau et laissez cuire à feu moyen, en ajoutant de l'eau, toujours très chaude, si nécessaire. N'oubliez pas cependant que la soupe doit être assez épaisse.
→ Coupez le pain en morceaux carrés. Toastez-les et disposez-les dans des assiettes creuses. Quand les fèves sont cuites, rectifiez l'assaisonnement, parfumez selon votre goût de poivre noir fraîchement moulu. Laissez cuire encore 5 minutes à feu doux puis répartissez les fèves dans les assiettes.

 Calabre, Italie

 Tancredi, Donnafugata, 1998.

Légumes : une richesse inépuisable

Minestra di fave fresche e carciofi
Potage de fèves fraîches et d'artichauts

400 g de fèves fraîches écossées
6 artichauts
4 oignons frais
1 branche de céleri
le jus d'1 citron (ou un peu de farine)
4 cuillerées à soupe d'huile d'olive
sel

→ Nettoyez les artichauts en retirant les feuilles extérieures et le foin à l'intérieur. Coupez-les en quartiers fins et, pour éviter qu'ils noircissent, plongez-les dans de l'eau additionnée de jus de citron (ou dans laquelle vous aurez délayé 3 à 4 cuillerées à soupe de farine).
→ Mettez les fèves et les artichauts dans un faitout avec un couvercle. Ajoutez également les oignons et le céleri, coupés en petits morceaux, l'huile et environ 1 l d'eau froide.
→ Portez à ébullition puis baissez la température de façon à obtenir une ébullition douce. Couvrez et laissez cuire. Ne salez qu'en fin de cuisson. Quand les fèves et les artichauts sont assez tendres, servez.

 Pouilles, Italie

Minestra di fave alla romana
Potage de fèves à la romaine

400 g de fèves fraîches écossées
100 g de joue de bœuf
1 petit oignon frais
1 gousse d'ail
1 branche de céleri
1 bouquet de persil
2 tomates mûres
200 g de pâtes
pecorino râpé (fromage de brebis,
voisin du parmesan)
sel, poivre noir

→ Hachez la joue de bœuf, l'oignon, l'ail, le céleri et le persil. Mettez-les dans une sauteuse assez grande. Faites blondir puis ajoutez les tomates passées au moulin à légumes. Salez et parfumez selon votre goût avec du poivre noir fraîchement moulu. Laissez cuire à l'étouffée 10 à 15 minutes à feu doux.
→ Ajoutez les fèves et laissez cuire 2 à 3 minutes en remuant. Versez 2 l d'eau et portez à ébullition. Réduisez la chaleur et laissez sur le feu jusqu'à cuisson presque complète des fèves.
→ Portez à nouveau à ébullition et jetez les pâtes (par exemple, les coquillettes ou les cannolicchietti). Faites-les cuire *al dente*. Versez le potage dans la soupière et servez avec le pecorino râpé à part.

 Latium, Italie

 Le Conche, Terre dei Sesi, 1998.

 Scambia, Pinot nero, 1994.

Légumes : une richesse inépuisable

Ful medammas
Potage de fèves sèches

500 g de fèves sèches
4 gousses d'ail
1 bouquet de persil
huile d'olive
jus de citron
4 œufs
1 oignon
sel, piment de Cayenne

→ Après avoir fait tremper les fèves au moins 8 heures, mettez-les dans un faitout avec un couvercle. Couvrez abondamment d'eau et portez à ébullition. Salez, baissez le feu et couvrez. Laissez cuire à petits bouillons, jusqu'à cuisson complète. Les fèves doivent être réduites en bouillie,
→ Ajoutez l'ail finement haché et laissez cuire le tout encore 10 minutes. Servez en garnissant avec du persil haché très finement. Ajoutez l'huile d'olive, le jus de citron et le piment de Cayenne à part.
→ Complétez avec les œufs préparés de la façon suivante : mettez les œufs ainsi que les pelures les plus extérieures de l'oignon dans un faitout avec un couvercle qui ferme bien. Couvrez avec beaucoup d'eau froide et portez lentement à ébullition. Baissez pour que l'eau soit à peine frémissante. Couvrez et laissez cuire au moins 10 minutes. Ajoutez de l'eau très chaude si nécessaire.
→ Quand les œufs sont cuits, refroidissez-les sous un jet d'eau froide. Retirez la coquille et servez-les entiers avec le ful medammas.

 Égypte

 Château Les Cèdres, 1999. (Liban).

Guiso de habas
Soupe de fèves fraîches au jambon

500 g de fèves fraîches écossées
100 g de jambon serrano
1/2 oignon
1 gousse d'ail
1 bouquet de persil
1 tomate
2 à 3 cuillerées à soupe de chapelure
4 œufs pochés
2 cuillerées à soupe de vinaigre
8 tranches de pain de campagne
4 cuillerées à soupe d'huile d'olive
sel, poivre

→ Faites chauffer l'huile d'olive dans une sauteuse. Hachez l'oignon, l'ail, le persil et la tomate épluchée, mélangez-les et faites-les revenir dans l'huile chaude. Ajoutez le jambon coupé en dés et les fèves. Mouillez d'eau et rectifiez l'assaisonnement.
→ Après 30 à 45 minutes, quand les fèves sont devenues tendres, ajoutez la chapelure, préalablement rissolée à la poêle. Laissez cuire ensemble quelques minutes à feu doux puis versez le potage dans des assiettes creuses. Vous aurez mis dans chacune un œuf poché. À part, servez les tranches de pain frit dans de l'huile d'olive très chaude.
→ Pour préparer les œufs pochés, portez à ébullition de l'eau salée à laquelle vous aurez ajouté 2 cuillerées à soupe de vinaigre. Cassez 1 œuf dans une louche et faites-le glisser dans l'eau. Au bout de 2 à 3 minutes retirez-le à l'aide d'une écumoire.

 Espagne

 Viñatigo, Marmajuelo, 2000.

Favata
Soupe aux fèves

400 g de fèves sèches
4 cardons
100 g de lard
2 oignons
1 bouquet de persil
1/2 cuillerée à soupe de concentré de tomate
pain de campagne en tranches
sel

→ Hachez le lard et mettez-le dans une casserole. Faites-le rissoler à feu moyen pendant 5 minutes. Sans cesser de remuer, ajoutez les oignons et le persil hachés, le concentré de tomate et les cardons bien nettoyés, coupés en petits morceaux.
→ Laissez rissoler encore 10 minutes. Ajoutez ensuite les fèves, que vous aurez fait tremper au moins 24 heures. Laissez cuire 7 à 8 minutes en remuant avec précaution.
→ Ajoutez 1,25 l d'eau chaude. Salez et portez à ébullition. Réduisez la chaleur et laissez bouillir doucement jusqu'à ce que les fèves soient cuites. Servez sans tarder avec des tranches de pain à part.

 Sardaigne, Italie

 Le Conche, Terre dei Sesi, 1998.

Macco
Potage de fèves et de pâtes

200 g de fèves sèches
1 oignon
1 grosse tomate
1 cuillerée à café de sucre
200 g de spaghetti
4 cuillerées à soupe d'huile d'olive
pecorino râpé (facultatif)
sel, poivre noir (facultatif)

→ Faites tremper les fèves pendant au moins 24 heures. Égouttez-les, écossez-les puis rincez-les encore une fois. Mettez-les dans une casserole et couvrez d'eau. Salez, portez à ébullition puis ajoutez l'oignon émincé, la tomate pelée, épépinée et coupée en petits morceaux et le sucre.
→ Baissez le feu, couvrez partiellement et laissez bouillir doucement jusqu'à ce que les fèves soient cuites. Assaisonnez avec l'huile d'olive.
→ Brisez les spaghetti, faites-les cuire *al dente* dans beaucoup d'eau salée et égouttez-les. Ajoutez-les ensuite aux fèves en remuant soigneusement. Laissez cuire ensemble quelques minutes. Servez avec du poivre noir fraîchement moulu et le pecorino râpé à part.

 Le macco, tel que je vous le propose, est la version moderne d'une recette vieille d'au moins deux mille ans issue de la cuisine méditerranéenne la plus ancienne.

Calabre, Italie

 Firriato, Nero d'Avola, 1998.

Légumes : une richesse inépuisable

Les petits pois : délices du potager

Comme beaucoup d'autres légumes, les petits pois se sont intégrés très tôt dans l'alimentation humaine. Il s'agissait initialement de petits pois plutôt rustiques qui ne ressemblaient guère à ceux que nous connaissons aujourd'hui : doux et tendres, ils sont issus des savantes et patientes sélections des maraîchers toscans de la Renaissance.

De nos jours, les petits pois frais sont plus souvent utilisés pour garnir délicieusement les plats que dans les recettes de soupes. Dans ces dernières, on utilisera plutôt, comme l'exige la tradition, les pois cassés.

Pisellata alla maceratese
Soupe de petits pois

400 g de petits pois écossés
50 g de lard
1/2 oignon
1 gousse d'ail
1 petit bouquet de persil
1 petit bouquet de marjolaine
1 tomate bien mûre
pain de campagne en tranches
sel, poivre noir

→ Hachez la poitrine, l'oignon, l'ail, le persil et la marjolaine. Mettez-les dans un faitout. Ajoutez la tomate passée au moulin à légumes et 1,5 l d'eau. Salez, parfumez de poivre noir fraîchement moulu et portez à ébullition.
→ Ajoutez les petits pois et laissez bouillir doucement une vingtaine de minutes.
→ Servez la pisellata très chaude avec des tranches très minces de pain toastées à part.

 Marches, Italie

 Ottocarino, Esino, 1999.

Pasta e piselli
Potage aux pâtes et aux petits pois

300 g de petits pois frais
200 g de spaghetti
30 g de jambon cru
1 oignon
1 petit bouquet de persil
2 cuillerées à soupe d'huile d'olive
sel

→ Versez l'huile dans une grande casserole. Ajoutez le jambon coupé en lamelles, l'oignon coupé en quartiers, le persil entier et les petits pois. Faites rissoler à feu moyen quelques minutes. Ajoutez environ 1 l d'eau, salez, portez à ébullition et laissez cuire doucement jusqu'à ce que les petits pois soient presque cuits.
→ Augmentez la température et quand le potage bout à gros bouillons, jetez-y les spaghetti brisés et réduits à environ 2 à 3 cm. Quand les spaghetti sont presque cuits, rectifiez l'assaisonnement. Terminez la cuisson et servez.

 Italie

 Blanc de Morgex et de La Salle, Val-d'Aoste, 2000.

Risi e bisi
Potage au riz et aux petits pois

400 g de petits pois frais écossés
200 g de riz rond
50 g de lard
1 bouquet de persil
1 oignon
2 cuillerées à soupe d'huile d'olive
parmesan râpé
50 g de beurre
sel

→ Dans une grande casserole, mettez le beurre, l'huile d'olive, la poitrine fraîche et le persil hachés et mélangés. Ajoutez également l'oignon haché très finement.
→ Faites rissoler le tout 5 minutes. Ajoutez les petits pois et laissez cuire à l'étouffée 10 minutes en mouillant de quelques cuillerées à soupe d'eau.
→ Ajoutez 1,25 l d'eau et portez à ébullition. Ajoutez le riz et laissez-le cuire en remuant souvent. Quand le riz est presque cuit, rectifiez l'assaisonnement. Ajoutez le reste du beurre et trois cuillerées à soupe de parmesan râpé tout en remuant.
→ Une fois la cuisson terminée, servez avec du parmesan râpé à part.

N.B. : Il existe une version dans laquelle l'eau est remplacée par un bouillon de viandes variées (p. 40).

 Vénétie, Italie

 Brunelli, Amarone della Valpolicella, 1998.

Légumes : une richesse inépuisable

Bezelye çorbasi
Potage de pois cassés

200 g de petits pois cassés
1 feuille de laurier
1 oignon rouge
1 carotte
250 g d'épinards
2,5 dl de yaourt
1/2 cuillerée à soupe de feuilles de menthe
2 cuillerées à soupe d'huile d'olive
sel

→ Versez 1,25 l d'eau dans un faitout. Ajoutez les pois cassés que vous aurez fait tremper au moins 12 heures. Portez à ébullition puis réduisez la chaleur et laissez cuire à petits bouillons environ 1 heure et demie.
→ Dans une casserole assez grosse, faites revenir dans l'huile la feuille de laurier avec l'oignon et la carotte hachés. Quand l'oignon s'est ramolli, versez dans la casserole les pois cassés avec tout leur liquide de cuisson. Ajoutez également les épinards et faites cuire le tout.
→ Retirez la feuille de laurier. Passez au mixeur ou au tamis. Rectifiez l'assaisonnement et répartissez le potage dans les bols. Complétez avec le yaourt et parfumez de feuilles de menthe hachées très finement.

 Turquie

Split pea soup
Soupe de pois cassés

350 g de pois cassés
1 os de jambon fumé (à défaut : 1 os de jambon cru)
50 g de poitrine fumée
2 oignons
1 clou de girofle
1/2 gousse d'ail
2 carottes
2 branches de céleri
1 feuille de laurier
1 cuillerée à soupe de vinaigre de pommes
sel, poivre noir

→ Mettez l'os dans un faitout et couvrez d'eau. Portez à ébullition, baissez le feu et laissez cuire doucement environ 2 heures.
→ Retirez l'os. Écumez soigneusement le bouillon. Prélevez 1,25 l et versez-le dans une casserole. S'il n'y a pas suffisamment de bouillon, allongez avec de l'eau.
→ Hachez grossièrement la poitrine et mettez-la dans une poêle. Chauffez-la et quand une bonne partie de la graisse a fondu, faites-y rissoler les oignons hachés et le clou de girofle.
→ Quand l'oignon aura pris de la couleur, versez tout le contenu de la poêle dans le bouillon. Ajoutez l'ail, les carottes et le céleri coupés en petits morceaux, la feuille de laurier et les pois cassés. Portez à ébullition, couvrez et laissez cuire à feu moyen pendant 3 heures et demie. Enlevez le couvercle, ajoutez le vinaigre, rectifiez l'assaisonnement et saupoudrez de poivre noir fraîchement moulu. Laissez cuire à petits bouillons encore 30 minutes et servez.

 Cuisine cajun, États-Unis

 Kavaklidere, Muscat, 1998.

 Gordon Brothers, Merlot, 1998.

Légumes : une richesse inépuisable

Les haricots : cadeau de Christophe Colomb

Les multiples variétés de haricots connues aujourd'hui proviennent toutes du Phaseolus vulgaris. Originaire d'Amérique centrale et d'Amérique du Sud, ce dernier ne fut introduit en Europe qu'après la découverte de l'Amérique. Il n'a donc aucun lien de parenté avec le Phaseolus connu et utilisé dans l'Antiquité par les peuples d'Italie, légume qui n'est désormais plus cultivé et qui fait partie du genre Dolichos.

Les haricots peuvent être utilisés frais, à la rigueur congelés, ou secs. Dans ce dernier cas, il faut les faire tremper au moins 24 heures, en changeant l'eau 3 à 4 fois, avant de pouvoir les cuisiner.

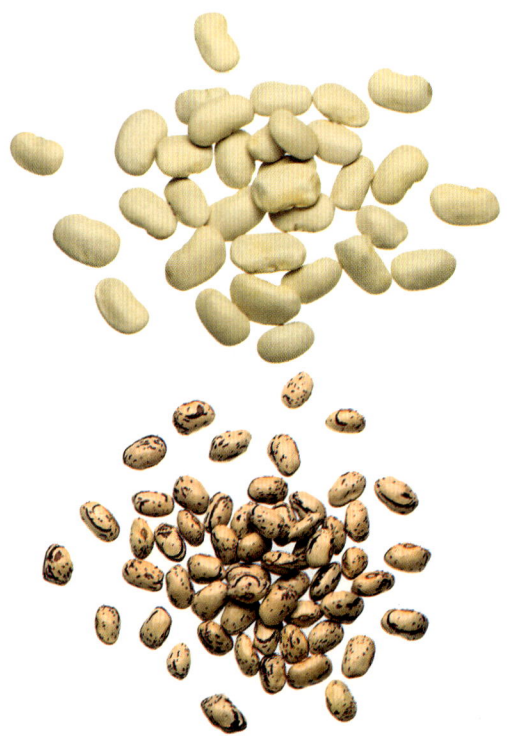

Tajarin e fagioli
Potage aux tagliolini et aux haricots

300 g de haricots bruns frais écossés
50 g de lard
4 gousses d'ail
1 oignon
1 branche de céleri
8 feuilles de basilic
3 pommes de terre
2 tomates bien mûres
2 cuillerées à soupe d'huile d'olive
sel

Pour préparer les tagliolini (p. 50) :
250 g de farine
1 œuf
farine de maïs
sel

→ Préparez les tagliolini en faisant une pâte avec la farine, l'œuf, une pincée de sel et l'eau nécessaire. Étendez-la en une abaisse comme indiqué (page 49 ou 50). Saupoudrez les deux côtés de farine de maïs puis roulez-la. À l'aide d'un couteau, découpez les tagliolini (pas trop fins) et disposez-les sur un plan en bois saupoudré de farine de maïs.

→ Versez dans un faitout 2 l d'eau, salez et portez à ébullition. Ajoutez les haricots avec un mélange de lard, ail, oignon, céleri et basilic hachés.

→ Ajoutez aussi les pommes de terre épluchées et coupées en petits morceaux, les tomates pelées, épépinées et émincées et l'huile d'olive. Laissez cuire à feu moyen le temps nécessaire pour la cuisson des haricots qui doivent devenir très tendres.

→ Jetez les tagliolini dans le potage et servez-les dès qu'ils sont cuits (5 minutes environ).

 Piémont, Italie

 Monsicuro, Villa Terlina, 1998.

Minestra di riso e fagioli freschi
Potage au riz et aux haricots frais

250 g de haricots bruns frais écossés
150 g de riz à potage
2 petites aubergines
4 tomates bien mûres
200 g de cèpes frais
3 gousses d'ail
huile d'olive dont 4 cuillerées à soupe pour la préparation
sel, poivre noir

➜ Versez 1,5 l d'eau dans un faitout et portez à ébullition. Ajoutez les haricots et faites-les cuire à feu moyen sans saler. Égouttez-les en réservant l'eau de cuisson.
➜ Épluchez les aubergines et les tomates. Coupez-les en petits morceaux et mettez-les dans un faitout. Ajoutez aussi les champignons, lavés et émincés, les gousses d'ail entières, l'huile d'olive et les haricots. Faites rissoler quelques minutes puis versez un tiers de l'eau de cuisson des haricots que vous aurez portée de nouveau à ébullition. Salez et laissez cuire doucement jusqu'à ce que tous les légumes soient cuits.
➜ Jetez dans la marmite le riz, préalablement lavé pour éliminer l'excès d'amidon. Terminez la cuisson et rectifiez l'assaisonnement. Servez avec de l'huile d'olive et du poivre noir fraîchement moulu à part.

 Ligurie, Italie

Tantra, Monferrato, 1998.

Minestra di fagioli freschi e pasta
Potage de haricots frais et de pâtes

400 g de haricots blancs frais, déjà écossés
200 g de tagliatelle aux œufs assez fines (p. 49)
100 g de couennes de porc
50 g de jambon cru
1 oignon
1 branche de céleri
2 pommes de terre
2 tomates bien mûres
huile d'olive dont 2 cuillerées à soupe pour la préparation
sel, poivre noir

➜ Flambez la couenne et raclez-la soigneusement. Coupez-la en bandes d'1 cm de large et 3 cm de long. Versez 1,25 l d'eau dans un faitout et ajoutez les haricots et la couenne. Portez à ébullition puis réduisez le feu. Laissez cuire à petits bouillons pendant 2 heures en ne salant qu'à la mi-cuisson.
➜ Versez l'huile d'olive dans une casserole. Hachez l'oignon et le jambon et faites-les revenir 5 minutes à feu moyen. Ajoutez alors le céleri haché grossièrement, les pommes de terre épluchées et coupées en petits morceaux, les tomates passées au moulin à légumes. Mélangez intimement.
➜ Rectifiez l'assaisonnement et saupoudrez selon votre goût de poivre noir fraîchement moulu. Laissez rissoler 5 minutes puis mettez le tout dans la marmite avec les haricots.
➜ Laissez cuire à faible ébullition encore 30 minutes. Augmentez la température et lorsque le tout bout à gros bouillons, ajoutez les tagliatelle. Terminez la cuisson en remuant souvent. Dès que les pâtes sont cuites, servez le potage, qui doit être assez épais, avec de l'huile d'olive à part.

 Italie centrale

Sant'Angiolo, Chianti Classico, 1997.

Légumes : une richesse inépuisable

Boston baked beans
Estouffade de haricots

200 g de haricots blancs secs
100 g de lard salé
2 cuillerées à café de moutarde en poudre
5 cuillerées à café de sucre de canne non raffiné
4 cuillerées à soupe de mélasse
sel

→ Faites tremper les haricots le temps nécessaire et salez-les pendant le dernier trempage. Mélangez soigneusement et égouttez-les en réservant le liquide.
→ Préchauffez le four à 150° C. Disposez la moitié du lard coupé en tranches d'1 mm d'épaisseur au fond d'une sauteuse. Couvrez-le avec les haricots. Mouillez avec le liquide que vous avez réservé et dans lequel vous avez mélangé la moutarde, le sucre et la mélasse.
→ Disposez sur cette préparation le lard restant. Couvrez et mettez au four. Laissez cuire environ 6 heures, en ajoutant de l'eau très chaude si nécessaire. Ne retirez le couvercle qu'au cours de la dernière heure de cuisson.
→ Une fois la cuisson terminée, rectifiez l'assaisonnement et servez.

 États-Unis

Fagioli alla normanna
Haricots à la normande

300 g de haricots secs
4 cuillerées à soupe de saindoux
1 feuille de laurier
4 feuilles de sauge
pain de campagne en tranches
sel, poivre noir

→ Après avoir fait tremper les haricots le temps nécessaire, mettez-les dans un faitout avec la feuille de laurier. Couvrez d'eau et portez à ébullition. Laissez cuire à feu moyen en ajoutant de l'eau bouillante si nécessaire. Ne salez qu'une fois la cuisson presque terminée.
→ Égouttez les haricots et gardez au chaud leur bouillon de cuisson. Mettez le saindoux dans une petite poêle et faites-le fondre à feu moyen. Ajoutez les feuilles de sauge et laissez cuire 5 minutes toujours à feu moyen. Versez le tout dans la soupière de service que vous aurez préchauffée.
→ Ajoutez les haricots et allongez selon votre goût avec un peu de bouillon de cuisson. Mélangez intimement et servez avec le poivre noir fraîchement moulu et les tranches de pain légèrement toastées à part.

 Cette recette remonterait à l'époque de la domination normande. Ce sont les Normands qui, dit-on, ont « importé » dans le Sud de l'Italie l'habitude d'utiliser le gras de porc.

Sicile, Italie

 Beringer, Merlot, 1997.

 Mille e Una Notte, Donnafugata, 1997.

Pasta e fagioli
Soupe aux pâtes et aux haricots

250 g de haricots blancs secs
200 g de pâtes
1 gousse d'ail
1 branche de céleri
1 petit bouquet de persil
3 tomates-cerises
6 cuillerées à soupe d'huile d'olive
sel, poivre noir

→ Versez 1,5 l d'eau dans un faitout. Ajoutez les haricots bien égouttés (après les avoir fait tremper le temps nécessaire) avec l'ail, le céleri, et le persil hachés, les tomates coupées en morceaux et 4 cuillérées d'huile d'olive.
→ Portez à ébullition puis diminuez la température. Couvrez et faites cuire à petits bouillons jusqu'à ce que les haricots soient cuits.
→ Retirez environ un tiers des haricots et passez-les au moulin à légumes. Remettez la purée dans le faitout et portez à nouveau à ébullition. Salez, ajoutez 2 cuillerées à soupe d'huile d'olive et les pâtes.
→ Faites cuire en remuant souvent. Servez avec du poivre noir fraîchement moulu et de l'huile d'olive à part.

Selon la tradition, on devrait utiliser un mélange de plusieurs types de pâtes pour ce potage qu'on appelle la munnezzaglia. Pour ce faire, on brise les pâtes trop longues de sorte qu'on puisse les manger à l'aide d'une cuillère. Ce potage aux pâtes et aux haricots était autrefois celui des moments de difficulté économique, que l'on préparait en rassemblant les ingrédients qui restaient dans le buffet.

 Campanie, Italie

 Vignetto di Fezzana, Cantinino, 1997.

Fasolia soupa
Soupe de haricots blancs

400 g de haricots blancs secs
2 tomates bien mûres
3 petites carottes
2 oignons
1 petit bouquet de persil
1 branche de céleri
huile d'olive dont 4 cuillerées à soupe pour la préparation
sel, poivre noir

→ Faites tremper les haricots le temps nécessaire puis égouttez-les. Mettez-les dans un faitout et versez-y 2 l d'eau. Portez à ébullition puis diminuez le feu. Laissez cuire à petits bouillons pendant 1 heure.
→ Ajoutez les tomates épluchées et coupées en dés, les carottes nettoyées et coupées en petits morceaux, un mélange composé d'oignons, persil et céleri hachés et l'huile d'olive. Laissez cuire doucement encore 1 heure ou jusqu'à ce que les haricots soient devenus tendres. Ne salez que vers la fin de la cuisson.
→ Servez avec de l'huile d'olive et du poivre noir fraîchement moulu à part.

 Grèce

 Boutari, Chardonnay, 2000.

Légumes : une richesse inépuisable

Fasulieh shug
Soupe de haricots à la tomate

400 g de haricots secs
2 gousses d'ail
4 piments rouges piquants
4 tomates bien mûres
le zeste râpé d'1 citron
1 cuillerée à café de graines de cumin
1 cuillerée à café de graines de coriandre
1 cuillerée à soupe de sucre
4 cuillerées à soupe d'huile d'olive
sel

→ Mettez les haricots dans un faitout, après les avoir faits tremper le temps nécessaire. Couvrez d'eau et faites cuire doucement jusqu'à ce qu'ils soient tendres. Égouttez-les en réservant le liquide de cuisson.
→ Entre-temps, versez l'huile dans une poêle et faites-y revenir l'ail. Quand il aura pris de la couleur, ajoutez les piments hachés, les tomates pelées et coupées en morceaux, le zeste de citron râpé, le cumin, la coriandre et le sucre.
→ Faites cuire à feu doux. Quand le liquide est un peu réduit, ajoutez les haricots et mouillez-les avec leur eau de cuisson jusqu'à obtenir la consistance que vous souhaitez. Salez, laissez cuire à l'étouffée encore 5 minutes puis servez.

La recette fait désormais partie de la cuisine traditionnelle juive mais elle est originaire du Yémen.

 Israël

Llentes amb costella de porc
Soupe de lentilles avec côtelettes de porc

200 g de lentilles
200 g de côtelettes de porc
100 g de lard salé
1 oignon
1 petite tête d'ail habillée et entière
1 poireau
1 bouquet de persil
1 feuille de laurier
quelques feuilles de marjolaine
25 g de beurre
sel

→ Dans une casserole assez grande, faites rissoler le lard coupé en petits dés et les côtelettes dans du beurre. Quand elles ont pris un peu de couleur, ajoutez l'oignon haché finement. Quand tous les ingrédients sont bien rissolés, ajoutez les lentilles et les aromates enveloppés dans de la gaze. Couvrez avec 1,5 l d'eau chaude et laissez cuire à petits bouillons.
→ Quand les lentilles sont cuites, retirez les aromates. Faites évaporer l'excès de liquide éventuel, afin que la soupe soit assez épaisse. Rectifiez l'assaisonnement et servez.

 Catalogne, Espagne

 Hafner, Zweigelt Trocken, 1998. (Autriche).

 Bodega Piríneos, Merlot Cabernet, 1999.

Légumes : une richesse inépuisable

Harira
Soupe à l'agneau aux lentilles

200 g de lentilles
200 g de viande d'agneau
2 os d'agneau
1 oignon
1 dose de safran
4 tomates bien mûres
2 cuillerées à soupe de feuilles de coriandre
1 cuillerée à soupe de farine
le jus d'1 citron
2 cuillerées à soupe d'huile d'olive
sel, poivre noir

→ Mettez les lentilles dans un faitout. Ajoutez également l'oignon haché, la viande coupée en dés de 1 cm de côté, les os et le safran. Versez 1,5 l d'eau. Salez, portez à ébullition et laissez cuire doucement environ 1 heure.

→ Épluchez les tomates, passez-les au moulin à légumes puis mettez-les dans une casserole avec l'huile d'olive. Ajoutez aussi la coriandre hachée et faites cuire 10 minutes. Faites épaissir en ajoutant la farine tout en remuant pour éviter la formation de grumeaux.

→ Versez la crème de tomates sur les lentilles. Retirez les os. Rectifiez l'assaisonnement, saupoudrez selon votre goût de poivre noir fraîchement moulu et ajoutez le jus de citron. Laissez cuire à l'étouffée quelques minutes puis servez.

Libye

Montes Toscanini, Tannat, 1997. (Uruguay).

Shmenka
Potage de lentilles et de tripes

200 g de lentilles
500 g de tripes
2 gousses d'ail
1 carotte
1 navet
1 branche de céleri
1 cuillerée à café de graines de coriandre
1 feuille de laurier
1/2 cuillerée à soupe de harissa (p. 56)
1 cuillerée à café de paprika
4 cuillerées à soupe d'huile d'olive
sel

→ Mettez les tripes dans un faitout. Couvrez avec 1,25 l d'eau froide et laissez cuire à petits bouillons environ 2 heures. Égouttez les tripes et coupez-les en lamelles d'environ 1 à 2 cm de large et 5 cm de long.

→ Versez l'huile dans une sauteuse en terre cuite assez grande. Ajoutez l'ail haché et les tripes et faites-les revenir pendant 5 minutes.

→ Ajoutez la carotte et le navet émincés, le céleri haché grossièrement, la coriandre, le laurier et les lentilles. Versez l'eau, ajoutez une cuillerée à café ou deux de harissa et faites cuire à feu moyen, jusqu'à ce que les lentilles soient cuites.

→ Rectifiez l'assaisonnement, saupoudrez de paprika et servez dans la sauteuse utilisée pour la cuisson.

 Tunisie

Mornag, Merlot, 2000.

Lentil soup with sausages
Soupe aux lentilles et à la saucisse fumée

200 g de lentilles
1 os avec des restes de jambon dessus
2 oignons
3 branches de céleri
3 carottes moyennes ou grosses
3 gousses d'ail
1 feuille de laurier
2 cuillerées à soupe de thym
2 cuillerées à café de cumin
8 grains de poivre noir
200 g de saucisse fumée
4 tomates bien mûres
50 g de saindoux
sel

→ Hachez et mélangez les oignons, le céleri, les carottes et l'ail. Faites-les revenir dans un faitout où vous aurez fait fondre le saindoux.
→ Quand ces ingrédients ont pris de la couleur, ajoutez les lentilles, le laurier, le thym, le cumin et les grains de poivre écrasés. Versez 2 l d'eau. Ajoutez l'os de jambon et portez à ébullition. Baissez le feu et laissez cuire à petits bouillons jusqu'à ce que les lentilles soient presque cuites.
→ Épluchez les tomates, coupez-les en petits cubes puis ajoutez-les, avec leur jus, aux lentilles. Salez avec modération, terminez la cuisson et retirez l'os du potage.
→ Faites rissoler la saucisse coupée en rondelles d'1/2 cm d'épaisseur. Égouttez-la sur du papier absorbant pour éliminer l'excès de graisse. Ajoutez-la au potage de lentilles et servez.

 États-Unis

Iskembe
Potage aux pois chiches et aux tripes

300 g de pois chiches
500 g de tripes
1 feuille de laurier
10 grains de poivre noir
1 cuillerée à soupe de zeste de citron râpé
2 gousses d'ail
1 oignon
le jus d'1 citron
1 cuillerée à soupe de feuilles de menthe
4 cuillerées à soupe d'huile d'olive
sel

→ Mettez les tripes dans une casserole, couvrez d'eau froide et faites cuire pendant 1 heure. Égouttez les tripes et jetez l'eau de cuisson. Émincez-les et mettez-les dans une casserole. Ajoutez le laurier, le poivre en grains écrasé, le zeste de citron et couvrez à nouveau d'eau froide. Salez légèrement et laissez cuire à petits bouillons encore 2 heures.
→ Mettez les pois chiches, que vous aurez fait tremper le temps nécessaire, dans un faitout. Ajoutez l'ail, couvrez d'eau froide, salez et laissez cuire à feu moyen jusqu'à ce que les pois chiches deviennent très tendres.
→ Égouttez les tripes et les pois chiches. Mettez-les dans un faitout. Mouillez avec 3 dl de bouillon de cuisson des tripes et 3 dl d'eau de cuisson des pois chiches. Laissez cuire doucement pendant une demi-heure.
→ Entre-temps, hachez l'oignon et faites-le revenir dans de l'huile. Quand il a pris de la couleur utilisez-le, avec son huile, pour assaisonner le potage.
→ Ajoutez le jus de citron. Versez le potage dans la soupière de service, saupoudrez de menthe hachée et servez.

NB. : La recette originale exige des tripes de mouton.

 Turquie

 Beringer, Cabernet-Sauvignon, 1996.

 Doluca, Özelkav, 1998.

Légumes : une richesse inépuisable

Mermez
Soupe à la viande et aux pois chiches

300 g de viande d'agneau (maigre et sans os)
300 g de pois chiches
2 oignons
1/2 cuillerée à soupe de harissa (p. 56)
500 g de tomates mûres
4 poivrons doux
1/2 cuillerée à café de coriandre en poudre
piment de Cayenne
4 cuillerées à soupe d'huile d'olive
sel, poivre noir

➜ Versez l'huile d'olive dans une sauteuse en terre cuite et faites-la chauffer. Ajoutez la viande coupée en petits morceaux et préalablement assaisonnée avec le sel, le poivre noir fraîchement moulu et la coriandre. Faites-la rissoler jusqu'à ce qu'elle prenne une jolie couleur dorée.
➜ Ajoutez également les oignons coupés en tranches assez épaisses, la harissa, le piment de Cayenne, les pois chiches et les tomates épluchées et émincées. Couvrez d'eau et laissez cuire à feu moyen jusqu'à ce que les pois chiches soient devenus tendres.
➜ Ajoutez les poivrons, épépinés, nettoyés de leurs membranes intérieures et coupés en bandes dans le sens de la longueur. Laissez sur le feu encore 10 à 15 minutes. Rectifiez l'assaisonnement et, avant de servir, laissez cuire à l'étouffée quelques minutes. Le potage doit être assez épais.

 Tunisie

 Mornag, Merlot, 2000.

Faves a la catalana
Potage aux fèves fraîches à la catalane

400 g de fèves fraîches écossées
100 g de lard
1 oignon rouge
2 gousses d'ail frais
1 bouquet parfumé (composé d'une feuille de laurier, d'un bouquet de persil, de quelques feuilles de menthe et d'une petite branche de sauge)
4 tomates bien mûres
200 g de butifarra negra bisbe (à défaut : saucisse au grain très gros)
2,5 cl de liqueur d'anis sec
50 g de beurre
sel, poivre noir

➜ Mettez le beurre dans une sauteuse en terre cuite assez grande avec un couvercle. Chauffez-le et ajoutez le lard coupé en gros morceaux. Laissez dorer puis ajoutez le bouquet parfumé et un mélange d'ail et d'oignon hachés très finement. Faites revenir le tout.
➜ Ajoutez les tomates épluchées et passées au moulin à légumes, les fèves, la butifarra negra bisbe (une spécialité catalane) ou la saucisse en un seul morceau, la liqueur et couvrez d'eau.
➜ Formez un couvercle de papier sulfurisé en le collant sur le bord de la sauteuse à l'aide d'une pâte faite d'eau et de farine. Posez par-dessus le couvercle de la sauteuse. Laissez cuire à feu doux environ 1 heure.
➜ Ôtez le couvercle. Retirez la saucisse et coupez-la en rondelles que vous remettrez dans le potage. Terminez la cuisson si nécessaire et rectifiez l'assaisonnement. Poivrez à votre goût. Laissez cuire à l'étouffée à feu moyen 5 minutes puis servez.

 Catalogne, Espagne

 Gran Muruve, Toro, Reserva, 1994.

Feijoada
Soupe aux haricots sec et à la viande

200 g de haricots secs
1 oreille de porc
1 queue de porc
1 pied de porc
150 g de viande de bœuf (poitrine)
150 g de langue de bœuf
1 poivron rouge doux
1 oignon
2 gousses d'ail
1 branche de céleri
100 g de lard
150 g de saucisses
2 piments piquants hachés finement
2 cuillerées à soupe de farine
50 g de beurre
sel

➜ Ébouillantez l'oreille, la queue et le pied de porc, trempés pendant 12 heures. Flambez-les, raclez-les puis mettez-les dans un faitout avec les haricots, déjà trempés eux aussi, les autres viandes et les légumes hachés grossièrement, à l'exception des piments.
➜ Couvrez d'eau. Portez à ébullition puis baissez le feu et laissez cuire à petits bouillons pendant 2 heures, c'est-à-dire le temps nécessaire à la cuisson des haricots. Rectifiez l'assaisonnement et égouttez le tout en réservant le bouillon qui reste.
➜ Coupez la viande, la langue de bœuf, la saucisse et la poitrine en morceaux de la taille d'une bouchée. Retirez la chair du pied, de la queue et de l'oreille de porc et mélangez-la avec les autres viandes et les haricots.
➜ Faites rissoler dans du beurre les piments piquants. Saupoudrez de farine et mélangez. Allongez avec 2 verres du liquide de cuisson des haricots et faites réduire à feu moyen.
➜ Mettez la viande et les haricots dans une soupière. Versez-y les ingrédients rissolés et servez.

Brésil

Salton, Merlot, 1999.

Olla de balichó
Potage aux haricots et au riz

250 g de haricots blancs secs
150 g de riz
100 g de couennes de porc
100 de lard salé
2 gousses d'ail
1 feuille de laurier
1 petite branche de fenouil
1 cuillerée à soupe de paprika doux
1/2 poivron vert doux
1 tomate bien mûre
1/2 oignon
4 cuillerées à soupe d'huile d'olive
vinaigre blanc de vin
8 grains de poivre noir
sel

➜ Flambez la couenne, raclez-la puis coupez-la en bandes d'1 cm de large sur 3 cm de long environ. Mettez-les dans un faitout avec les haricots (que vous aurez fait tremper le temps nécessaire), le lard en un seul morceau, l'ail, le laurier, le fenouil et le paprika. Couvrez d'eau froide. Portez à ébullition, baissez le feu et laissez cuire doucement.
➜ Hachez grossièrement le poivron nettoyé, la tomate épluchée et l'oignon. Faites-les revenir dans l'huile jusqu'à ce que l'oignon soit ramolli. Passez le tout au mixeur puis ajoutez ce mélange aux haricots.
➜ Quand les haricots sont tendres, versez le riz dans le faitout et faites-le cuire. Rectifiez l'assaisonnement. Laissez reposer 5 à 10 minutes. Répartissez le potage dans les bols, en versant dans chacun un filet de vinaigre.

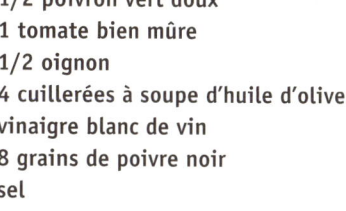

Ce plat est d'origine gitane, comme témoigne son nom que j'ai rapporté en caló, la langue des gitans andalous. En espagnol, ce potage s'appelle *cascote sevillano*.

Andalousie, Espagne

Bodega Piríneos, Señorío de Lazán, 1997.

Red beans, rice and sausage

Soupe au riz, haricots rouges et saucisses

300 g de haricots rouges secs
300 g de riz cuit à l'eau
4 saucisses piquantes
2 cuillerées à soupe de saindoux
2 oignons moyens
1/2 poivron vert doux
2 gousses d'ail
1 os de jambon
1/2 cuillerée à soupe de feuilles de marjolaine
2 feuilles de sauge
1/2 cuillerée à soupe de sucre
2 dl de bière
2 cuillerées à soupe d'huile d'olive
1 bouquet de persil
6 oignons frais
sel, poivre noir, piment rouge de Cayenne

→ Faites chauffer le saindoux dans un faitout. Hachez grossièrement les oignons et le poivron épépiné et nettoyé des membranes intérieures. Lorsque le saindoux est chaud, mettez-les dans le faitout. Ajoutez l'ail qui doit être haché très finement.

→ Quand les ingrédients commencent à ramollir, ajoutez les haricots, que vous aurez fait tremper le temps nécessaire, l'os de jambon, la marjolaine, la sauge et le sucre. Versez la bière puis de l'eau pour recouvrir le tout. Portez à ébullition.

→ Réduisez la chaleur, salez et parfumez selon votre goût de poivre noir fraîchement moulu et de piment rouge de Cayenne. Couvrez et laissez cuire à faible ébullition en remuant de temps en temps jusqu'à ce que les haricots soient devenus tendres et que le liquide de cuisson soit assez épais. Ajoutez, si nécessaire, de l'eau chaude.

→ Chauffez l'huile d'olive dans une large poêle. Quand elle est bouillante, ajoutez les saucisses (percez-les légèrement auparavant pour éviter qu'elles n'éclatent). Faites-les rissoler pour qu'elles prennent une jolie couleur brune.

→ Répartissez le riz, cuit dans de l'eau salée et encore chaud, dans chaque bol. Versez-y les haricots. Garnissez avec une saucisse, le persil haché très finement et les oignons émincés.

 Cuisine cajun, Louisiane, États-Unis

Dry Creek, Zinfandel, 1997.

Légumes : une richesse inépuisable

Fabada asturiana
Soupe de haricots

500 g de haricots blancs secs
1 morcilla (à défaut : 100 g de boudin noir)
1 chorizo
300 g de lacòn (à défaut : épaule de porc cuite)
150 g de joue de bœuf
1 gousse d'ail
2 feuilles de laurier
1 petit oignon
5 ou 6 stigmates de safran
2 cuillerées à soupe d'huile d'olive
sel

→ Faites tremper les haricots pendant le temps nécessaire. Versez-les ensuite, avec leur eau de trempage, dans un faitout. Portez à ébullition. Écumez et ajoutez les saucisses, le lacòn, la joue, la gousse d'ail écrasée, le laurier et l'oignon.
→ Augmentez le feu. Quand le liquide recommence à bouillir, écumez. Baissez le feu, couvrez et laissez cuire doucement jusqu'à ce que les haricots soient tendres.
→ À mi-cuisson, ajoutez le safran légèrement grillé et l'huile. Tout le long de la cuisson, les haricots doivent toujours être couverts de liquide. Ajoutez de l'eau froide si nécessaire.
→ À la fin, retirez l'ail, le laurier et l'oignon. Salez et laissez reposer. Retirez les saucisses, le lacòn et l'épaule. Coupez-les en petits morceaux et répartissez-les dans les bols qui, selon la tradition, devraient être en terre cuite. Versez les haricots et servez.

Il s'agit d'une soupe d'exception et il faut la considérer comme un plat unique. Préparée avec des produits typiques des Asturies, elle est incomparable.

 Asturies, Espagne

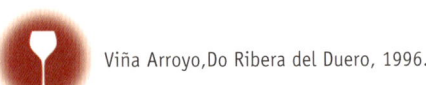 Viña Arroyo, Do Ribera del Duero, 1996.

Pasuli sa svinjskim mesom
Soupe de haricots et de porc fumé

400 g de haricots bruns secs
400 g de viande de porc fumée
2 oignons blancs
1 cuillerée à soupe de farine
1 cuillerée à café de paprika très fort
2 cuillerées à soupe d'huile d'olive
sel

→ Faites tremper les haricots pendant le temps nécessaire. Mettez-les dans un faitout avec la viande de porc et couvrez d'eau froide. Portez à ébullition, réduisez la chaleur et laissez cuire doucement 2 heures, jusqu'à ce que les haricots soient devenus tendres.
→ Émincez les oignons et faites-les revenir dans l'huile. Quand ils ont pris une jolie couleur dorée, saupoudrez-les de farine. Ajoutez le paprika et mélangez soigneusement. Versez le tout dans la marmite avec les haricots, sans cesser de remuer pour empêcher la formation de grumeaux.
→ Retirez la viande. Coupez-la en petits morceaux puis remettez le tout dans la marmite. Rectifiez l'assaisonnement, laissez cuire à l'étouffée 15 minutes et servez.

 Slovénie

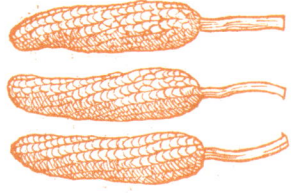

 Capris Rdeci, Vinakoper, 1998.

Cassoulet

Ingrédients pour 12 personnes :

600 g de haricots blancs secs
200 g de couennes de porc
500 g de saucisses de Toulouse
500 g d'épaule de porc
500 g de gigot d'agneau
300 g de côtelettes de porc
300 g de lard salé
1 cuillerée à soupe de lard fumé haché
4 gousses d'ail
1 bouquet de persil
1 cuillerée à soupe d'oignon haché
1 oignon entier
2 clous de girofle
2 dl de vin rouge
1 bouquet garni (laurier, thym et persil)
2 cuillerées à soupe de concentré de tomate
8 cuillerées à soupe de chapelure
2 cuillerées à soupe de graisse d'oie fondue
4 cuillerées à soupe d'huile d'olive
sel, poivre noir

→ Faites cuire la couenne à l'eau puis coupez-la en morceaux de 3 cm de long et 1 cm de large.
→ Mélangez la poitrine fumée hachée avec l'ail et le persil hachés. Roulez le tout dans une gaze et faites-le cuire dans l'eau avec les saucisses (dont vous aurez préalablement piqué la peau pour éviter qu'elles ne s'ouvrent).
→ Faites cuire à part les haricots (après les avoir fait tremper pendant le temps nécessaire). Salez très légèrement en fin de cuisson.
→ Versez l'huile dans une casserole. Ajoutez l'oignon haché et faites-le blondir. Ajoutez la viande, porc et agneau, coupée en petits morceaux. Faites-la rissoler à feu vif. Versez dans la casserole le vin et 1 l d'eau. Ajoutez l'oignon piqué de clous de girofle, le bouquet parfumé, le concentré de tomate, les côtelettes, la poitrine fraîche coupée en petits morceaux et faites cuire à feu moyen 1 heure. Rectifiez l'assaisonnement et saupoudrez selon votre goût de poivre noir fraîchement moulu. Égouttez la viande et réservez le liquide de cuisson.
→ Couvrez le fond d'un plat à gratin d'une couche de haricots. Faites une deuxième couche avec une partie de la viande et des saucisses. Mettez au centre le mélange de poitrine hachée, persil et ail, retirés de la gaze. Continuez de cette manière, couche après couche, tant qu'il y a des ingrédients. La dernière couche ne doit être composée que de haricots.
→ Versez dans le plat le liquide de cuisson de la viande de façon à juste recouvrir le tout. Versez ensuite la moitié de la graisse d'oie et saupoudrez de la moitié de la chapelure.
→ Enfournez le plat au four préchauffé à 120° C pendant une demi-heure. Sortez-le et enfoncez la croûte qui s'est formée à la surface. Saupoudrez à nouveau de chapelure et versez la graisse d'oie restante. Remettez au four pendant une demi-heure. Servez.

 C'est un plat d'hiver, adapté aux grandes réunions conviviales, qui pour révéler toutes ses qualités doit être préparé en grande quantité. C'est pourquoi, les proportions de cette recette sont établies pour 12 personnes.

France

 Château Lamartine, Cahors, 1998.

Légumes : une richesse inépuisable

Bortsch d'agneau

500 g d'épaule d'agneau
1 poireau
2 carottes
1 gousse d'ail
1 feuille de laurier
300 g de betteraves rouges cuites au four
500 g de chou frisé
1 oignon
1 dl de crème fraîche
1 dl de yaourt nature
sel

→ Désossez l'épaule d'agneau. Mettez les os dans un faitout avec 1 poireau et 1 carotte hachés grossièrement, l'ail épluché entier et 1 feuille de laurier.
→ Versez 1,5 l d'eau et portez à ébullition. Écumez, salez et laissez cuire à petits bouillons 20 minutes. Ajoutez la moitié des betteraves nettoyées et hachées. Faites cuire, toujours à feu moyen, encore 20 minutes.
→ Retirez les os. Passez le reste du contenu du faitout au mixeur puis remettez-le à cuire encore 15 minutes.
→ Ajoutez les feuilles de chou frisé, coupées en lamelles d'environ 0,5 cm de large sur 4 cm de long, les betteraves et la carotte restantes émincées. Incorporez enfin la viande d'agneau coupée en lamelles. Laissez cuire encore 30 minutes en rectifiant, si nécessaire, l'assaisonnement.
→ À la fin de la cuisson, battez délicatement la crème fraîche et le yaourt et ajoutez-les au potage. Laissez cuire à l'étouffée 5 minutes maximum puis servez.

C'est probablement la plus ancienne version du bortsch classique (voir page 174). Il ne diffère de celui-ci, en effet, que par la présence de la viande d'agneau.

 Europe du Nord-Est

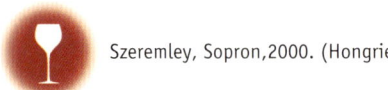 Szeremley, Sopron, 2000. (Hongrie).

Gaeng pe moo
Soupe de légumes et de viande de porc

250 g de chair de porc maigre
100 g de feuilles de chou chinois
100 g de champignons frais de votre choix
100 g de haricots verts cuits à l'eau
3 cuillerées à soupe de mélange d'épices (piment rouge, gingembre, cumin, coriandre, ail, poivre noir)
4 cimes de citronnelle
2 cuillerées à café de nam pla (à défaut :
2 cuillerées à café de pâte d'anchois, voir p. 115)
2 cuillerées à café de sucre de canne non raffiné
quelques feuilles de menthe fraîche
riz
2 cuillerées à soupe d'huile d'arachide
sel

→ Versez l'huile dans une casserole basse. Chauffez puis ajoutez le mélange d'épices obtenu en hachant très finement le piment rouge piquant, un morceau de gingembre d'environ 3 cm de long, 1 cuillerée à café de graines de cumin, 1 cuillerée à café de graines de coriandre, une gousse d'ail épluchée et 10 grains de poivre noir. Faites rissoler ce mélange jusqu'à ce qu'il change de couleur puis ajoutez la viande de porc coupée en tranches très fines, la citronnelle hachée et le nam pla.
→ Faites rissoler vivement en mélangeant bien avec une spatule en bois. Ajoutez les feuilles de chou et les champignons hachés en lamelles.
→ Versez 5 dl d'eau dans la casserole et continuez à faire cuire à feu vif.
→ Quand le chou est cuit, ajoutez les haricots verts épluchés et coupés en petits morceaux puis le sucre. Mélangez, salez avec modération et faites cuire encore jusqu'à ce que le liquide ait beaucoup réduit. Répartissez la soupe dans les bols et décorez ceux-ci de feuilles de menthe. Servez avec le riz cuit à l'eau, bien chaud.

 Thaïlande

  Tacama, Selección especial, 2000. (Pérou).

Jota
Soupe de choucroute, haricots et viande de porc

150 g de viande de porc avec la couenne
250 g de haricots secs
300 g de choucroute
1 cuillerée à soupe de farine
50 g de pestât (mélange préparé en hachant 50 g de lard, 1 gousse d'ail, 1/2 oignon, 4 feuilles de sauge et 1 bouquet de persil)
100 g de farine de maïs
100 g de poitrine fumée
50 g de beurre
sel

→ Coupez la viande de porc en petits morceaux. Mettez-la avec les haricots (trempés au moins 24 heures) dans un faitout. Couvrez d'eau et portez à ébullition. Baissez le feu, couvrez et laissez cuire doucement.
→ Après environ 45 minutes de cuisson, faites rissoler dans une petite poêle la farine dans le beurre et ajoutez-la aux haricots.
→ Quand les haricots sont presque cuits, faites revenir dans la même petite poêle le pestât.
→ Dès que celui-ci a pris de la couleur, ajoutez la farine de maïs. Laissez rissoler encore, à feu vif, puis versez le tout dans la marmite.
→ À la fin de la cuisson, faites rissoler toujours dans la même poêle la poitrine coupée en petits morceaux. Ajoutez également la choucroute et laissez cuire 5 minutes pour que les ingrédients prennent de la saveur. Ajoutez-les aux haricots. Mélangez intimement. Laissez cuire à l'étouffée encore 10 minutes à feu très doux puis servez.

Même si la présence de la *jota* est largement attestée dans le Frioul, la recette est visiblement d'origine plus nordique.

 Frioul, Italie

 Dal Fari, Rosso d'Orsone, 1997.

Cholent
Soupe de fèves, pois chiches et haricots

200 g de fèves sèches
100 g de pois chiches
100 g de haricots secs
4 gros oignons émincés
1 cuillerée à soupe de miel
1 cuillerée à soupe de graines de coriandre
1 cuillerée à soupe de cumin
100 g d'orge
2 cuillerées à soupe d'huile d'olive
gros sel

→ Chauffez l'huile dans une poêle. Ajoutez les oignons et faites-les cuire vivement en mélangeant. Ajoutez le miel et continuez la cuisson jusqu'à ce que les oignons soient bien dorés.
→ Avec une petite partie de ces oignons dorés formez une couche au fond d'un faitout doté d'un couvercle. Mettez une autre couche de légumes mélangés ayant préalablement trempés au moins 12 heures. Continuez de cette manière en parfumant chaque couche de coriandre et de cumin.
→ Complétez avec l'orge. Versez dans la marmite de l'eau de façon à dépasser de 4 à 5 cm la surface des aliments. Salez, portez à ébullition puis réduisez le feu au minimum. Couvrez et laissez cuire 24 heures en ajoutant de l'eau chaude si nécessaire. Servez dans la marmite utilisée pour la cuisson.
N.B. : le *cholent* est prêt quand les légumes et l'orge sont tendres mais plus la cuisson est longue plus le goût s'améliore. Comme le ful medammas (p. 148), il peut être garni d'œufs cuits avec la soupe.

C'est le plat traditionnel du shabbat, préparé le vendredi et gardé au chaud sur les braises. Dans la version que je vous propose, les haricots remplacent les lentilles originales.

 Israël

 Miguel Torres, Maquehua Chardonnay, 1999. (Chili).

Légumes : une richesse inépuisable

Makhluta
Soupe de légumes secs

100 g de pois chiches
100 g de haricots secs
100 g de lentilles corail
100 g de lentilles vertes
100 g de riz
50 g de boulgour
1 cuillerée à soupe de graines de cumin
1 oignon
4 cuillerées à soupe d'huile d'olive
sel

➜ Versez 1,5 l d'eau dans un faitout. Ajoutez les pois chiches et les haricots, que vous aurez fait tremper le temps nécessaire. Portez à ébullition, réduisez la température et laissez cuire à petits bouillons 1 heure et demie.
➜ Ajoutez les lentilles. Laissez cuire encore 1 heure, c'est-à-dire jusqu'à ce que tous les légumes soient cuits.
➜ Versez dans la marmite le riz, le boulgour et le cumin. Faites cuire encore 10 minutes.
➜ Entre-temps, faites revenir l'oignon haché dans l'huile d'olive. Ajoutez-le à la soupe et laissez cuire 10 minutes. Salez, faites cuire à l'étouffée encore une dizaine de minutes puis servez.

 Liban

  Les Bretèches de Château Kefraya, 1996.

Mesciua
Potage aux pois chiches, aux haricots et à l'épeautre

300 g de pois chiches
100 g d'épeautre ou de blé
300 g de haricots blancs secs
huile d'olive
sel, poivre noir

➜ Égouttez les pois chiches et l'épeautre, que vous aurez fait tremper ensemble au moins 24 heures. Mettez-les dans un faitout et couvrez d'eau. Salez avec modération et portez à ébullition. Couvrez et laissez cuire à petits bouillons et à feu doux jusqu'à ce que les légumes soient tendres.
➜ Répétez les mêmes opérations pour les haricots, qui auront eux aussi trempé le temps nécessaire. Il faut les faire cuire séparément car leur cuisson est plus rapide.
➜ À la fin de la cuisson, mettez les haricots avec leur liquide dans la marmite avec les pois chiches et le blé (le volume final de liquide doit être d'environ 1,25 l). Mélangez soigneusement. Rectifiez l'assaisonnement et faites cuire encore 15 à 20 minutes à feu très doux.
➜ Versez le potage dans la soupière de service et servez avec de l'huile d'olive et du poivre noir fraîchement moulu à part.

 Il y a deux théories concernant les origines de ce potage. Selon la première, il serait né à l'époque des voiliers, lorsque les jours de calme plat prolongeaient excessivement les temps de navigation et qu'il fallait recourir à la nourriture qui restait à bord. Selon la seconde hypothèse, ce potage serait né dans les maisons paysannes en période de disette, en attendant les nouvelles récoltes.

Ligurie, Italie

 Castello di Montespertoli, Chianti, 1998.

Légumes : une richesse inépuisable

Millecosedde
Potage aux légumes et aux pâtes

400 g de légumes secs mélangés (en portions égales de fèves, pois chiches et haricots blancs)
1 oignon
1 branche de céleri
1/2 petit chou frisé
50 g de champignons secs
200 g de penne ou de rigatoni
6 cuillerées à soupe d'huile d'olive
pecorino râpé (fromage de brebis voisin du parmesan)
sel, poivre noir

→ Faites tremper ensemble tous les légumes pendant deux jours. Mettez-les dans un faitout en terre cuite. Ajoutez l'huile d'olive, l'oignon et le céleri (hachés et mélangés), les feuilles de chou frisé coupées en bandes d'1 cm de large sur 5 cm de long et les champignons coupés en morceaux que vous aurez fait tremper dans de l'eau tiède. Couvrez d'eau froide.
→ Portez à ébullition et couvrez. Faites cuire à très faible ébullition jusqu'à cuisson complète des légumes en remuant de temps en temps. Si le niveau de liquide diminue trop, ajoutez de l'eau bouillante.
→ Faites cuire les pâtes *al dente* dans de l'eau salée. Égouttez-les et versez-les dans le faitout avec les légumes quand ceux-ci sont cuits. Mélangez soigneusement. Laissez cuire ensemble, à feu moyen, une dizaine de minutes, pour bien mélanger les saveurs. Servez avec le pecorino râpé à part.

Cette soupe, particulièrement savoureuse, est née dans un milieu paysan pauvre. Le savant mélange de légumes secs et verts offre pourtant des combinaisons de consistances et de saveurs tout à fait savantes.

 Calabre, Italie

 Firriato, Nero d'Avola, 1998.

Soupe à l'oignon

4 oignons blancs de taille moyenne
1 cuillerée à soupe de farine
1 baguette
75 g de gruyère râpé
100 g de beurre
sel, poivre noir fraîchement moulu

→ Pelez les oignons, émincez-les et mettez-les dans une casserole avec le beurre. Laissez-les blondir à feu moyen sans les faire brûler.
→ Saupoudrez-les de farine. Ajoutez un peu d'eau et laissez cuire encore 2 ou 3 minutes. Versez 1 l d'eau, salez, poivrez et laissez cuire à petits bouillons pendant 30 minutes.
→ Coupez le pain en tranches. Faites-le légèrement griller et disposez-le au fond d'une soupière à feu. Recouvrez-le de gruyère. Procédez de la même façon avec le reste des ingrédients. Terminez par une couche de fromage et poivrez.
→ Versez délicatement le bouillon de cuisson des oignons préalablement filtré. Laissez cuire à l'étouffée une dizaine de minutes puis servez.

N.B. : délicieuse sous cette forme, la soupe à l'oignon sera encore meilleure si vous la faites gratiner. Mettez la soupière dans le four préchauffé à 200° C, jusqu'à ce que la couche supérieure ait pris une jolie couleur dorée.

C'est très probablement la soupe la plus connue au monde. Il existe plusieurs versions, mais elles sont assez fidèles à la recette classique, symbole du Paris d'autrefois et de la vie nocturne très gaie qui caractérisait la capitale française au début du xxe siècle.

 France

 Rémy Pannier, Sauvignon, 2000.

Minestrone alla milanese
Minestrone à la milanaise

1 branche de céleri
1 carotte
350 g de tomates mûres
1 courgette
2 pommes de terre assez farineuses
1 bouquet de persil
50 g de lard
1 gousse d'ail
1 petit oignon
2 feuilles de sauge
75 g de lard
75 g de couennes de porc
200 g de haricots bruns déjà écossés
8 feuilles de basilic
200 g de petits pois frais déjà écossés
1/4 de chou frisé
175 g de riz
parmesan râpé
huile d'olive
sel

→ Émincez le céleri et les carottes. Blanchissez les tomates, épluchez-les, épépinez-les puis coupez-les en petits morceaux. Coupez la courgette en petits dés et pelez les pommes de terre en les laissant entières.
→ Hachez et pilez ensemble le persil, le lard et l'ail et mettez-les dans un faitout avec l'oignon haché, la sauge, la poitrine et la couenne préalablement flambée, raclée et coupée en morceaux de 0,5 cm de large et 3 cm de long.
→ Faites revenir vivement le tout. Ajoutez les légumes verts, le basilic et les haricots. Versez 1,75 l d'eau dans la marmite. Salez avec modération. Portez à ébullition puis réduisez la température et laissez cuire à petits bouillons pendant 2 heures et demie.

→ Ajoutez les petits pois et les feuilles de chou frisé coupées en lamelles. Laissez cuire 30 à 45 minutes en écrasant les pommes de terre avec une fourchette.
→ Jetez le riz dans le faitout et rectifiez l'assaisonnement. Quand le riz est cuit, servez avec de l'huile d'olive et du parmesan râpé à part.

N.B. : le minestrone à la milanaise peut également se consommer froid. Dans ce cas, retirez la poitrine et la couenne avant d'ajouter le riz et disposez-les dans le fond de 4 bols. Versez-y le minestrone dès qu'il est prêt, en saupoudrant abondamment de fromage râpé. Couvrez les bols avec des serviettes et laissez-les dans un endroit frais (mais pas au réfrigérateur). Au moment de servir, versez dans les bols de service.

 Chaque région d'Italie offre aux gourmands son propre minestrone. Toutes ces variantes sont caractérisées par le type de légumes utilisés, par les proportions des différents ingrédients ou encore par la qualité de l'huile d'olive que l'on ajoute crue pour achever la symphonie des parfums et des saveurs.
Il est impossible de faire ici une liste complète de toutes ces recettes. Je me limiterai donc au minestrone à la milanaise, l'un des plus classiques, qui a d'ailleurs franchi non seulement les frontières de sa région mais aussi celles de l'Italie.

 Lombardie, Italie

 Villa Terlina, Monsicuro, 1998.

Légumes : une richesse inépuisable

Leek and potato soup
Soupe aux poireaux
et aux pommes de terre

4 poireaux
2 pommes de terre
100 g de céleri-rave
7,5 dl de lait entier
50 g de beurre
sel, poivre blanc

➜ Émincez les poireaux et coupez en julienne le céleri-rave. Mettez-les dans une casserole avec un couvercle où vous aurez fait fondre le beurre. Faites cuire à feu moyen 15 minutes en remuant souvent.
➜ Versez 2,5 dl d'eau dans la casserole et laissez cuire à petits bouillons pendant 10 minutes. Ajoutez ensuite les pommes de terre, épluchées et coupées en petits dés. Couvrez et laissez cuire encore 10 minutes.
➜ Versez le lait dans la casserole, en remuant. Salez, assaisonnez selon votre goût de poivre blanc fraîchement moulu. Laissez cuire jusqu'à ce que les pommes de terre soient tendres. Servez avec du poivre à volonté.

États-Unis

Bortsch
Soupe à la betterave rouge

100 g de carottes
100 g de navets
1 petit chou rouge
2 poireaux
100 g de betterave rouge
100 g de lard fumé
1 cuillerée à soupe de vinaigre de vin rouge
4 cuillerées à soupe de crème fraîche
sel

➜ Coupez en julienne tous les légumes à l'exception de la betterave. Mettez-les dans un faitout avec un couvercle. Ajoutez aussi le lard coupé en petits dés et versez 1,25 l d'eau. Salez avec modération. Portez à ébullition, couvrez, réduisez le feu et faites cuire à petits bouillons pendant 1 heure.
➜ Une fois la cuisson terminée, ajoutez le vinaigre et la betterave hachée. Mélangez et rectifiez l'assaisonnement si nécessaire. Laissez cuire à l'étouffée pendant environ 10 minutes.
➜ Versez dans chaque bol 1 cuillerée de crème fraîche, puis la soupe et servez.

N.B. : Si vous le souhaitez, vous pouvez remplacer l'eau par un bouillon de viandes variées (p. 40).

Presque tous les pays de l'Europe du Nord-Est se disputent l'honneur d'avoir donné le jour au bortsch. Il s'agit en fait d'une paternité difficile à attribuer. Il en existe plusieurs versions qui, à vrai dire, ne diffèrent pas beaucoup les unes des autres.

Europe du Nord-Est

Clos du Val, Chardonnay, 1999.

Szeremley, Szürkebarat Huba, 1999. (Hongrie).

Zuppa di fagioli e cavolo nero
Soupe de haricots et de chou frisé

100 g de haricots secs
8 feuilles de chou frisé
1 carotte
1 branche de céleri
6 feuilles de basilic
2 pommes de terre
1/2 cuillerée à café de thym
1 petit oignon
3 tomates bien mûres
4 tranches de pain complet
6 cuillerées à soupe d'huile d'olive
sel

→ Versez dans un faitout la moitié de l'huile. Ajoutez un mélange de carottes, céleri et basilic hachés, les pommes de terre épluchées et coupées en petits morceaux et le thym. Faites rissoler quelques minutes.
→ Mettez dans le faitout les feuilles de chou frisé coupées en lanières d'1 cm de large et 4 cm de long et les haricots, que vous aurez fait tremper pendant au moins 12 heures.
→ Entre-temps, faites revenir dans une poêle l'oignon haché avec de l'huile. Quand il est transparent, ajoutez les tomates blanchies, épluchées et hachées. Faites cuire 10 minutes à feu moyen, presque doux. Passez le tout au mixeur puis mettez-le dans le faitout avec les légumes. Ajoutez 2 l d'eau.
→ Salez et portez à ébullition. Baissez le feu, couvrez et laissez cuire à petits bouillons au moins 3 heures.
→ Rectifiez l'assaisonnement et faites cuire à l'étouffée 15 minutes. Disposez les tranches de pain dans des assiettes creuses et versez la soupe dessus. Servez.

 Toscane, Italie

 Corte Pavone, Brunello di Montalcino, 1996.

Eshkeneh shirazi
Potage au yaourt

2 oignons
2 cuillerées à soupe de farine
50 g de noix
1 cuillerée à café de graines de fenugrec
5 dl de yaourt
2 cuillerées à soupe de beurre
sel, poivre noir

→ Mettez le beurre dans une sauteuse et faites-le fondre. Ajoutez les oignons hachés et faites-les dorer. Baissez le feu, ajoutez la farine et continuez la cuisson tout en mélangeant, pendant une dizaine de minutes.
→ Mettez dans la poêle les noix hachées grossièrement, les graines de fenugrec et 1 verre d'eau chaude sans arrêter de remuer.
→ Quand tous les ingrédients se sont bien amalgamés, couvrez d'eau sans cesser de remuer.
→ Salez et poivrez selon votre goût. Augmentez le feu et portez à ébullition. Couvrez et laissez cuire pendant 15 à 20 minutes, c'est-à-dire jusqu'à ce que le potage soit devenu assez épais.
→ Versez le yaourt dans un bol, délayez-le avec un verre de potage chaud et mélangez. Mettez-le ensuite dans la sauteuse tout en remuant. Quand le potage recommence à bouillir, retirez-le du feu. Rectifiez l'assaisonnement et, à votre convenance, ajoutez du poivre. Servez sans tarder.

Iran

 Kavaklidere, Muscat, 1998. (Turquie).

Légumes : une richesse inépuisable

Ribollita

Soupe aux haricots, au chou frisé
et aux oignons

400 g de haricots frais écossés (ou 200 g de haricots blancs secs)
300 g de feuilles de chou frisé
6 gousses d'ail
6 oignons blancs
1 carotte
1 branche de céleri
1 poireau
1 tomate bien mûre
1 os de jambon
1 petite branche de romarin
1 petite branche de thym
4 tranches de pain de campagne
parmesan râpé (facultatif)
huile d'olive, dont 4 cuillerées à soupe pour la préparation
sel, poivre noir

➜ Pour préparer la soupe aux haricots, hachez une gousse d'ail et 2 oignons. Mettez-les dans un faitout avec un couvercle. Versez 2 cuillerées à soupe d'huile, faites revenir. Lorsque l'ail et l'oignon ont pris de la couleur, ajoutez la carotte, le céleri, le poireau et la tomate (blanchie et épluchée), le tout haché grossièrement, l'os de jambon et les haricots. Si vous avez choisi d'utiliser les haricots secs, faites-les tremper le temps nécessaire avant de les utiliser.

➜ Versez dans le faitout 1,5 l d'eau. Portez à ébullition puis réduisez le feu, couvrez et laissez cuire à petits bouillons, jusqu'à ce que les haricots soient complètement cuits. Ajoutez de l'eau chaude si nécessaire.

➜ Quand les haricots sont cuits, retirez-en la moitié environ et passez-les au moulin à légumes. Remettez la purée ainsi obtenue dans le faitout. Ajoutez aussi les feuilles de chou frisé émincées et continuez à faire cuire toujours à feu moyen.

➜ Entre-temps, faites revenir pendant 10 minutes dans le reste d'huile le romarin, le thym et les gousses d'ail restantes écrasées. Ajoutez-les à la soupe et laissez cuire à petits bouillons jusqu'à ce que les feuilles de chou soient parfaitement cuites.

➜ Pour préparer la ribollita, disposez dans 4 bols résistant à la chaleur (selon la tradition, ils doivent être en terre cuite) les tranches de pain légèrement grillées et frottées d'ail.

➜ Versez la soupe aux haricots. Parsemez de très fines rondelles d'oignon et assaisonnez avec un filet d'huile d'olive. Mettez les bols dans le four préchauffé à 150° C jusqu'à la formation d'une petite croûte dorée. Retirez les bols du four et servez, à part, l'huile d'olive, le poivre noir fraîchement moulu et le parmesan râpé.

 Selon la tradition, la ribollita se prépare avec les restes d'une soupe aux haricots et aux choux à la florentine réchauffée au four. Cependant, vous pouvez l'apprêter avec des ingrédients frais.

Toscane, Italie

 Cantinino, Vigneto di Fezzana, 1997.

Légumes : une richesse inépuisable

Corn chowder
Soupe de maïs

400 g de viande de porc salée
1 oignon
2 pommes de terre
300 g de grains de maïs frais
5 dl de lait entier
50 g de beurre
sel, poivre noir

→ Coupez la viande de porc en dés. Faites-la rissoler dans une poêle jusqu'à ce que la graisse fonde et que la viande ait pris une jolie couleur brune. Enlevez une grande partie de la graisse, en ne laissant dans la poêle que l'équivalent de 2 cuillerées à soupe.
→ Ajoutez l'oignon haché finement et laissez rissoler 5 minutes à feu doux.
→ Ajoutez les pommes de terre, épluchées et coupées en petits morceaux. Versez 2,5 dl d'eau, couvrez et laissez cuire jusqu'à ce que les pommes de terre soient devenues tendres.
→ Ajoutez le maïs et le lait. Laissez cuire encore 5 à 10 minutes. Incorporez le beurre et mélangez intimement. Salez, poivrez à votre goût et servez.

Cette soupe, un grand classique des agriculteurs américains, est née dans le Middle West, centre de production céréalière américaine.

États-Unis

Ernest & Julio Gallo, Chardonnay, 1998.

Ritschert
Minestrone à l'orge et au maïs

250 g d'orge perlé
100 g de grains de maïs frais
100 g de lard
1 bouquet de persil
1 branche de céleri
2 gousses d'ail
500 g de pommes de terre
2 saucisses d'un poids total de 150 g
sel, poivre noir

→ Hachez le lard, le persil, le céleri et l'ail. Mélangez-les et mettez-les dans un faitout avec l'orge et les grains de maïs, que vous aurez fait tremper 24 heures. Versez 3 l d'eau et portez à ébullition. Baissez le feu, salez et laissez cuire doucement pendant 1 heure.
→ Ajoutez ensuite les pommes de terre, épluchées et coupées en dés, et les saucisses coupées en rondelles assez fines. Mélangez intimement et laissez cuire encore 30 minutes, jusqu'à ce que l'orge et le maïs soient parfaitement cuits, en remuant de temps en temps.
→ Laissez reposer 15 minutes et servez avec du poivre noir fraîchement moulu à part.

Ce potage pourrait être l'ancêtre européen du corn chowder américain. Je vous propose ici la version « estivale », celle où les pommes de terre remplacent les haricots.

 Autriche

Martin Artner, Blaufränkisch Kogl, 1998.

Sopa de milho
Soupe de maïs

200 g de grains de maïs frais
300 g de pain rassis
1 oignon
1/4 de piment rouge piquant
7,5 dl de lait entier
sel

→ Coupez le pain en petits morceaux et imbibez-le d'eau. Essuyez-le soigneusement puis passez-le au mixeur avec le maïs (éventuellement trempé pendant 24 heures), l'oignon et le piment rouge. Vous devez obtenir une crème homogène.
→ Versez cette crème dans une casserole avec le lait. Faites bouillir doucement une dizaine de minutes. Salez et servez.

 Brésil

 Amadeu, Chardonnay, 2000.

Soupe paysanne

150 g de fontina (fromage doux de vache typique du Val d'Aoste)
150 g de tomme
300 g de pain de campagne rassis
1 l de bouillon de viandes variées (p. 40)
parmesan râpé

→ Coupez en tranches le pain et les fromages. Mettez une première couche de tranches de pain dans le fond d'un plat à gratin.
→ Disposez au-dessus une couche des deux fromages coupés en morceaux. Saupoudrez abondamment de parmesan râpé.
→ Répétez ces opérations jusqu'à épuisement des ingrédients. Versez par-dessus le bouillon de viandes très chaud. Passez le plat une vingtaine de minutes dans le four préchauffé à 140° C puis servez.

Cette soupe, très savoureuse, n'est pas sans évoquer un autre plat typique du Val d'Aoste, la fondue.

 Val d'Aoste, Italie

 Les Follaterres, Humagne, 1999. (Suisse).

Légumes : une richesse inépuisable

Suppa gadduresa
Soupe au pain et au fromage

4 feuilles entières de pain carasau (pain typique de la Sardaigne, très fin et très croquant)
300 g de ricotta de vache ou de pecorino peu affiné
1 gros bouquet de persil
poivre noir

→ Coupez les feuilles de pain carasau en deux. Mettez-en une partie au fond d'un plat à gratin.
→ Recouvrez de ricotta écrasée ou de pecorino râpé. Saupoudrez de persil haché finement et de poivre noir fraîchement moulu.
→ Alternez les couches jusqu'à épuisement des ingrédients en ayant soin de ménager au centre un vide de 3 à 4 cm de diamètre. Versez de l'eau dans le cratère ainsi constitué. Mettez le plat au four préchauffé à 120° C pendant environ 20 minutes et servez.

N.B. : Il existe une version plus riche de cette soupe dans laquelle l'eau est remplacée par du bouillon de viande de porc (voir page 38 et suivantes).

 Sardaigne, Italie

Minestra di cavolfiore e pasta
Potage au chou-fleur et aux pâtes

1 chou-fleur (d'environ 1,5 kg)
200 g de pâtes courtes (genre coquillettes ou macaronis)
2 gousses d'ail
1/2 cuillerée à soupe de concentré de tomate
6 cuillerées à soupe d'huile d'olive
sel

→ Versez l'huile dans un faitout avec un couvercle. Chauffez à feu moyen. Ajoutez les gousses d'ail entières. Faites-les dorer, puis retirez-les.
→ Mettez dans la casserole le chou-fleur, préalablement coupé en cimes et nettoyé de ses parties dures ou ligneuses. Faites-le rissoler en mélangeant souvent pendant 7 à 8 minutes. Ajoutez le concentré de tomate et faites rissoler encore 5 minutes tout en remuant. Versez de l'eau dans la casserole et portez à ébullition. Salez, baissez le feu, couvrez et laissez cuire à petits bouillons environ 20 minutes, jusqu'à ce que le chou-fleur soit cuit.
→ Ajoutez ensuite de l'eau bouillante si nécessaire. Jetez les pâtes dans la casserole et faites cuire en rectifiant l'assaisonnement.
→ Quand les pâtes sont cuites, retirez la casserole du feu. Laissez cuire à l'étouffée 5 minutes et servez.

 Italie

 Antoine de Pietri, Corse Rosé, 2000. (France).

 Caulio, Chianti, 1997.

Soupe au pistou

100 g de haricots blancs frais
2 pommes de terre moyennes
300 g de haricots verts
2 tomates bien mûres
3 courgettes
100 g de pâtes courtes (coquillettes ou macaronis)
pistou (p. 56)
sel

→ Versez 1,5 l d'eau dans un faitout. Ajoutez les haricots. Portez à ébullition puis ajoutez les pommes de terre, épluchées et coupées en petits dés, et les haricots verts, effilés et coupés en petits morceaux d'environ 2 cm de long. Couvrez et laissez cuire à petits bouillons 30 minutes.
→ Salez. Ajoutez les tomates, préalablement blanchies, pelées et épépinées, les courgettes nettoyées et coupées en dés. Faites cuire encore 30 minutes toujours à feu moyen mais sans couvercle, jusqu'à ce que les haricots soient cuits.
→ Faites cuire à gros bouillons et ajoutez les pâtes en remuant. Rectifiez l'assaisonnement. Quand les pâtes sont cuites, versez la soupe dans la soupière de service. Assaisonnez avec le pistou, mélangez soigneusement et servez.

La recette de la soupe au pistou est attestée en Ligurie et en Provence. La version que je vous propose est celle de Marseille, plus pauvre en légumes que celle de Gênes.

 Provence, France

Château Récquier, Côtes-de-Provence, 2000.

Minestra di scarola e patate

Potage à la scarole et aux pommes de terre

400 g de pommes de terre
1,5 kg de scarole
2 gousses d'ail
1/2 cuillerée à soupe de concentré de tomate
2 tomates bien mûres
4 cuillerées à soupe d'huile d'olive
2 filets d'anchois (facultatif)
sel

→ Versez l'huile dans un faitout. Faites rissoler vivement l'ail grossièrement haché en évitant qu'il ne noircisse.
→ Ajoutez les pommes de terre épluchées et coupées en petits morceaux. Faites-les rissoler en remuant sans arrêt pour éviter que l'ail ne brûle. Ajoutez ensuite le concentré de tomate et les tomates préalablement blanchies, épluchées et émincées.
→ Faites cuire vivement. Ajoutez les feuilles de scarole lavées mais non essorées et coupées en morceaux. Laissez-les fondre quelques minutes puis salez. Ajoutez de l'eau chaude si nécessaire.
→ Quand les pommes de terre et la scarole sont cuites, laissez reposer une dizaine de minutes, puis servez.

N.B. : vous pouvez également faire rissoler avec l'ail, 2 filets d'anchois sans les arêtes.

 Italie

Loredan Gasparini, Falconera, 1999.

Légumes : une richesse inépuisable

Le virtù
Minestrone de légumes variés

1 pied de porc
1 oreille de porc
200 g de couennes de porc
100 g de jambon cru
1 bouquet de feuilles d'endive
1 bouquet de feuilles de côtes de bettes
1 fenouil
1 navet
1 branche de céleri
1 carotte
200 g de petits pois frais écossés
200 g de fèves fraîches écossées
100 g de pois chiches
100 g de lentilles
1 cuillerée à soupe de mélange d'aromates (feuilles de marjolaine et de menthe)
20 g de lard
1 bouquet de persil
1 oignon
1 gousse d'ail
200 g de pâtes aux œufs
pecorino râpé (fromage de brebis voisin du parmesan)
sel, poivre noir

➜ Mettez les viandes de porc et le jambon coupé en morceaux de la taille d'une petite bouchée dans un grand faitout. Couvrez d'eau. Portez à ébullition, écumez, salez avec modération et saupoudrez abondamment de poivre noir fraîchement moulu. Laissez cuire à feu moyen le temps nécessaire. Retirez le pied et l'oreille. Désossez-les et remettez les viandes ainsi obtenues dans le bouillon.
➜ Nettoyez tous les légumes frais, à l'exception de l'oignon, du persil et de l'ail. Mettez-les dans un grand faitout. Couvrez d'eau salée. Portez à ébullition puis réduisez le feu et terminez la cuisson.
➜ Faites cuire à part, jusqu'à mi-cuisson, les pois chiches (trempés le temps nécessaire) et les lentilles. Mettez les légumes dans le faitout avec les viandes et leur bouillon. Ajoutez la marjolaine et la menthe. Portez de nouveau à ébullition et continuez la cuisson.
➜ Préparez un mélange de lard et de persil hachés. Faites-le rissoler avec l'oignon et l'ail hachés grossièrement. Versez le tout dans le faitout avec les viandes et les légumes. Ajoutez aussi les légumes verts cuits et soigneusement égouttés.
➜ Laissez cuire en remuant de temps en temps, toujours à feu moyen, jusqu'à ce que les pois chiches et les lentilles soient complètement cuits. Allongez avec de l'eau bouillante si nécessaire.
➜ Ajoutez les pâtes aux œufs. Rectifiez l'assaisonnement. Quand les pâtes sont cuites, servez avec le pecorino râpé et du poivre noir fraîchement moulu à part.

N.B. : les versions les plus modernes de cette recette prévoient l'ajout de haricots secs dans le mélange de légumes et de tomates hachées que l'on fait rissoler avec l'ail et l'oignon.

Ce plat est issu des anciens rites pré-chrétiens du printemps. La tradition explique qu'il était préparé par sept vierges. Chacune d'entre elles ajoutait un ingrédient au potage, merveilleuse offrande aux dieux.

Abruzzes, Italie

Badia dei Miracoli, Vigna del Priore, 1997.

Légumes : une richesse inépuisable

Crème d'artichauts et de champignons

6 petits artichauts violets
200 g de champignons frais
1 échalote
1 gousse d'ail
1 poireau
1 bouquet de persil haché
50 g de beurre
1 dl de crème fraîche
quelques cuillerées à soupe de farine
sel, poivre blanc fraîchement moulu

→ Nettoyez les artichauts, coupez-les en quartiers, en éliminant le foin. Mettez-les dans une terrine pleine d'eau additionnée de quelques cuillerées à soupe de farine pour éviter qu'ils ne noircissent.
→ Faites fondre le beurre dans une casserole à feu moyen. Mettez-y l'échalote et l'ail hachés avec le poireau nettoyé et coupé en fines rondelles.
→ Quand ces ingrédients ont pris une jolie couleur, ajoutez les artichauts, égouttés et essuyés. Faites-les cuire 10 minutes en remuant souvent à l'aide d'une spatule en bois.
→ Ajoutez les champignons (préalablement nettoyés et coupés en lamelles). Faites rissoler le tout encore 2 minutes. Réservez 2 cuillerées à soupe de cette préparation. Versez dans la casserole 7,5 dl d'eau bouillante. Salez et laissez cuire pendant 20 minutes en remuant de temps en temps. Saupoudrez de persil et poivrez. Retirez la casserole du feu, laissez refroidir puis passez le tout au mixeur.
→ Remettez ce mélange dans la casserole. Versez la crème fraîche et mélangez intimement. Laissez cuire à l'étouffée à feu moyen pendant 5 minutes. Versez la crème obtenue dans une soupière. Ajoutez les deux cuillerées de la préparation que vous avez réservée. Mélangez encore puis servez avec du poivre blanc à part.

 France

 Villeroy Castellas, Golfe du Lion, Chardonnay, 2000.

Potage parmentier

500 g de pommes de terre
1 carotte
1 branche de céleri
1 petit oignon
1 dl de lait
1 bouquet de persil
250 g de pain blanc
50 g de beurre
beurre pour frire
sel, poivre blanc

→ Hachez la carotte, le céleri et l'oignon. Faites-les rissoler dans une casserole avec la moitié du beurre. Quand l'oignon a pris de la couleur, ajoutez les pommes de terre épluchées et coupées en dés.
→ Faites rissoler encore vivement en mélangeant avec une spatule en bois. Couvrez d'eau, salez, poivrez et laissez cuire.
→ Égouttez les pommes de terre en réservant le liquide de cuisson resté dans la casserole. Passez-les au moulin à légumes. Remettez la purée ainsi obtenue dans la casserole. Ajoutez le lait et mélangez. Diluez avec de l'eau si nécessaire jusqu'à obtenir une crème liquide. Laissez cuire à l'étouffée à feu moyen une dizaine de minutes.
→ Ajoutez le persil finement haché. Retirez du feu. Incorporez le beurre restant et mélangez encore pour obtenir un potage assez homogène. Servez avec le pain coupé en dés et frit dans du beurre et du poivre blanc fraîchement moulu à part.

 France

 Baron d'Ardeuil, Buzet, 1996.

Zuppa ai nasturzi
Soupe aux capucines

20 tiges de capucine
200 g de tomates mûres mais bien fermes
2 pommes de terre moyennes
1 navet
1 oignon
3 carottes
250 g de chou frisé
3 branches de céleri
100 g de petits pois frais
4 cuillerées à soupe de fécule de pommes de terre
huile d'olive
pain en tranches
sel

→ Blanchissez les tomates et épluchez-les, pelez les pommes de terre et coupez le tout en dés. Émincez l'oignon et le chou frisé, coupez en julienne le navet et les carottes, et les branches de céleri en petits morceaux.
→ Mettez-les, avec les petits pois, dans un faitout. Versez 1,25 l d'eau. Portez à ébullition, salez et laissez cuire à petits bouillons jusqu'à ce que les légumes soient cuits.
→ Faites cuire à part, dans un peu d'eau et pendant 15 minutes, les tiges de capucine. Filtrez l'eau de cuisson, prélevez-en 4 cuillerées à soupe pour délayer la fécule de pommes de terre. Ajoutez-la ensuite dans le faitout avec les légumes.
→ Mélangez intimement. Faites cuire à faible ébullition encore 10 minutes puis servez avec, à part, l'huile d'olive et le pain coupé en tranches très fines légèrement grillées.

 Italie

 Villa Terlina, Monsicuro, 1998.

Zuppa di porri
Soupe aux poireaux

6 poireaux
6 pommes de terre moyennes
70 g de beurre
4 tranches de pain de campagne
sel

→ Nettoyez et lavez les poireaux, épluchez les pommes de terre. Coupez les poireaux en rondelles et les pommes de terre en dés et mettez-les dans une grande casserole, où vous aurez fait fondre 50 g de beurre.
→ Faites rissoler les légumes pendant 8 à 10 minutes en mélangeant à l'aide d'une spatule en bois. Versez dans la casserole 1,25 l d'eau. Portez à ébullition, salez, baissez le feu et laissez cuire doucement environ 1 heure.
→ Quand la soupe est cuite, versez-la directement dans des assiettes creuses où vous aurez réparti le pain coupé en dés, rissolé dans le beurre.

 Italie

 Dezzani, Gli scaglioni, 1997.

Légumes : une richesse inépuisable

Zuppa di rape
Soupe aux navets

500 g de navets nouveaux
1,25 l de bouillon de légumes (p. 47)
1 gros bouquet de persil
4 tranches de pain de campagne
parmesan râpé (facultatif)
sel

→ Versez le bouillon de légumes dans un faitout et portez-le à ébullition. Ajoutez les navets nettoyés, épluchés et coupés en dés.
→ Faites cuire doucement 30 minutes. Rectifiez l'assaisonnement si nécessaire et ajoutez le persil finement haché.
→ Versez le potage dans la soupière de service. Servez avec les tranches de pain légèrement grillées et le parmesan pour ceux qui souhaitent en ajouter.

Italie

Sergio Zenato, Ripassa Valpolicella, 1997.

Sopa de ajo
Soupe à l'ail

6 gousses d'ail
250 g de pain de campagne
1 cuillerée à soupe de paprika doux
2 œufs
6 cuillerées à soupe d'huile d'olive
sel

→ Versez l'huile dans une poêle. Faites-y frire le pain coupé en petits carrés. Cette opération terminée, mettez le pain dans un faitout.
→ Épluchez l'ail. Coupez chaque gousse en deux et faites-les frire dans l'huile où le pain a été frit. Quand elles ont pris de la couleur, ajoutez le paprika. Mélangez pendant quelques secondes puis versez le tout sur le pain.
→ Versez dans la marmite 1,25 l d'eau. Portez à ébullition, salez et laissez cuire doucement 15 minutes.
→ Battez les œufs et ajoutez-les à la soupe. Faites bouillir encore 1 minute puis servez.

N.B. : si vous le souhaitez, vous pouvez remplacer l'eau de cuisson par un bouillon de légumes (p. 47) ou de viandes variées (p. 40).

 Galicie, Espagne

Corona de Aragón, Do Cariñena, 1994.

Zuppa di lenticchie e castagne
Soupe aux lentilles et aux châtaignes

200 g de lentilles
16 châtaignes
1 feuille de laurier
50 g de lard
quelques feuilles de thym
quelques feuilles de marjolaine
huile d'olive, dont 2 cuillerées à soupe pour la préparation
8 tranches de pain de campagne
sel, poivre

→ Versez 1,5 l d'eau dans un faitout. Ajoutez les lentilles et le laurier. Faites cuire à feu moyen : l'eau doit bouillir faiblement.
→ Hachez ensemble, grossièrement, les châtaignes rôties, épluchées et pelées, et le lard. Mettez-les dans une casserole. Ajoutez l'huile d'olive et les herbes aromatiques. Faites revenir jusqu'à ce que le lard ait pris une jolie couleur dorée. Rectifiez l'assaisonnement. Quand les lentilles sont cuites, versez-les avec leur liquide de cuisson (qui doit être réduit à 1 l environ) dans la casserole.
→ Laissez cuire à l'étouffée une dizaine de minutes. Faites frire les tranches de pain dans de l'huile très chaude. Disposez-les par deux dans chaque assiette creuse et versez dessus la soupe aux lentilles et aux châtaignes.

Des soupes similaires faisaient déjà partie de la haute gastronomie des Romains, comme le montre une recette référencée dans le *De Re Coquinaria* d'Apicius.

 Abruzzes, Italie

 Badia dei Miracoli, Montepulciano, 1998.

Tagliatelle di castagne e latte
Soupe au lait, aux tagliatelles et aux châtaignes

200 g de farine de châtaigne (à défaut : 200 g de châtaignes sèches, épluchées et pelées, trempées pendant 24 heures)
150 g de ricotta
1 l de lait entier
beurre
sel

→ Faites une pâte de farine de châtaignes avec une pincée de sel en utilisant le moins d'eau possible. Abaissez-la de façon uniforme et coupez-la en petites bandes de 0,5 cm de large sur 5 cm de long.
→ Faites sécher ces tagliatelle et étendez-les sur une plaque du four légèrement beurrée. Mettez-les au four préchauffé à 120° C pendant environ 10 minutes. Retirez ensuite la plaque et laissez refroidir.
→ Formez un grand nombre de petites boules de ricotta.
→ Faites chauffer le lait et lorsqu'il est sur le point de bouillir, retirez-le du feu. Jetez-y sans tarder les tagliatelle aux châtaignes et les boulettes de ricotta. Servez immédiatement.

Variante : au lieu des tagliatelle, vous pouvez utiliser la pâte à base de farine de châtaignes pour faire des boulettes d'environ 1 cm de diamètre.

Les châtaignes font partie des traditions alimentaires des régions montagnardes les plus pauvres. La recette que je vous propose ici provient, justement, du nord de la Toscane, de la région qu'on appelle Lunigiana. On trouve des plats similaires également dans la région de Cuneo, au Piémont, ou dans les Abruzzes.

 Toscane, Italie

 Vigna Solaria, Falerio, 1999.

SAVEURS DE LA MER,

« Une telline pour le souper ? Une telline froide. Est-ce bien cela que vous voulez dire, madame Hussey ? C'est une coquille plutôt humide et glaciale où se retirer en hiver… »
Moby Dick, *Herman Melville*.

DES LACS ET DES FLEUVES

Saveurs de la mer, des lacs et des fleuves

Dom Robert : Les Enfants de la lumière *(détail), tapisserie en laine de la manufacture de Saint-Goubely, 1968.*

Page ci-contre : *symbole de la cuisine provençale et méditerranéenne, la bouillabaisse (p. 204) figure parmi les soupes de poisson les plus célèbres au monde.*

Pour les habitants des côtes, les poissons, les coquillages et les crustacés ont toujours représenté une source de produits alimentaires alternatifs à ceux que fournit la terre. Pour exploiter au mieux ces produits, pêchés parfois dans des mers hostiles, les hommes ont donc élaboré des recettes permettant d'utiliser des poissons mais aussi des parties du poisson normalement considérées comme peu appétissantes ou difficiles à assimiler par l'organisme. C'est ainsi que naquirent les premières soupes à base de produits de la mer. Ces plats s'affinèrent ensuite jusqu'à acquérir des qualités gastronomiques tout à fait remarquables et à devenir, dans certains cas, de véritables symboles de richesse et de réussite sociale. Il est plaisant de noter que certains coquillages, crustacés ou poissons, considérés comme peu nobles, se transformèrent ainsi en ingrédients très prisés.

Sur l'un des murs du portique d'Octavie encore intact, à l'endroit où se trouvait le marché aux poissons de la Rome antique, on peut voir une plaque en marbre assez singulière parfaitement conservée. On y grava une ligne d'environ un mètre de long, avec deux entailles à la fin et une courte inscription : « Les têtes des poissons dépassant la longueur de cette pierre, jusqu'aux premières nageoires comprises, doivent être remises aux Conservateurs (les fonctionnaires chargés de percevoir les impôts en nature). » Cet étrange tribut montre bien que les têtes des gros poissons étaient une marchandise convoitée déjà chez les Romains qui les utilisaient pour la préparation de soupes somptueuses.

On pourrait séparer les recettes contenues dans ce chapitre en deux catégories : « mer-mer » et « terre-mer ». À la première appartiennent les soupes dont les ingrédients principaux sont les poissons, les coquillages ou les crustacés bien que, pour obtenir certains effets gastronomiques particuliers, ces plats soient parfois enrichis de pain, de pâtes, de riz ou de céréales. Même dans les versions les plus simples, ils offrent au palais des combinaisons irrésistibles de saveurs, d'arômes et de consistances, fruits de traditions très anciennes. Les peuples de la mer ont su habilement tirer profit des saveurs suaves et rondes de ces produits pour créer des plats délicieux et toujours simples. Ces soupes conservent comme par enchantement les goûts et les arômes qui se cachent entre les valves des coquillages, à l'intérieur des carapaces des crustacés ou derrière les écailles des poissons : voilà le motif subtil et tenace qui, malgré des origines différentes, relie les recettes que je vous proposerai.

L'expression « mer-mer », que j'utilise ici surtout pour sa sonorité agréable et pour sa concision, ne doit pas cependant induire en erreur : dans ce chapitre, vous trouverez également des recettes remarquables à base de poissons ou de crustacés d'eau douce.

Dans les soupes « terre-mer », en revanche, les produits de la mer – les poissons, les crustacés ou les coquillages – et ceux de la terre – les légumes – se mélangent toujours équitablement. Ces soupes sont nées pour satisfaire les besoins nutritifs de communautés qui ont essayé d'enrichir les ressources d'une agriculture parfois pauvre avec des produits fortement protéiques, ceux que les hommes pêchaient, quelquefois au prix de grandes difficultés, en mer, dans les lacs ou dans les rivières. Recettes nées de la pauvreté, que le savoir-faire populaire a dégrossies au fil des siècles, jusqu'à donner des mets d'une grande qualité gastronomique. Quant à la valeur nutritive de ces préparations, il suffira de rappeler ici qu'il s'agit de plats faciles à digérer, surtout si elles sont cuisinées sans excès de matière grasse et sans trop d'épices.

Vous pouvez demander à votre poissonnier de tuer et d'ouvrir les crustacés à votre place. Vous pouvez aussi recourir aux produits surgelés et c'est, bien entendu, la solution la plus simple. Grâce aux progrès techniques enregistrés ces dernières années, les crustacés et les coquillages surgelés permettent de préparer des soupes et des potages qui n'ont rien à envier ou presque à ceux qui sont à base de produits frais. Pour éviter de les faire cuire trop longtemps, lisez attentivement les indications sur les paquets : elles vous diront s'il s'agit de produits congelés crus ou précuits.

Saveurs de la mer, des lacs et des fleuves

Moules marinières

1,5 kg de moules
2 dl de vin blanc sec
2 gousses d'ail
1 branche de céleri
1 gros bouquet de persil
4 cuillerées à soupe d'huile d'olive
10 grains de poivre noir

→ Nettoyez soigneusement les moules et faites-les ouvrir comme indiqué page 45, avec l'huile d'olive, le vin, l'ail épluché et écrasé, le céleri coupé en morceaux, le poivre et le persil haché grossièrement.
→ Jetez les moules qui ne se sont pas ouvertes et mettez les autres dans une soupière. Filtrez le liquide de cuisson. Versez-le dans des assiettes creuses et servez les moules.

 Sur la côte méditerranéenne de l'Espagne, on propose une variante d'une grande qualité gastronomique, los mejillones al apio. Elle prévoit une quantité beaucoup plus importante de céleri, 3 à 4 branches par personne coupées en morceaux plutôt longs, et pas de jus de citron.

France

Cloïsses amb vi blanc
Soupe de palourdes au vin blanc

1,2 k de palourdes très fraîches
3 gousses d'ail
1 bouquet de persil
4 dl de vin blanc sec
5 dl de fumet de poisson (p. 43)
pain en tranches
1 dl d'huile d'olive
sel, poivre blanc

→ Versez l'huile dans une sauteuse. Ajoutez l'ail pressé et faites-le revenir. Dès qu'il a pris couleur, ajoutez le persil haché grossièrement. Mélangez avec une spatule en bois puis versez dans la sauteuse le vin et les palourdes soigneusement nettoyées (p. 45) et égouttées.
→ Faites cuire à feu moyen jusqu'à ce que le vin soit réduit de moitié puis ajoutez le fumet. Rectifiez l'assaisonnement et poivrez selon votre goût. Laissez cuire à l'étouffée une dizaine de minutes à feu moyen. Servez avec des tranches de pain légèrement grillées.

Catalogne, Espagne

 Château de Crain, Entre-deux-Mers, 2000.

 Morlanda, Priorat, 1999.

Midya shorbat
Soupe aux moules

2 kg de moules
1 l de fumet de poisson (p. 43)
1 cuillerée à café de poivre rouge de Cayenne
1/2 cuillerée à café de piment rouge piquant haché
2 cuillerées à soupe de farine
1 dl de crème fraîche
2 jaunes d'œufs
1 gros bouquet de persil
sel

➜ Nettoyez les moules et faites-les ouvrir (page 45). Filtrez le liquide qui s'est formé pendant la pré-cuisson et ajoutez-le au fumet de poisson. Versez le tout dans un faitout et portez à ébullition.
➜ Quand le bouillon commence à bouillir, ajoutez les moules. Parfumez de poivre de Cayenne et de piment rouge. Laissez cuire à l'étouffée, à feu moyen, pendant 5 minutes.
➜ Entre-temps, délayez peu à peu la farine dans la crème fraîche. Incorporez les 2 jaunes d'œufs et mélangez. Allongez cette crème avec environ 2 cuillerées à soupe de bouillon. Ajoutez le tout au potage, que vous aurez retiré du feu, en remuant avec précaution.
➜ Remettez le faitout sur le feu. Rectifiez l'assaisonnement si nécessaire. Portez encore une fois à ébullition et réduisez la température. Laissez cuire à petits bouillons 5 minutes.
➜ Versez le potage dans une soupière. Saupoudrez de persil haché très finement et servez.

 Israël

Sopa de musclos
Soupe aux moules

40 moules d'Espagne
1 oignon
3 tomates mûres
5 cuillerées à soupe d'eau-de-vie
200 g de pain
2 gousses d'ail
1 bouquet de persil
1/4 de bâtonnet de cannelle
4 cuillerées à soupe d'huile d'olive
sel, poivre noir

➜ Nettoyez les moules et faites-les ouvrir dans 2,5 dl d'eau (page 45). Filtrez le liquide de cuisson et retirez de leurs coquilles les moules qui se sont ouvertes.
➜ Versez l'huile dans une casserole et chauffez-la. Faites revenir l'oignon émincé. Quand il a pris une jolie couleur dorée, ajoutez les tomates préalablement passées au moulin à légumes.
➜ Faites revenir le tout 5 ou 6 minutes. Mouillez d'eau-de-vie et allongez avec le liquide de cuisson des moules.
➜ Portez de nouveau à ébullition. Ajoutez le pain coupé en tranches et toasté. Laissez cuire pendant 10 minutes.
➜ Passez le tout au mixeur (la soupe ne doit pas être trop épaisse, il vaut donc mieux la diluer avec de l'eau si nécessaire) et mettez-le dans la casserole. Ajoutez les moules avec l'ail, le persil et la cannelle hachés.
➜ Mélangez intimement. Rectifiez l'assaisonnement si nécessaire. Poivrez à votre goût. Laissez cuire à l'étouffée 10 minutes à feu moyen puis servez.

 Catalogne, Espagne

Torreón de Paredes, Chardonnay, 1999. (Chili).

René Barbier, Penedès, 1999.

Saveurs de la mer, des lacs et des fleuves

Clam chowder
Soupe de clams

1 kg de clams
100 g de lard salé en un seul morceau
1 oignon
farine
2 pommes de terre
2,5 dl de lait
50 g de beurre
sel, poivre noir

→ Lavez les clams et faites-les ouvrir (page 45). Retirez-les de leurs coquilles. Filtrez le liquide de cuisson et ajoutez, si nécessaire, de l'eau pour obtenir 3 dl de liquide.
→ Coupez en dés la viande de porc. Mettez-la dans une poêle et faites-la rissoler à feu moyen jusqu'à ce que toute la graisse ait fondu et que la viande ait pris une jolie couleur brune.
→ Retirez la viande de la poêle. Mettez la graisse dans un faitout, faites-la chauffer et faites-y revenir l'oignon haché finement. Quand il est doré, saupoudrez de 1 ou 2 cuillerées à soupe de farine.
→ Faites cuire le tout en mélangeant intimement avec une spatule en bois pendant 3 minutes.
→ Ajoutez les pommes de terre épluchées et coupées en dés. Versez le liquide de cuisson des clams. Couvrez et laissez cuire à petits bouillons 10 minutes. Ajoutez les clams et laissez cuire avec le couvercle encore 10 minutes, c'est-à-dire jusqu'à ce que les pommes de terre soient devenues tendres.
→ Ajoutez le lait et le beurre. Rectifiez l'assaisonnement et poivrez selon votre goût. Servez.

Nouvelle-Angleterre, États-Unis

Dry Creek, Fumé blanc, 1998.

Sopa de chirlas
Soupe de palourdes

1 kg de palourdes
1 dl de vin blanc sec
2 gousses d'ail
100 g de jambon serrano
50 g de pain
1 bouquet de persil
4 cuillerées à soupe d'huile d'olive
sel

→ Nettoyez les palourdes et faites-les ouvrir (page 45), avec le vin et 1 dl d'eau.
→ Réservez les palourdes et filtrez le liquide de cuisson.
→ Versez l'huile dans une grande sauteuse en terre cuite. Ajoutez l'ail et l'oignon hachés et faites les rissoler. Quand ils ont pris une jolie couleur dorée, ajoutez le jambon coupé en dés.
→ Faites rissoler encore 5 minutes puis mettez dans la sauteuse les palourdes, leur liquide de cuisson et l'eau nécessaire pour avoir un volume d'environ 1,25 l.
→ Faites cuire encore 10 minutes à feu assez vif. Rectifiez l'assaisonnement si nécessaire. Ajoutez le pain coupé en tranches très fines et grillé. Faites cuire à l'étouffée à feu doux pendant 5 minutes. Garnissez avec le persil haché et servez dans la sauteuse.

Pays Basque, Espagne

René Barbier, Penedès, 1999.

Saveurs de la mer, des lacs et des fleuves

Oyster soup
Soupe d'huîtres à l'européenne

24 huîtres très fraîches
1/2 cuillerée à soupe de sauce Worcestershire
1 feuille de laurier
1 cuillerée à café de paprika doux
2,5 dl de lait
2,5 dl de crème fraîche
1 dl de Sherry sec
noix de muscade
50 g de beurre
sel, piment rouge de Cayenne

→ Ouvrez les huîtres, ôtez-les de leurs coquilles et mettez-les avec leur eau dans une casserole. Ajoutez le beurre, la sauce Worcestershire, le laurier et le paprika. Faites cuire à petits bouillons 10 à 12 minutes.

→ Retirez le laurier. Versez dans la casserole le lait et la crème fraîche, que vous aurez fait chauffer auparavant, jusqu'à ce qu'ils soient très chauds. Mélangez intimement et portez à ébullition.

→ Rectifiez l'assaisonnement et saupoudrez selon votre goût de piment rouge de Cayenne. Ajoutez le Sherry et laissez cuire à l'étouffée à feu vif pendant 5 minutes. Saupoudrez abondamment de noix de muscade. Répartissez la soupe dans des assiettes creuses et servez.

 Royaume-Uni

 Barbadillo, Manzanilla de Sanlúcar, (Espagne).

Oyster soup
Soupe d'huîtres à l'américaine

24 huîtres très fraîches
1 l de lait
1/2 oignon
2 branches de céleri avec les feuilles
1/2 feuille de laurier
noix de muscade
2 cuillerées à soupe de farine
1 bouquet de persil
50 g de beurre
sel, piment rouge de Cayenne

→ Ouvrez les huîtres. Faites couler leur liquide dans un faitout et ajoutez le lait, le demi-oignon coupé en tranches assez épaisses, le céleri et le laurier.

→ Portez à ébullition. Parfumez avec la noix de muscade. Laissez cuire à petits bouillons 15 minutes puis filtrez ce bouillon.

→ Remettez-le dans le faitout. Ajoutez les huîtres que vous aurez retirées de leurs coquilles et laissez cuire doucement encore 10 minutes.

→ Entre-temps, faites fondre le beurre dans une petite poêle. Sans arrêter de remuer, ajoutez peu à peu 2 cuillerées à soupe de farine. Laissez cuire, toujours en remuant, 3 ou 4 minutes. Diluez avec environ 2 cuillerées à soupe de bouillon d'huître et laissez cuire jusqu'à obtenir une crème onctueuse.

→ Incorporez la crème dans la soupe et mélangez soigneusement. Rectifiez l'assaisonnement, saupoudrez de piment de Cayenne et de persil haché. Laissez cuire à l'étouffée, en remuant de temps en temps, pendant 10 minutes puis servez.

C'était le breakfast habituel des noctambules de New York. L'endroit le meilleur pour goûter cette soupe ? L'Oyster Bar de la Grand Central Station.

 États-Unis

 Ernest & Julio Gallo, Chardonnay Stefani, 1997.

Soupe de crabe

250 g de chair de crabe
1 petit poireau
2 branches de céleri
1 gousse d'ail
5 dl de fumet de poisson (p. 43)
200 g de grains de maïs frais
1 dl de bière blonde
1 dl de bière brune
2 oignons
1 bouquet de persil
1 dl de crème fraîche
30 g de beurre
sel, poivre blanc

➜ Mettez le beurre dans une casserole et faites-le fondre. Hachez le blanc du poireau, le céleri et l'ail et mettez-les dans la casserole. Quand ils commencent à prendre de la couleur, versez le fumet de poisson. Portez à ébullition. Ajoutez le maïs puis réduisez la température et laissez cuire à petits bouillons 20 minutes.
➜ Versez la bière dans la casserole et laissez cuire doucement encore 10 minutes. Ajoutez les oignons et le persil hachés finement et la chair de crabe émiettée.
➜ Incorporez la crème fraîche, salez et poivrez à votre goût. Laissez cuire à l'étouffée à feu doux (le liquide ne doit surtout pas bouillir) encore 10 minutes en remuant de temps en temps. Servez.

N.B. : le crabe peut être remplacé par de l'araignée de mer, qui donne un goût encore plus délicat à cette superbe soupe.

 Cuisine cajun, Louisiane, États-Unis

 Cordelier, Valedos Vinhedos, 2000. (Brésil).

Shrimp bisque
Bisque de homards

600 g de homards déjà décortiqué
3 oignons
1 gousse d'ail
1 petit bouquet de persil
100 g de champignons frais
1 feuille de laurier
2 cuillerées à soupe de farine
7,5 dl de bouillon de homards (p. 44)
2,5 dl de crème fraîche
piment rouge de Cayenne
1 dl de Sherry sec
ciboulette
50 g de beurre
sel, poivre noir

➜ Faites fondre le beurre dans un faitout. Ajoutez les oignons, l'ail et le persil hachés, les champignons émincés et la feuille de laurier.
➜ Faites revenir doucement. Quand les ingrédients sont cuits, ajoutez la farine sans arrêter de mélanger.
➜ Laissez cuire encore 4 minutes puis versez lentement dans le faitout le bouillon de homards, tout en remuant. Portez à ébullition pour que la soupe devienne plus épaisse. Ajoutez ensuite le homard. Réduisez le feu et laissez cuire à petits bouillons 15 minutes.
➜ Retirez la feuille de laurier. Passez la soupe au mixeur et mettez la purée obtenue dans le faitout. Chauffez à nouveau à feu moyen. Ajoutez la crème fraîche sans cesser de remuer. Chauffez encore. Rectifiez l'assaisonnement et saupoudrez de poivre rouge et de poivre noir fraîchement moulus.
➜ Versez dans la soupe le Sherry et laissez cuire à l'étouffée à feu moyen pendant 5 minutes en évitant de porter à ébullition. Répartissez la soupe dans des assiettes creuses. Garnissez de ciboulette finement hachée et servez.

 Cuisine cajun, Louisiane, États-Unis

 Beringer, Chardonnay, 1999.

Saveurs de la mer, des lacs et des fleuves

Bisque de homard

1 homard d'1 kg
1 cuillerée à soupe de farine
7,5 dl de crème fraîche
2 dl de bouillon de volaille (p. 39)
1 feuille de laurier
paprika doux
1 dl de vin blanc sec
50 g de beurre
sel, poivre blanc

→ Faites cuire le homard dans l'eau. Retirez la chair et coupez-la en dés. Délayez la farine dans la crème fraîche puis versez-la dans une casserole avec le bouillon de volaille dégraissé, le beurre et le laurier.
→ Salez et chauffez à feu moyen. Ajoutez à ce liquide du paprika jusqu'à obtention d'une jolie couleur rose. Salez et poivrez à votre goût.
→ Quand tous les ingrédients se sont bien amalgamés, retirez la feuille de laurier, ajoutez le homard et le vin. Mélangez soigneusement et portez à ébullition. Retirez immédiatement du feu et servez.

Les nombreuses recettes de bisque de homard ne diffèrent entre elles que par de légères nuances. Vous pouvez aussi remplacer le homard par une quantité équivalente de langoustines ou d'araignée de mer.

 France

 Domaine du Chalet Pouilly, Pouilly-Fuissé, 1999.

Sopa de cangrejos de mar
Soupe de crabes

12 gros crabes
2 feuilles de laurier
1/2 dl de vinaigre blanc de vin
2 clous de girofle
1 cuillerée à café de cumin
3 gousses d'ail
1 petit bouquet de persil
6 cerneaux de noix
1 cuillerée à soupe de Brandy espagnol
100 g de mie de pain
4 cuillerées à soupe d'huile d'olive
sel

→ Versez 1,25 l d'eau dans un faitout. Ajoutez les crabes bien lavés, le laurier, le vinaigre, les clous de girofle et le cumin. Portez à ébullition. Salez, diminuez le feu, couvrez et faites cuire doucement 20 minutes. Filtrez ensuite le bouillon ainsi obtenu et versez-le dans un autre faitout.
→ Faites revenir dans l'huile l'ail et le persil hachés puis incorporez le tout dans le faitout avec le bouillon.
→ Ajoutez les cerneaux de noix hachés et le brandy. Chauffez à nouveau mais sans porter à ébullition. Rectifiez l'assaisonnement si nécessaire et ajoutez la mie de pain en petits morceaux. Laissez cuire à petits bouillons pendant 10 minutes en remuant vigoureusement. Servez.

 Galicie, Espagne

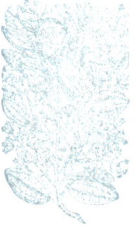

 Godeval, Valdeorras, 1999.

Dom yam gung
Potage aux langoustines

800 g de langoustines non décortiquées
1 l de fumet de poisson (p. 43)
1 bouquet de citronnelle
4 pousses de citronnier
2 piments piquants
1 cuillerée à café de zeste de citron râpé
1 cuillerée à café de nam pla (à défaut : pâte d'anchois, voir p. 115)
le jus d'1 citron
2 oignons
1 bouquet de coriandre
2 cuillerées à soupe d'huile d'arachide
sel

→ Lavez soigneusement les langoustines et décortiquez-les. Mettez les carapaces et les têtes dans une sauteuse. Ajoutez l'huile et faites rissoler les parures jusqu'à ce qu'elles prennent une couleur rose.
→ Ajoutez le fumet de poisson, la citronnelle, les pousses de citron, les piments et le zeste de citron. Portez à ébullition puis baissez le feu. Laissez cuire à petits bouillons 30 minutes.
→ Filtrez le bouillon. Versez-le dans un faitout et portez à nouveau à ébullition. Ajoutez les langoustines coupées en dés. Réduisez la chaleur et faites cuire avec le nam pla et le jus de citron. Rectifiez l'assaisonnement. Laissez cuire à feu très doux pendant 5 minutes.
→ Répartissez le potage dans les bols. Décorez avec les oignons coupés en lamelles. Saupoudrez de coriandre finement hachée et servez.

N.B. : les deux piments confèrent un caractère très piquant à ce potage. Il est donc recommandé d'adapter la quantité en fonction de vos goûts et de vos habitudes.

 Thaïlande

 Le Chevalier Georges, Pays d'Oc, 2000. (France).

Gaeng chud kaopot aun
Potage aux crevettes et au maïs

300 g de crevettes décortiquées
5 gousses d'ail hachées
2 poireaux
7,5 dl de fumet de poisson (p. 43)
2 cuillerées à café de nam pla (à défaut : pâte d'anchois, voir p. 115)
200 g de grains de maïs cuits à l'eau
1 œuf
2 piments rouges piquants
1 bouquet de persil
2 cuillerées à soupe d'huile d'arachide
sel

→ Chauffez l'huile dans une petite poêle et faites-y blondir l'ail et le blanc des poireaux finement hachés. Quand ces ingrédients deviennent transparents, versez dessus 2/3 de fumet de poisson et délayez-y le nam pla.
→ Portez à ébullition. Ajoutez les crevettes coupées en petits morceaux et les grains de maïs. Laissez cuire 10 minutes à faible ébullition.
→ Entre-temps, battez l'œuf. Incorporez les piments rouges épépinés et réduits en poudre. Allongez avec le fumet restant. Versez le tout, peu à peu et sans cesser de remuer, dans le potage.
→ Rectifiez l'assaisonnement si nécessaire. Laissez cuire à l'étouffée une dizaine de minutes hors du feu. Versez le potage dans les bols. Garnissez avec le persil haché très finement et servez.

 Dans la cuisine occidentale, pour des raisons à la fois nutritives et gastronomiques, on utilise du pain dans les soupes et potages à base de produits de la mer. Dans les différentes cuisines du Sud-Est asiatique, il est remplacé par le riz.

 Thaïlande

 Etchart, Chardonnay, Río de Plata, 2000. (Argentine).

Cappelonghe alla cappuccina
Couteaux à la capucine

1 kg de couteaux
1 gousse d'ail
1 bouquet de persil
4 cuillerées à soupe d'huile d'olive
7,5 dl de fumet de poisson (p. 43)
8 tranches fines de pain de campagne
sel

➜ Lavez et nettoyez les couteaux. Faites-les ouvrir sur le feu en ajoutant 1 ou 2 verres d'eau (page 45). Au fur et à mesure que les couteaux s'ouvrent, retirez-les de la sauteuse. Au bout de 10 minutes, jetez ceux qui ne se sont pas ouverts. Ouvrez complètement les autres. Jetez les valves vides et réservez celles qui contiennent les coquillages.
➜ Filtrez le liquide resté après la cuisson à l'aide d'une gaze à trame très serrée repliée plusieurs fois sur elle-même. Laissez reposer au moins 15 minutes pour faire déposer le sable qui pourrait s'y trouver encore en suspension.
➜ Rincez et essuyez la sauteuse. Versez l'huile d'olive. Faites revenir un mélange composé d'ail et de persil hachés. Quand l'ail a pris de la couleur, versez délicatement dessus le liquide de cuisson des couteaux.
➜ Portez à ébullition. Mettez les coquillages dans la sauteuse et laissez cuire ensemble 5 minutes.
➜ Versez le tout dans le fumet de poisson, que vous aurez porté à ébullition dans un faitout. Mélangez soigneusement et laissez cuire quelques minutes. Mettez les tranches de pain légèrement grillées au fond des assiettes creuses et répartissez la soupe.

 Venise, Italie

Scallop soup
Soupe de coquilles Saint-Jacques

24 coquilles Saint-Jacques
2,5 dl de lait
1 oignon petit
1 clou de girofle
1/2 feuille de laurier
2 cuillerées à soupe de farine
50 g de beurre
sel, poivre noir

➜ Ouvrez les coquilles Saint-Jacques. Retirez les coquillages et ne gardez que la partie blanche, la noix. Lavez-les soigneusement sous l'eau du robinet et réservez-les.
➜ Versez le lait dans une grande casserole. Ajoutez la moitié du beurre, l'oignon piqué du clou de girofle et le laurier. Couvrez et faites cuire à petits bouillons pendant 15 minutes.
➜ Retirez l'oignon et le laurier. Ajoutez les coquillages et faites cuire doucement encore 10 minutes.
➜ Entre-temps, préparez un roux en procédant de la manière suivante : faites fondre le beurre dans une petite poêle, incorporez la farine et faites rissoler 5 minutes sans arrêter de mélanger. Ajoutez peu à peu 2,5 dl du liquide de la soupe, toujours en remuant, afin d'obtenir un mélange bien onctueux.
➜ Versez-le dans la soupe et mélangez bien. Rectifiez l'assaisonnement si besoin et poivrez. Laissez cuire à l'étouffée encore 5 minutes. Versez la soupe dans une soupière et servez.

 États-Unis

 Poggio Belvedere, Redaelli de Zinis, 1998.   Rodney Strong, Chardonnay, 1999.

Saveurs de la mer, des lacs et des fleuves

Cappesante con maltagliati all'aneto
Soupe de coquilles Saint-Jacques aux pâtes et à l'aneth

12 coquilles Saint-Jacques
1 gousse d'ail
1 bouquet de persil
1 l de fumet de poisson (p. 43)
200 g de maltagliati (p. 50)
50 g de beurre
sel, poivre blanc

→ Ouvrez les coquilles Saint-Jacques. Retirez les coquillages et séparez les chairs blanches, la noix, de la partie rose, le corail. Lavez-les soigneusement sous l'eau du robinet et coupez les noix en julienne.
→ Mettez le beurre dans une casserole. Faites le fondre à feu moyen puis ajoutez les noix et les coraux des coquilles. Faites cuire 2 minutes en remuant doucement à l'aide d'une spatule en bois. Retirez-les, égouttez-les soigneusement et réservez-les.
→ Ajoutez dans la casserole l'ail et une partie du persil hachés. Faites rissoler en évitant que l'ail ne noircisse. Remettez les coquilles Saint-Jacques dans la casserole et laissez cuire 2 ou 3 minutes. Remuez très doucement puis versez le fumet de poisson. Portez à ébullition. Rectifiez l'assaisonnement si nécessaire et saupoudrez de poivre blanc fraîchement moulu. Portez à nouveau à ébullition.
→ Jetez dans la casserole les maltagliati (pour les préparer suivez les indications qui se trouvent page 50, mais enrichissez la pâte de 2 cuillerées à soupe d'aneth haché très finement). Remuez. Quand les pâtes sont cuites, versez le potage dans une soupière. Garnissez avec le reste du persil finement haché. Servez avec du poivre blanc fraîchement moulu à part.

 Vénétie, Italie

 Sergio Zenato, Lugana, 1999.

Midye pilâkisi
Soupe aux moules

1 kg de moules
2 gousses d'ail
2 tomates mûres
1 poivron
1 oignon
2 carottes
1 branche de céleri
1 bouquet de fenouil
1 bouquet de persil
4 cuillerées à soupe d'huile d'olive
sel, poivre noir

→ Nettoyez les moules et ouvrez-les (page 45). Retirez-les des coquilles. Filtrez le liquide de cuisson et réservez-le.
→ Versez l'huile d'olive dans un faitout. Faites revenir l'ail finement haché. Quand il a pris de la couleur, ajoutez les tomates concassées, le poivron épépiné, débarrassé de ses membranes intérieures et coupé en julienne, l'oignon, les carottes et le céleri coupés en tranches très fines et le fenouil.
→ Faites rissoler le tout pendant 2 à 3 minutes. Versez dans le faitout 2 dl d'eau. Saupoudrez de poivre noir, couvrez et laissez cuire 30 minutes.
→ Mettez les moules dans le faitout et ajoutez leur liquide de cuisson. Mélangez. Rectifiez si besoin l'assaisonnement. Laissez cuire à l'étouffée, à feu moyen, pendant 5 minutes puis versez la soupe dans la soupière de service. Garnissez en saupoudrant abondamment de persil finement haché et servez.

 Turquie

 Doluca, Safir, 1996.

Zuppa alla certosina
Soupe à la bénédictine

1 kg de poissons et crustacés variés (capelan, rougets, espadon, moules, crevettes)
1 branche de céleri
2 oignons
1 petit bouquet de persil
2 tomates mûres mais bien fermes
1 l de fumet de poisson (page 43)
2 dl de vin blanc sec
pain de campagne
huile d'olive
sel, poivre noir fraîchement moulu

→ Videz et nettoyez les poissons. Retirez les arêtes. Coupez les filets en tronçons de 4 cm. Faites ouvrir les moules, retirez-les des coquilles. Filtrez le liquide de cuisson et réservez-le.
→ Faites chauffer l'huile dans une sauteuse. Ajoutez un mélange de céleri, oignons et persil hachés. Avant que ces ingrédients ne dorent, ajoutez les tomates blanchies, épluchées, épépinées et émincées. Salez.
→ Laissez cuire ensemble 4 ou 5 minutes puis ajoutez les filets de poissons et les moules. Mélangez doucement puis laissez cuire à feu moyen pendant 5 minutes. Versez dans la sauteuse le fumet de poisson et le vin. Portez à ébullition. Rectifiez l'assaisonnement si nécessaire et poivrez. Diminuez le feu, couvrez et faites cuire, toujours à feu moyen, pendant 7 minutes.
→ Retirez le poisson et les coquillages du bouillon. Passez-les au mixeur et remettez-les dans le bouillon de cuisson. Chauffez presque jusqu'à ébullition. Servez à part le pain coupé en cubes et doré dans de l'huile bien chaude.

L'habileté des cuisiniers des couvents était renommée. Ils savaient en effet obtenir des résultats excellents à partir de recettes extrêmement simples, basées sur des ingrédients presque toujours pauvres mais très frais.

 Lombardie, Italie

 Villa Sparici Landini, Pietraia, 1999.

Ciuppin
Coulis de poisson

Ingrédients pour 6 personnes :
1,6 kg de poissons à soupe variés (rascasse, girelles, grondins)
1 branche de céleri
1 oignon
1 carotte
2 gousses d'ail
1 bouquet de persil
2 dl de vin blanc sec
4 tomates mûres
8 tranches fines de pain de campagne
huile d'olive dont 4 cuillerées à soupe pour la préparation
sel, poivre noir fraîchement moulu

→ Hachez le céleri, l'oignon et la carotte et mélangez-les. Procédez de la même manière avec l'ail et le persil. Mettez ces ingrédients dans une casserole où vous aurez fait chauffer de l'huile d'olive. Faites-les rissoler en remuant jusqu'à ce qu'ils aient pris de la couleur.
→ Versez le vin dans la casserole et laissez-le s'évaporer. Ajoutez ensuite les tomates, blanchies, épluchées, épépinées et coupées en petits morceaux. Faites rissoler 2 à 3 minutes. Ajoutez 1,5 l d'eau bouillante et laissez cuire pendant 20 à 30 minutes.
→ Ajoutez peu à peu les poissons (sans arêtes et bien lavés) en commençant par ceux à chair plus ferme. Salez et poivrez. Au bout de 10 minutes, quand les poissons sont cuits, passez-les au mixeur avec leur liquide de cuisson.
→ Mettez le coulis obtenu dans un faitout. Allongez-le avec de l'eau s'il est trop dense. Portez à ébullition. Rectifiez si nécessaire l'assaisonnement et servez. Ajoutez les tranches de pain coupé en carrés et frit dans de l'huile d'olive à part.

 Ligurie, Italie

 Contessa Entellina, Donnafugata, 1999.

Saveurs de la mer, des lacs et des fleuves

Bouillabaisse

Ingrédients pour 6 à 8 personnes :
3 kg de poissons et de crustacés variés : crabes ou langoustines, poissons à chair ferme (rascasses, lotte, congre, vive, loup) et poissons à chair tendre (rougets, merlans)
3 oignons
4 gousses d'ail
3 tomates bien mûres
1 petite branche de sarriette
3 ou 4 petites branches de fenouil des Alpes
1 bouquet de persil
1 feuille de laurier
1 petit zeste d'orange sec
1/2 cuillerée à café de safran en poudre
2 tranches par personne de pain de campagne rassis
persil pour la garniture
ail pour frotter le pain
rouille (p. 56)
1 dl d'huile d'olive
sel, poivre blanc

→ Nettoyez tous les poissons et les crustacés. Disposez au fond d'un faitout les oignons hachés, les gousses d'ail écrasées, les tomates passées au moulin à légumes et les autres aromates, y compris la peau d'orange. Formez une première couche d'ingrédients avec les crustacés et les poissons à chair ferme. Ajoutez le safran. Poivrez selon votre goût. Versez l'huile et laissez reposer environ deux heures dans un endroit frais.
→ Couvrez abondamment d'eau bouillante. Portez rapidement à ébullition et laissez bouillir à feu vif pendant 5 minutes.
→ Ajoutez les poissons à chair tendre et laissez cuire, toujours à feu vif, encore 5 minutes. Salez et ajoutez, si nécessaire, du poivre. Laissez cuire encore 2 minutes et retirez du feu.
→ Retirez les poissons du faitout, en essayant de ne pas les abîmer (si votre faitout n'est pas doté d'un panier intérieur, utilisez une louche perforée). Disposez-les sur un plat de service. Versez le bouillon de cuisson dans une soupière en le passant au tamis. Saupoudrez de persil haché très finement. Servez avec le pain que vous aurez frotté d'ail et la rouille.

Il s'agit là de la soupe de poisson la plus célèbre, devenue l'un des symboles principaux de la gastronomie provençale.

 Provence, France

 Domaine d'Ott, Bandol, 1999.

Saveurs de la mer, des lacs et des fleuves

Fish chowder
Soupe de poisson

400 g de filets de morue fraîche
100 g de lard salé
2 oignons
3 pommes de terre
5 dl de fumet de poisson (p. 43)
2,5 dl de crème fraîche
50 g de beurre
sel, poivre noir

→ Mettez le lard taillé en lardons dans une petite poêle. Faites-le rissoler à feu moyen jusqu'à ce que toute la graisse ait fondu et que la viande ait pris une jolie couleur brune.
→ Réservez la viande et mettez la graisse dans un faitout. Chauffez à feu moyen. Ajoutez les oignons coupés en rondelles très fines et faites-les blondir. Ajoutez également les pommes de terre, épluchées et coupées en dés. Faites rissoler le tout en remuant souvent.
→ Versez dans le faitout le fumet de poisson. Ajoutez les filets de poisson coupés en morceaux et laissez cuire à petits bouillons, le faitout partiellement couvert, pendant 15 minutes (jusqu'à ce que le poisson soit cuit et les pommes de terre assez tendres).
→ Incorporez dans le potage la crème fraîche, en mélangeant soigneusement et sans porter à ébullition. Ajoutez la viande de porc et le beurre. Rectifiez l'assaisonnement et poivrez selon votre goût. Laissez cuire à l'étouffée en remuant doucement. Quand le beurre est complètement fondu, servez.

 États-Unis

Sopa blanca de Vilanova
Soupe de daurade

1 daurade d'1 kg
1,25 l de fumet de poisson (p. 43)
200 g de mie de pain blanc
2,5 dl d'aïoli (p. 56)
sel

→ Nettoyez la daurade et mettez-la dans une poissonnière avec le fumet. Portez à ébullition, écumez et laissez cuire doucement jusqu'à cuisson complète.
→ Retirez la daurade du bouillon. Ôtez-en la peau et la tête. Ouvrez-la, retirez les arêtes et réservez la chair.
→ Mettez les arêtes, la tête et la peau dans la poissonnière avec le bouillon de cuisson. Laissez cuire à petits bouillons encore 15 minutes. Passez au travers d'un tamis à maille serrée ce bouillon enrichi puis mettez le dans un faitout. Ajoutez la mie de pain et faites bouillir pendant 15 minutes. Mélangez de temps en temps à l'aide d'une spatule en bois.
→ Retirez le faitout du feu. Ajoutez l'aïoli et la chair de la daurade coupée en morceaux. Salez, passez le tout au mixeur et remettez la crème que vous aurez obtenue dans le faitout. Réchauffez et servez.

L'aïoli est une sauce délicieuse que l'on utilise surtout le long des côtes méditerranéennes de la France et de l'Espagne. Il accompagne parfaitement le poisson grillé ou cuit au court-bouillon.

 Catalogne, Espagne

Clos du Val, Chardonnay, 1999.

René Barbier, Penedès, Chardonnay, 1999.

Psarosoupa me avgolemono

Soupe de poisson avec sauce au citron

1 kg de poisson blanc (daurade, morue fraîche, sard etc.)
le jus d'1 citron
1 oignon
1 carotte
1 branche de céleri
2 tomates mûres
1 feuille de laurier
8 grains de poivre noir
150 g de riz
2,5 dl d'avgolemono (p. 56)
1 bouquet de persil
4 cuillerées à soupe d'huile d'olive
sel

→ Nettoyez le poisson, lavez-le et frottez-le avec du sel. Mouillez-le de jus de citron et laissez-le mariner.
→ Mettez dans une poissonnière l'oignon, la carotte et le céleri émincés, les tomates coupées en quartiers, le laurier, les grains de poivre et l'huile d'olive. Versez 1,5 l d'eau. Salez, portez à ébullition et faites cuire à feu moyen pendant 35 minutes.
→ Baissez le feu. Ajoutez le poisson et laissez cuire à petits bouillons 15 à 20 minutes.
→ Retirez le poisson (qui peut être servi à part comme plat principal), filtrez le bouillon et versez-le dans un faitout. Portez encore une fois à ébullition. Ajoutez le riz et faites-le cuire 15 à 18 minutes.
→ Retirez du feu. Ajoutez peu à peu, et sans cesser de remuer, l'avgolemeno. Réchauffez la soupe, mais sans la porter à ébullition. Répartissez-la dans des bols. Garnissez avec du persil haché très finement.

L'avgolemeno, parent de la mayonnaise, accompagne beaucoup de plats grecs qui ne sont pas nécessairement à base de poisson.

 Grèce

 Tsantali, Ambelonas, 2000.

Cacciucco

Soupe de poisson à la toscane

Ingrédients pour 6 personnes :
1,5 kg de poissons variés (parmi lesquels : lotte, grondins, et filets de soles)
1 gousse d'ail
1 oignon
1/4 de piment rouge piquant
4 tomates bien mûres
1 bouquet de persil haché
5 dl de vin blanc sec
1 dl d'huile d'olive
12 tranches fines de pain de campagne
ail pour frotter le pain
sel

→ Nettoyez les poissons et coupez-les en morceaux.
→ Versez l'huile dans une casserole assez grosse. Faites-y blondir un mélange d'ail, d'oignon et de piment rouge hachés. Ajoutez les tomates ébouillantées, pelées, épépinées et hachées, le persil, 1 l d'eau et le vin blanc.
→ Salez et portez à ébullition. Faites cuire à feu moyen 30 minutes. Ajoutez les poissons, en commençant par ceux qui ont la chair plus ferme.
→ Laissez cuire, toujours à feu moyen, 15 minutes.
→ Disposez les tranches de pain, préalablement grillées et frottées d'ail, dans des assiettes creuses. Versez-y ensuite les poissons avec leur bouillon. Servez sans tarder.

N.B. : pour cette recette on ajoute parfois des moules. Si vous ajoutez également leur eau de cuisson au bouillon, pensez à la goûter avant de saler.

 Toscane, Italie

 Vigna Solaria, Falerio, 1999.

Zarzuela de mariscos
Soupe de poissons, crustacés et fruits de mer

24 moules
250 g de calmars nettoyés (coupés en anneaux)
4 tranches de mérou
4 tranches de lotte
4 tranches de morue fraîche
4 langoustines
12 grosses crevettes
1 oignon assez gros
3 tomates bien mûres
1 feuille de laurier
2 dl de Sherry
5 cuillerées à soupe de Brandy espagnol
2 gousses d'ail
1/2 cuillerée à café de safran en poudre
6 amandes grillées et pelées
1 petit bouquet de persil
8 crackers
le jus d'1 citron
huile d'olive
8 tranches de pain de mie
sel, poivre noir

→ Nettoyez les moules et ouvrez-les sur le feu. Réservez le jus de cuisson. Jetez les valves de moules vides et gardez celles qui contiennent les coquillages.
→ Dans une poêle, versez 1 dl d'huile d'olive. Faites-la chauffer et faites frire les anneaux de calmar. Quand ils commencent à prendre de la couleur, ajoutez l'oignon finement haché. Laissez-le revenir vivement. Ajoutez les tomates passées au moulin à légumes et la feuille de laurier. Laissez revenir encore 5 minutes à feu très vif puis versez le Brandy et le Sherry. Laissez-les s'évaporer.
→ Versez le tout dans une grande sauteuse.
→ Versez 1 dl d'huile d'olive dans la poêle déjà utilisée. Chauffez-la et faites frire le poisson et les crustacés que vous aurez salés légèrement et poivrés. Au fur et à mesure que les tranches de poisson et les crustacés sont cuits, retirez-les délicatement de la poêle et disposez-les de façon ordonnée dans la sauteuse.
→ Cette opération terminée, ajoutez les moules et leur eau de cuisson. Versez un peu d'eau pour couvrir à peine le poisson et les coquillages. Portez à ébullition et laissez cuire à l'étouffée, à feu très doux, pendant 15 minutes.
→ Entre-temps, pilez dans un mortier, ou passez au mixeur, les gousses d'ail épluchées, le safran, les amandes, une partie du persil et les crackers, afin d'obtenir un mélange onctueux. Diluez-le avec un peu de bouillon de cuisson.
→ Versez cette sauce sur la soupe. Couvrez et laissez cuire encore 15 minutes, à feu très doux. Retirez ensuite la feuille de laurier, rectifiez l'assaisonnement et mouillez de jus de citron. Laissez cuire ensemble encore 5 minutes pour bien mélanger les saveurs. Saupoudrez du reste de persil. Garnissez avec le pain, coupé en triangles et frit dans de l'huile d'olive. Servez dans la sauteuse de cuisson.

N.B. : quelques cuisiniers préfèrent remplacer l'eau par un fumet de poisson (p. 43).

La zarzuela est un « plat unique » typique. Vous pouvez varier les poissons, les crustacés et les fruits de mer selon votre goût. L'important c'est d'utiliser toujours des poissons assez gros et à chair ferme.

 Catalogne, Espagne

 Morlanda, Priorat, 1999.

Saveurs de la mer, des lacs et des fleuves

Brodetto marchigiano
Court-bouillon des Marches

1,5 kg de poissons et de crustacés variés (loup, rougets, mulet, seiches, calmars, gambas etc.)
1 petit oignon haché
4 gousses d'ail
1/4 de piment rouge piquant
1 petite branche de thym
4 feuilles de sauge
1 feuille de laurier
2 dl de vin blanc sec
4 tomates mûres
2 cuillerées à soupe de vinaigre de vin
1/2 cuillerée à café de safran
8 tranches fines de pain rassis
huile d'olive
sel

→ Versez 4 cuillerées à soupe d'huile d'olive dans une sauteuse en terre cuite et faites rissoler l'oignon, 2 gousses d'ail écrasées, le piment rouge et les aromates à feu moyen.
→ Quand l'ail et l'oignon ont pris de la couleur, mouillez-les avec le vin. Laissez-le s'évaporer puis retirez l'ail. Ajoutez les tomates épluchées et hachées.
→ Portez à ébullition. Salez, mouillez de vinaigre allongé avec 2 dl d'eau. Laissez cuire 10 minutes. Passez la sauce au tamis et remettez-la dans la sauteuse.
→ Ajoutez les poissons en commençant par ceux qui ont la chair plus ferme et en terminant par les gambas. Parfumez de safran et rectifiez l'assaisonnement. Couvrez et faites cuire à feu vif pendant 15 minutes sans remuer. Diluez avec un peu d'eau si nécessaire.
→ Servez sans tarder avec les tranches de pain frottées d'ail et frites dans de l'huile d'olive.

 Marches, Italie

 Le Vaglie, Verdicchio dei Castelli di Jesi, 1999.

Zuppa di boddegò
Soupe de lotte

1 lotte (d'environ 800 g)
2 oignons
2 branches de céleri
2 carottes
3 tomates bien mûres
25 g de champignons secs
8 tranches de pain complet
4 cuillerées à soupe d'huile d'olive
sel, poivre noir

→ Nettoyez la lotte. Mettez-la dans un grand faitout avec 1 oignon coupé en quartiers, 1 branche de céleri et 1 carotte. Versez 1,5 l d'eau, salez et portez à ébullition. Baissez le feu et laissez cuire doucement jusqu'à ce que la chair se détache des cartilages.
→ Retirez le faitout du feu. Enlevez l'arête de la lotte. Réservez les morceaux de chair les plus gros (une fois refroidis, vous les couperez). Filtrez le bouillon de cuisson et mettez-y les morceaux de chair les plus petits.
→ Faites chauffer l'huile dans une casserole. Ajoutez un mélange composé des aromates restants, bien hachés. Faites-les rissoler vivement, sans les faire dorer.
→ Ajoutez le bouillon de cuisson du poisson très chaud, les tomates (ébouillantées, pelées, épépinées et concassées) et les champignons (que vous aurez fait tremper auparavant pendant le temps nécessaire).
→ Salez et poivrez. Portez à ébullition. Ajoutez les tranches de poisson. Baissez le feu, couvrez et faites cuire à petits bouillons pendant 20 minutes. Faites griller les tranches de pain et disposez-les dans des assiettes creuses. Versez la soupe et servez sans tarder.

 Ligurie, Italie

 Canayli, Vermentino di Gallura, 1999.

Aigo-sau
Soupe de poisson

1 kg de poissons variés (à chair blanche et ferme)
1 oignon
1 poireau
2 gousses d'ail
4 tomates
1 petit bouquet de persil
1 feuille de laurier
1 petite branche de fenouil
1 morceau de zeste de citron
6 pommes de terre
16 tranches de pain (de préférence d'une baguette)
4 cuillerées à soupe d'huile d'olive
sel, poivre noir fraîchement moulu

→ Nettoyez et videz les poissons. Coupez les plus gros en morceaux de la même taille. Disposez-les dans une sauteuse en terre cuite avec l'oignon et le poireau hachés, l'ail écrasé, les tomates passées au moulin à légumes, les herbes aromatiques, le zeste de citron et les pommes de terre épluchées et coupées en tranches.
→ Couvrez d'eau bouillante. Portez à nouveau à ébullition. Salez et saupoudrez abondamment de poivre noir. Couvrez et laissez cuire 20 minutes à feu vif.
→ Filtrez le bouillon de cuisson et gardez-le au chaud. Mettez au fond des assiettes creuses les tranches de baguette. Arrosez d'huile d'olive et saupoudrez encore une fois de poivre noir. Versez le bouillon très chaud et servez.

L'aigo-sau permet de préparer deux plats en un : le bouillon, servi avec le pain, constitue une excellente entrée, tandis que le poisson et les pommes de terre, accompagnés de rouille (p. 56), seront consommés ensuite comme plat principal.

 Provence, France

 Domaine d'Ott, Bandol, 1999.

Zuppa di pesce alla marinara
Soupe de poisson marinière

1 kg de poissons et crustacés variés (parmi lesquels, obligatoirement, rascasse, raie, saint-pierre, galinettes, quelques petits poulpes, langoustines)
1 oignon
6 poivrons
1 dl de vinaigre rouge de vin
pain de campagne en tranches
6 cuillerées à soupe d'huile d'olive
sel

→ Videz les poissons, coupez les nageoires et écaillez-les. Lavez-les dans de l'eau salée en changeant l'eau au moins 4 fois. Coupez-les en morceaux.
→ Versez l'huile dans une casserole. Faites-la chauffer et ajoutez l'oignon émincé, les poivrons grillés, épluchés, épépinés, débarrassés de leurs membranes intérieures et émincés. Faites rissoler le tout.
→ Retirez les poivrons de la casserole, égouttez-les soigneusement, laissez-les refroidir et passez-les au mixeur avec le vinaigre.
→ Mettez la sauce ainsi obtenue dans la casserole. Chauffez à nouveau. Ajoutez les poissons en commençant par ceux qui nécessitent une cuisson plus prolongée, comme les poulpes. Diluez avec un peu d'eau et portez à ébullition. Salez. Réduisez la chaleur, couvrez et laissez cuire à petits bouillons jusqu'à ce que tous les poissons soient parfaitement cuits. Allongez avec de l'eau si le liquide réduit trop.
→ Dès que la soupe est prête, servez avec le pain à part.

Cette soupe était préparée au milieu de la matinée à bord des bateaux de pêche de l'Adriatique.

 Abruzzes, Italie

 Sergio Zenato, Lugana, 1999.

Zander und Flusskrebse
Potage de poisson et d'écrevisses

1 sandre de 700 g
24 écrevisses
1,5 l de fumet de poisson (p. 43)
2 dl de vermouth sec
30 g de beurre

Pour la crème au basilic :
50 g de beurre
4 cuillerées à soupe d'échalote hachée
2,5 dl de vin blanc sec
1 dl de Noilly Prat
2 cuillerées à soupe de crème fraîche
12 feuilles de basilic

Pour la garniture :
8 cimes de brocolis
4 petites carottes nouvelles
8 lanières de poivron jaune
1 tomate
paprika
ciboulette
4 branches de basilic

➜ Coupez le poisson de façon à obtenir 250 à 300 g de filets entiers. Réservez les parures.
➜ Versez le fumet de poisson dans une casserole et faites-le bouillir jusqu'à ce qu'il réduise de moitié.
➜ Mettez le beurre dans une poêle. Faites-y revenir l'échalote hachée sans la faire dorer. Mouillez de vin blanc et de Noilly Prat puis laissez s'évaporer. Ajoutez le fumet. Faites bouillir encore 10 minutes, jusqu'à ce que le liquide réduise encore de moitié.

➜ Ajoutez la crème fraîche et les parures de poisson réservées. Portez à ébullition à nouveau puis filtrez. Ajoutez ensuite au bouillon les feuilles de basilic hachées. Portez à ébullition et faites cuire les légumes à la vapeur (le poivron coupé en lamelles et la tomate blanchie, épluchée, épépinée et coupée en 8 morceaux) que vous utiliserez comme garniture.
➜ Faites chauffer le beurre et le vermouth dans une poêle. Ajoutez les filets de poisson préalablement coupés en goujonettes de 0,5 cm de large. Faites-les cuire environ 5 minutes. Portez à ébullition le bouillon de poisson. Ajoutez les écrevisses. Laissez-les cuire 3 minutes puis égouttez-les. Retirez les têtes et décortiquez-les. Châtrez-les à l'aide d'une aiguille.
➜ Disposez les écrevisses et les goujonettes de poisson dans des assiettes creuses. Mettez par-dessus les légumes cuits à la vapeur. Versez le bouillon et saupoudrez de paprika et de ciboulette hachée très finement. Décorez chaque assiette avec une petite branche de basilic et servez.

 Autriche

 Welschriesling Trockenbeerenauslese, Umathum, 1995.

Saveurs de la mer, des lacs et des fleuves

Cassòla
Soupe de poisson

1,5 kg de poissons et de crustacés variés (rascasse, anguille, congre, daurade, seiches, crabes etc.)
1 oignon
1 gousse d'ail
6 feuilles de basilic
1/4 de piment rouge piquant
500 g de tomates mûres
8 tranches de pain de campagne
4 cuillerées à soupe d'huile d'olive
sel

→ Videz et lavez tous les poissons, coupez les seiches en morceaux
→ Versez l'huile dans une sauteuse assez grande, munie d'un couvercle. Ajoutez un mélange composé d'oignon, ail, basilic et piment hachés. Faites revenir jusqu'à ce que l'oignon et l'ail aient pris de la couleur. Ajoutez alors les tomates passées au moulin à légumes. Salez avec modération et faites rissoler pendant 10 minutes.
→ Diluez avec environ 5 dl d'eau. Portez à ébullition et couvrez. Ajoutez les poissons, en commençant par ceux qui nécessitent un temps de cuisson plus long.
→ Laissez cuire doucement à feu très moyen jusqu'à ce que tous les ingrédients soient parfaitement cuits. Ajoutez un peu d'eau chaude si le liquide de cuisson réduit trop. À la fin, la soupe doit être très épaisse.
→ Quand elle est prête, rectifiez l'assaisonnement si besoin. Disposez le pain légèrement grillé au fond des assiettes creuses. Versez la soupe et servez.

 Sardaigne, Italie

 Canayli, Vermentino di Gallura, 1999.

Fish soup
Soupe de poisson hawaïenne

500 g de morue fraîche
150 g de lard salé
1 oignon
500 g de pommes de terre
2 dl de lait entier
50 g de beurre
sel, poivre noir

→ Mettez le beurre dans une sauteuse. Faites-le fondre à feu moyen et faites revenir le lard coupé en dés. Égouttez-le et réservez-le.
→ Faites rissoler vivement l'oignon haché finement dans la même sauteuse. Ajoutez ensuite le poisson coupé en dés et les pommes de terre épluchées et coupées en dés assez gros. Laissez cuire 3 minutes à feu moyen en remuant avec prudence.
→ Versez dans la sauteuse 3 dl d'eau bouillante. Couvrez et faites cuire 20 minutes, c'est-à-dire le temps nécessaire à la cuisson des pommes de terre. Ajoutez également le lait et les lardons. Rectifiez l'assaisonnement et poivrez à votre convenance.
→ Laissez cuire la soupe à feu moyen encore 5 minutes pour qu'elle prenne toutes les saveurs puis servez.

 Hawaï, États-Unis

 Pepperwood Grove, Viognier, 1999.

Bodenseefischuppe
Soupe de poisson au safran

Pour la soupe :
750 g de poissons de lac variés vidés
1 petite carotte
1 petit oignon
1 branche de céleri
1/2 fenouil
6 graines de moutarde
1 feuille de laurier
2 cuillerées à soupe d'aneth ciselé
2 cuillerées à soupe de cerfeuil ciselé
2 cuillerées à soupe de persil ciselé
2,5 dl de vin blanc sec
1 dl de Noilly Prat
1 cuillerée à café de pastis
le jus d'1 citron
sel

Pour les quenelles de poisson et la garniture :
150 g de filets de truite de lac
150 g de sandre (à défaut : perche)
1 dl environ de crème fraîche
1/4 de cuillerée à café de piment rouge de Cayenne
8 stigmates de safran
quelques feuilles d'aneth
quelques feuilles de cerfeuil
quelques feuilles de persil
sel, poivre noir

→ Préparez d'abord la soupe. Versez 7,5 dl d'eau dans une casserole assez large. Ajoutez tous les ingrédients à l'exception du pastis, du jus de citron et du lait.
→ Laissez cuire à petits bouillons pendant 30 minutes. Filtrez le bouillon. Ajoutez le pastis, salez et versez le jus de citron selon votre goût.

→ Pour préparer les quenelles, passez au mixeur la moitié des filets de truite et de sandre. Mélangez-les avec de la crème fraîche jusqu'à obtenir une préparation onctueuse. Salez et parfumez abondamment de piment rouge de Cayenne et de poivre noir fraîchement moulu. Confectionnez de petites quenelles de forme ovale à l'aide de 2 cuillerées à café.
→ Versez 2 l d'eau dans un faitout. Salez, portez à ébullition et faites-y cuire les quenelles (temps de cuisson : 2 à 3 minutes). Retirez-les et égouttez-les au fur et à mesure qu'elles montent à la surface.
→ Mettez les filets de poisson restant dans la soupe de poisson déjà prête. Laissez cuire à petits bouillons 10 minutes, c'est-à-dire jusqu'à cuisson complète. Répartissez-les ainsi que les quenelles dans des assiettes creuses. Versez dessus la soupe bien chaude. Décorez chaque assiette avec 2 stigmates de safran et quelques feuilles de cerfeuil, d'aneth et de persil puis servez.

 Autriche

 Fürst von Metternich Sektkellerei, 1998. (Allemagne).

Saveurs de la mer, des lacs et des fleuves

Chao liangyu zhusun mian
Soupe de poisson et de pousses de bambou

600 g de filets de poisson-chat (ou d'un autre poisson d'eau douce à chair blanche et ferme)
1 œuf
2 cuillerées à soupe de farine de maïs
25 g de champignons noirs chinois secs (ou un autre type de champignons secs)
400 de spaghetti chinois frais
1 cuillerée à café de gingembre frais
150 g de pousses de bambou
1/2 cuillerée à soupe de vin de riz (à défaut : marsala vierge très sec)
1 cuillerée à soupe de sauce de soja
2 cuillerées à café de sucre
3/4 de l de bouillon de volaille dégraissé (p. 39)
5 cuillerées à soupe d'huile d'arachide
1 cuillerée à soupe d'huile de sésame
sel

➜ Coupez les filets de poisson en goujonettes d'environ 7 cm de long sur 2 cm de large. Passez-les dans l'œuf (que vous aurez battu avec 1 cuillerée à café de sel) puis dans de la farine de maïs. Réservez-les.
➜ Faites tremper les champignons dans de l'eau tiède pendant 20 minutes, jusqu'à ce qu'ils soient devenus tendres. Rincez-les. Retirez les pieds et coupez en julienne les chapeaux.
➜ Blanchissez pendant 2 minutes les spaghetti dans beaucoup d'eau bouillante. Égouttez-les et réservez-les.
➜ Faites chauffer 3 cuillerées à soupe d'huile d'arachide dans une grande poêle. Quand l'huile est bouillante, faites-y frire les goujonettes de poisson jusqu'à ce qu'elles prennent une jolie couleur dorée. Égouttez-les soigneusement et mettez-les sur une feuille de papier absorbant pour éliminer l'excès de graisse.

➜ Jetez l'huile et nettoyez la poêle à l'aide du papier absorbant. Faites-la chauffer à nouveau et versez le reste d'huile d'arachide. Quand elle est bien chaude, ajoutez les oignons et le gingembre hachés finement. Faites-les rissoler à feu vif, en mélangeant intimement avec une spatule en bois pendant 15 à 20 secondes.
➜ Ajoutez également les champignons, les pousses de bambou, le vin de riz, la sauce de soja et le sucre sans cesser de remuer. Salez et faites rissoler encore 1 minute. Ajoutez le poisson et mélangez délicatement. Laissez cuire à l'étouffée 2 minutes à feu moyen.
➜ Mettez les spaghetti dans une soupière. Versez dessus le bouillon bien chaud. Ajoutez également le poisson et les ingrédients qui l'accompagnent. Arrosez la surface d'huile de sésame et servez sans tarder.

En Chine les poissons d'eau douce sont également utilisés pour la préparation de soupes, qui ont une structure gastronomique tout à fait remarquable quoique légèrement baroque selon les critères du goût occidental.

Hangzhou, République Populaire de Chine

Château du Cros, Loupiac, 1999. (France).

Saveurs de la mer, des lacs et des fleuves

Corba od sarana
Soupe de carpe

1 carpe (d'environ 1,5 kg)
1 cuillerée à soupe de farine blanche
1 cuillerée à soupe de paprika doux
1 l de bouillon de légumes (p. 47)
1 feuille de laurier
1 dl de crème aigre
le jus d'1 citron
1 jaune d'œuf
4 cuillerées à soupe d'huile d'olive
sel

→ Nettoyez la carpe, écaillez-la et coupez les filets en morceaux pas trop gros, à peu près de la même taille.
→ Versez l'huile dans une casserole. Faites-la chauffer et délayez-y la farine en mélangeant soigneusement avec une spatule en bois. Incorporez le paprika en remuant. Quand vous avez obtenu un mélange bien homogène, versez dans la casserole le bouillon de légumes.
→ Mélangez. Portez à ébullition puis salez et ajoutez dans la casserole les morceaux de carpe et la feuille de laurier. Réduisez la chaleur et laissez cuire à petits bouillons pendant 15 minutes, le temps nécessaire à la cuisson de la carpe.
→ Retirez du feu. Enlevez la feuille de laurier et incorporez dans la soupe la crème aigre, le jus de citron et le jaune d'œuf battus brièvement ensemble. Servez.

 Même si elles sont moins nombreuses, les soupes de poissons d'eau douce n'ont rien à envier aux soupes à base de poissons de mer.

 Serbie

Pasta sul pesce
Soupe aux pâtes sur poisson

1 kg de poissons à soupe variés (rascasses, mulet, congre, rougets)
350 g de maltagliati (p. 50)
2 gousses d'ail
2 carottes
2 branches de céleri
1 bouquet de persil
1/2 piment rouge piquant
1 feuille de laurier
6 cuillerées à soupe d'huile d'olive
sel, poivre noir

→ Videz et lavez les poissons, qui ne doivent pas être trop gros. Versez l'huile dans un faitout avec couvercle. Ajoutez un mélange d'ail, carottes, céleri, persil et piment hachés. Faites prendre de la couleur puis ajoutez le poisson. Laissez rissoler en remuant avec précaution pendant 5 minutes.
→ Versez dans le faitout 1 l d'eau et ajoutez la feuille de laurier. Portez à ébullition. Salez, baissez le feu et laissez cuire doucement 30 minutes.
→ Retirez la feuille de laurier. Passez le contenu du faitout au mixeur puis au tamis très fin pour éliminer les arêtes ou d'autres parties dures.
→ Remettez la soupe dans le faitout et ajoutez de l'eau de façon à obtenir un volume d'environ 1,25 l. Portez à ébullition, rectifiez l'assaisonnement et jetez les maltagliati. Dès que les pâtes sont cuites, servez.

 En patois toscan, lorsque les pâtes sont utilisées pour accompagner des ingrédients très riches et savoureux dans une soupe, on ne parle pas de « pâtes aux » mais de « pâtes sur ». Cet usage linguistique me paraît tout à fait justifié dans le cas de cette soupe.

 Toscane, Italie

Zweigelt Ausbruch, Lang, 1995. (Autriche).

Vigna Solaria, Falerio, 1999.

Shorbat el-hut
Soupe de poisson et d'orge

500 g de poissons variés (rascasses, mulet, congre, rougets)
200 g d'orge perlé
2 gousses d'ail
1 oignon
1/2 cuillerée à café de grains de cumin
1/2 cuillerée à café de feuilles de menthe sèches
1 cuillerée à café de piment rouge de Cayenne
2 tomates mûres
4 cuillerées à soupe d'huile d'olive
sel

→ Versez l'huile dans une casserole. Chauffez-la et faites-y revenir un mélange d'ail et d'oignon hachés. Quand ils ont pris de la couleur, ajoutez le cumin, la menthe, le piment rouge de Cayenne et les tomates ébouillantées, pelées, épépinées et émincées.
→ Faites rissoler 5 minutes puis versez 1l d'eau dans la casserole. Ajoutez les poissons nettoyés et lavés. Laissez cuire à petits bouillons 10 minutes puis retirez les poissons. Désossez-les puis remettez-les dans la casserole. Salez.
→ Ajoutez l'orge. Portez à nouveau à ébullition. Baissez le feu, rectifiez l'assaisonnement si nécessaire et laissez cuire doucement encore 30 à 40 minutes. Servez.

C'est la soupe traditionnelle avec laquelle s'interrompt le jeûne imposé par le ramadan au coucher de soleil.

 Algérie

Zuppa di gamberi e fave fresche
Soupe aux langoustines et aux fèves fraîches

24 langoustines entières de taille moyenne
250 g de fèves fraîches écossées
2 gousses d'ail écrasées
1 bouquet de persil
1 anchois
2,5 dl de vin blanc sec
4 cuillerées à soupe d'huile d'olive
sel, poivre blanc

→ Faites chauffer l'huile dans une sauteuse. Faites-y blondir à feu moyen l'ail et le persil haché grossièrement avec ses tiges.
→ Quand l'ail a pris de la couleur, retirez-le de la sauteuse. Ajoutez l'anchois dessalé et sans arêtes et faites-le cuire à feu moyen, sans arrêter de remuer, jusqu'à ce qu'il soit complètement dissout dans l'huile.
→ Mettez les langoustines, bien lavées, dans la sauteuse. Augmentez la température et faites cuire pendant 5 minutes. Mouillez avec le vin et laissez-le s'évaporer.
→ Retirez du feu. Sortez les langoustines et égouttez-les soigneusement. Coupez les têtes et enlevez les carapaces. Mettez les parures dans la sauteuse et versez dessus 2,5 dl d'eau. Couvrez et laissez cuire à petits bouillons 15 minutes. Filtrez le bouillon qui s'est formé et réservez-le.
→ Dans un faitout, mettez les fèves, dont vous aurez retiré les pédoncules qui les attachent aux cosses. Couvrez d'eau. Portez à ébullition puis salez légèrement. Baissez le feu, couvrez et laissez cuire à petits bouillons jusqu'à cuisson complète.
→ Ajoutez ensuite aux fèves les langoustines coupées en 3 ou 4 morceaux et le bouillon. Rectifiez l'assaisonnement et saupoudrez de poivre blanc fraîchement moulu. Laissez cuire à l'étouffée 10 minutes et servez.

 Côte Adriatique, Italie

 La Baume, Pays d'Oc, 1998. (France).

 Chiaranda del Merlo, Donnafugata, 1999.

Saveurs de la mer, des lacs et des fleuves

Minestra di ortaggi, frutti di mare e gamberi
Potage de légumes aux fruits de mer et gambas

500 g de moules
12 gambas entières
200 g de courgettes
2 carottes
100 g de haricots verts
1 gousse d'ail
200 g de côtes de bettes
2 oignons
1 branche de céleri
2 tomates bien mûres
1,25 l de fumet de poisson (p. 43)
2 dl de vin blanc sec
1 bouquet de persil
huile d'olive
sel, poivre noir fraîchement moulu

➜ Coupez les courgettes et les carottes en rondelles, les côtes de bettes et le céleri en morceaux, les oignons en fines rondelles. Ébouillantez les tomates, pelez-les, égrainez-les et coupez-les en dés.
➜ Mettez tous les légumes sauf les tomates dans un faitout. Ajoutez le fumet de poisson et portez à ébullition. Couvrez, baissez le feu et faites cuire 40 minutes.
➜ Nettoyez les moules et faites-les ouvrir sur le feu (page 45). Sortez-les de la casserole, en y laissant le liquide qui s'est formé. Retirez-les des coquilles.
➜ Mettez les gambas dans la casserole où les moules se sont ouvertes. Mouillez de vin et d'huile. Faites cuire à feu vif pendant 5 minutes. Enlevez les carapaces et coupez les gambas en 2 ou 3 morceaux puis réservez-les.
➜ Filtrez le liquide de cuisson et versez-le dans le faitout avec les légumes. Ajoutez les moules et les gambas. Portez à ébullition. Ajoutez les tomates, salez et laissez cuire à l'étouffée 5 minutes. Versez le potage dans une soupière. Garnissez de persil haché et servez à part de l'huile d'olive et du poivre.

 Italie

 Vigna di Gabri, Donnafugata, 1999.

Zuppa di fagioli e muscoli
Soupe aux haricots et aux moules

1 kg de moules
400 g de haricots blancs secs
2 gousses d'ail
1 petit bouquet de persil
1/2 piment rouge piquant
2,5 dl de vin blanc sec
4 cuillerées à soupe d'huile d'olive
sel

➜ Dans un faitout, mettez les haricots, que vous aurez fait tremper auparavant pendant le temps nécessaire. Couvrez d'eau. Portez à ébullition, couvrez et réduisez la chaleur. Laissez cuire à faible ébullition jusqu'à cuisson complète.
➜ Nettoyez les moules et ouvrez-les (page 45), dans une poêle avec l'huile et un mélange d'ail, de persil et de piment hachés.
➜ Filtrez le liquide qui s'est formé. Retirez les moules des coquilles. Remettez-les avec le liquide dans la poêle. Versez le vin et chauffez à feu moyen 5 minutes.
➜ Mettez les haricots cuits dans la poêle. Ajoutez une partie de leur bouillon de cuisson de façon à obtenir un volume d'environ 1l. Faites cuire à feu très moyen pendant 15 minutes (le liquide ne doit surtout pas bouillir). Rectifiez l'assaisonnement si nécessaire puis servez.

 Marches, Italie

 Vergaio, Villa Pigna, 1997.

Fabes con almejas
Soupe aux fèves et aux palourdes

400 g de haricots blancs secs
400 g de palourdes
1 feuille de laurier
1 petit oignon
1 gousse d'ail
1 bouquet de persil
8 stigmates de safran
1 cuillerée à soupe de chapelure
4 cuillerées à soupe d'huile d'olive
sel

→ Faites tremper les haricots pendant le temps nécessaire. Mettez-les ensuite dans un faitout avec le laurier, l'oignon, l'ail épluché mais entier, et le persil. Couvrez d'eau et ajoutez l'huile. Portez à ébullition. Baissez immédiatement le feu et laissez cuire à petits bouillons en couvrant à moitié jusqu'à la fin de la cuisson. Si le liquide réduit trop, ajoutez de l'eau bouillante.
→ Lavez les palourdes. Faites-les ouvrir sur le feu (page 45). Filtrez le liquide qui s'est formé et ajoutez-le aux haricots. Retirez les palourdes des coquilles qui se sont ouvertes et ajoutez-les aux haricots avec le safran légèrement grillé et la chapelure.
→ Mélangez délicatement. Chauffez presque jusqu'à ébullition. Laissez cuire 5 à 6 minutes. Rectifiez si besoin l'assaisonnement. Laissez cuire à l'étouffée encore 8 à 10 minutes puis servez.

 Asturies, Espagne

 Arva-Vitis, Tierra de Castilla, 1998.

Minestra di ceci e calamari
Potage aux pois chiches et aux calmars

200 g de pois chiches
200 g de calmars
1 branche de romarin
1 branche de céleri
1 feuille de laurier
2 gousses d'ail
1 petit bouquet de persil
1/4 de piment rouge piquant
huile d'olive dont 3 cuillerées à soupe pour la préparation
8 tranches de pain complet
sel, poivre noir

→ Mettez les pois chiches, que vous aurez fait tremper le temps nécessaire, dans un faitout. Ajoutez le romarin, le céleri, le laurier (que vous retirerez en fin de cuisson) et une gousse d'ail épluchée et coupée en deux. Couvrez d'eau et portez à ébullition. Mettez un couvercle et laissez cuire à feu moyen jusqu'à ce que les pois chiches soient devenus très tendres. Ne salez que vers la fin de la cuisson et ajoutez de l'eau bouillante si besoin.
→ Faites chauffer l'huile d'olive dans une poêle et faites rissoler un mélange composé de la deuxième gousse d'ail, du persil et du piment rouge hachés.
→ Quand l'ail a pris de la couleur, ajoutez les calmars préalablement nettoyés et coupés en anneaux. Faites-les frire 5 ou 6 minutes, le temps nécessaire à leur cuisson. Salez avec modération.
→ Mettez les calmars avec les ingrédients qui les accompagnent dans le faitout avec les pois chiches. Rectifiez l'assaisonnement et laissez cuire à l'étouffée à feu moyen pendant 5 minutes.
→ Versez le potage dans une soupière. Servez avec les tranches de pain grillées au four, le poivre noir fraîchement moulu et l'huile d'olive pour assaisonner, à part.

 Italie

 Château Saint-Augustin, Princesse Elissa, Sidi Salem, 2000. (Tunisie).

Cotriade
Soupe de poissons et de pommes de terre

1 kg de poissons variés (lotte, maquereaux, cabillaud, etc.)
4 pommes de terre
1,5 l de fumet de poisson (p. 43)
2 oignons
1 bouquet garni (thym, persil, céleri, romarin, laurier)
1/4 de cuillerée à café de marjolaine sèche
8 tranches de pain complet
ail
huile d'olive
vinaigre blanc de vin
sel, poivre noir

→ Versez le fumet dans un faitout. Ajoutez les pommes de terre épluchées et coupées en tranches, les oignons émincés, le bouquet garni et la marjolaine.
→ Portez à ébullition. Salez et poivrez selon votre goût. Laissez cuire 20 minutes à petits bouillons.
→ Ajoutez le poisson vidé, lavé et coupé en petits morceaux. Si besoin est, ajoutez de l'eau pour simplement couvrir les ingrédients. Laissez cuire encore 15 minutes à feu vif.
→ Retirez la feuille de laurier. Enlevez le poisson et les pommes de terre du faitout et mettez-les dans une assiette.
→ Passez le potage au mixeur puis versez-le dans une soupière. Servez avec les tranches de pain complet, grillées et frottées d'ail, l'huile d'olive et le vinaigre qui serviront à assaisonner le poisson et les pommes de terre.

 Bretagne, France

Marmitako
Potage au thon et aux pommes de terre

500 g de thon frais
500 g de pommes de terre
2 oignons hachés
2 petits poireaux coupés en rondelles
1 cuillerée à café de paprika
1/4 de piment rouge piquant
1 feuille de laurier
4 petits poivrons verts
100 g de pain rassis coupé en tranches très fines
4 cuillerées à soupe d'huile d'olive
sel

→ Chauffez l'huile d'olive dans une sauteuse large et profonde. Faites blondir les oignons et les poireaux.
→ Dès qu'ils commencent à prendre de la couleur, ajoutez les pommes de terre épluchées et coupées en gros dés, le paprika et le piment rouge. Mélangez et faites rissoler 4 ou 5 minutes. Couvrez abondamment d'eau. Ajoutez la feuille de laurier et faites cuire à feu moyen.
→ Quand les pommes de terre sont presque cuites, ajoutez le thon coupé en petits morceaux. Continuez à faire cuire, toujours à feu moyen.
→ Faites griller les poivrons, pelez-les, retirez les graines, coupez-les en lanières puis ajoutez-les au potage.
→ Portez à cuisson complète tous les ingrédients, en ajoutant de l'eau, si nécessaire, de façon à obtenir un bouillon d'environ 1 l. Rectifiez l'assaisonnement, retirez la feuille de laurier et filtrez le bouillon.
→ Répartissez dans des assiettes creuses les tranches de pain grillées au four. Versez dessus le bouillon et servez.

 Ce plat est un *dos vuelcos* typique : on consomme en entrée le bouillon avec du pain grillé et on passe ensuite au poisson garni de légumes.

 Pays Basque, Espagne

 Badgers Creek, Shiraz-cabernet, 2000. (Australie).

 Terreta, Valence, Rosé, 2000.

Saveurs de la mer, des lacs et des fleuves

Purrusalda
Potage à la morue sèche
et aux pommes de terre

200 g de morue sèche
400 g de pommes de terre
2 gousses d'ail
400 g de poireaux
1 feuille de laurier
1/2 cuillerée à café de paprika
5 dl de fumet de poisson (p. 43)
1 dl d'huile d'olive
sel, poivre noir fraîchement moulu

→ Faites tremper la morue sèche 24 heures dans l'eau courante. Mettez-la dans un faitout avec 5 dl d'eau. Portez à ébullition et laissez cuire 7 minutes.
→ Chauffez l'huile dans une sauteuse en terre cuite. Faites dorer les gousses d'ail. Quand elles ont pris de la couleur, retirez-les et réservez-les. Mettez dans la sauteuse les poireaux nettoyés et les pommes de terre épluchées (le tout bien émincé) et la feuille de laurier.
→ Faites revenir à feu moyen et lorsque les pommes de terre et les poireaux commencent à prendre de la couleur, ajoutez le poisson coupé en petits morceaux, sans peau ni arêtes. Saupoudrez de poivre. Versez dans la sauteuse l'eau de cuisson de la morue et le fumet chaud.
→ Laissez cuire à feu moyen pendant 35 minutes, c'est-à-dire jusqu'à ce que les pommes de terre commencent à se défaire. Au cours de la cuisson, ajoutez les gousses d'ail réservées et le paprika.
→ Une fois la cuisson terminée, retirez la feuille de laurier. Rectifiez l'assaisonnement, laissez reposer 2 ou 3 minutes puis servez.

Ce potage semble avoir un lien de parenté éloignée avec certains plats à base de morue sèche ou de merluche de la tradition populaire italienne.

 Pays Basque, Espagne

Bouillabaisse de morue

800 g de morue sèche
4 pommes de terre
1 dl de vin blanc sec
1 oignon
1 petit poireau
1 branche de céleri
1 bouquet garni (composé de 8 branches de persil, 1 branche de thym et 1 feuille de laurier)
5 gousses d'ail
1 zeste de citron
1/2 cuillerée à café de safran en poudre
1 cuillerée à soupe de concentré de tomate
12 tranches grillées de baguette
4 cuillerées à soupe d'huile d'olive
sel

→ Versez l'huile et le vin dans une grande sauteuse. Ajoutez l'oignon et le blanc de poireau émincés, le céleri en petits morceaux, le bouquet garni, l'ail, le zeste de citron, le safran, le concentré de tomate, les pommes de terre en morceaux.
→ Couvrez d'eau et portez à ébullition. Laissez cuire doucement jusqu'à ce que les pommes de terre soient presque cuites.
→ Ajoutez la morue (que vous aurez laissé tremper au moins 24 heures dans de l'eau courante) sans peau ni arêtes, coupée en cubes d'environ 5 cm. Baissez le feu et terminez la cuisson en rectifiant l'assaisonnement.
→ Retirez la morue et les pommes de terre de la sauteuse. Disposez-les sur une assiette pour les utiliser comme plat principal. Répartissez les tranches de pain grillé dans des assiettes creuses. Versez-y le bouillon de cuisson après avoir retiré le bouquet parfumé. Servez la soupe en entrée.

 Provence, France

 Viña Lur, Rioja, 1998.

 Domaine Clavel, Saint-Gervais, Côtes du Rhône, 1999.

Arroz en caldero
Riz, pommes de terre, poivrons et poisson

1 kg de mérou, mulet et daurade (en tranches)
1 petite lotte
12 crevettes
4 langoustines
500 g de petits poissons (petits rougets, galinettes etc.)
1 feuille de laurier
4 pommes de terre
3 poivrons rouges doux
4 gousses d'ail
1 petit bouquet de persil
5 tomates bien mûres
150 g de riz à potage
4 cuillerées à soupe d'huile d'olive
sel

→ Videz les poissons puis mettez-les avec les gambas et les langoustines dans un grand faitout.
→ Ajoutez le laurier et les pommes de terre épluchées entières. Couvrez d'eau froide et portez à ébullition. Salez, couvrez et réduisez le feu. Laissez cuire.
→ Faites chauffer l'huile dans une poêle et faites frire les poivrons grillés, pelés, et émincés. Égouttez-les et mixez-les avec l'ail et le persil. Ajoutez cette crème dans le faitout avec le poisson et laissez cuire à feu moyen.
→ Quand tous les poissons sont cuits, égouttez-les et gardez-les au chaud avec les pommes de terre. Filtrez le bouillon de cuisson et versez-le dans une soupière.
→ Versez dans le même faitout l'huile utilisée pour la friture des poivrons. Ajoutez les tomates concassées et laissez cuire 10 minutes. Ajoutez le riz. Augmentez le feu et ajoutez peu à peu le bouillon de cuisson des poissons. Il faut un volume double par rapport à celui du riz. Rectifiez l'assaisonnement et faites cuire le riz. Allongez avec du bouillon si nécessaire, mais le potage doit très épais quand vous le servez.

 Murcie, Espagne

 Marmajuelo, Viñatigo, Ycodén-Daute-Isora, 2000.

Rombo alla marinara
Turbot à la marinière

4 filets de turbot d'environ 200 g chacun
6 pommes de terre
4 carottes
1 oignon
1 bouquet de persil
1/2 cuillerée à café de cannelle
1/2 cuillerée à café de thym sec
2 feuilles de laurier
2,5 dl de vin blanc sec
5 dl de fumet de poisson (p. 43)
50 g de beurre pour la préparation
beurre pour l'assaisonnement
sel, poivre noir

→ Dans une casserole, mettez les carottes et l'oignon émincés, les pommes de terre épluchées et coupées en rondelles, le persil haché grossièrement, la cannelle, le thym et le laurier.
→ Ajoutez également le vin et le fumet de poisson. Portez à ébullition, salez et faites cuire à feu moyen 25 minutes.
→ Ajoutez les filets de turbot et le beurre. Couvrez et laissez cuire à petits bouillons encore 20 minutes. Retirez les feuilles de laurier. Servez avec du beurre fondu à part pour assaisonner.

 Italie

 S de Siroua, Domaine des Ouled Thaleb, Rosé, 1998. (Maroc).

Saveurs de la mer, des lacs et des fleuves

Caruru
Soupe aux crevettes et aux courgettes

400 g de crevettes décortiquées
400 g de courgettes
le jus de 2 limes (citrons verts au jus amer)
1 oignon
4 tomates mûres
1 cuillerée à soupe de concentré de tomate
1 cuillerée à soupe de vinaigre blanc de vin
150 g de farine de manioc (à défaut : farine de blé)
1 piment rouge piquant
400 g de riz cuit à l'eau
4 cuillerées à soupe d'huile de maïs
sel

→ Coupez les courgettes en rondelles très fines. Laissez-les tremper 5 minutes dans de l'eau additionnée du jus des limes.
→ Versez 5 dl d'eau dans un faitout. Salez et portez à ébullition. Jetez-y les courgettes et la moitié de l'oignon haché. Au bout de quelques secondes, ajoutez les crevettes. Laissez cuire 10 minutes à feu moyen.
→ Faites chauffer l'huile dans une casserole. Faites rissoler l'autre moitié de l'oignon haché grossièrement.
→ Quand l'oignon a pris de la couleur, ajoutez les tomates ébouillantées, pelées et émondées. Ajoutez le concentré de tomate. Versez 2,5 dl d'eau. Salez et laissez cuire à feu moyen pendant 15 minutes.
→ Mettez dans la casserole les crevettes et les courgettes avec leur bouillon de cuisson. Ajoutez le vinaigre, le manioc délayé dans 2,5 dl d'eau chaude et le piment rouge haché.
→ Rectifiez l'assaisonnement. Laissez cuire à l'étouffée encore 10 minutes à feu moyen. Servez avec du riz cuit à l'eau.

 Brésil

 Cordelier, Chardonnay, 2000.

Gaeng chud look cheen
Potage à la viande de porc, au poisson et aux champignons

100 g de chair de porc hachée
200 g de chair de poisson blanc
250 g de champignons frais (de préférence chinois)
1 œuf
2 l de fumet de poisson (p. 43)
3 gousses d'ail
1 cuillerée à café de nam pla (à défaut : pâte d'anchois, voir p. 115)
1 poireau
quelques feuilles de coriandre
1 cuillerée à soupe d'huile d'arachide
sel, poivre noir fraîchement moulu

→ Hachez la chair de poisson. Mélangez-la avec l'œuf battu. Salez et saupoudrez de poivre noir. Travaillez ce mélange, éventuellement au mixeur, jusqu'à obtention d'une pâte homogène.
→ Formez avec la pâte des boulettes d'environ 2 cm de diamètre. Faites-les cuire dans 1 l de fumet de poisson porté à ébullition. Égouttez-les et réservez-les.
→ Versez l'huile dans une casserole. Faites-y rissoler les gousses d'ail hachées finement. Mouillez avec 1 dl de fumet. Ajoutez la chair de porc. Faites cuire 5 à 6 minutes en remuant soigneusement. Ajoutez les champignons nettoyés et coupés en julienne. Mélangez puis versez dans la casserole le reste de bouillon.
→ Laissez cuire à feu moyen 10 minutes. Salez avec modération. Ajoutez les boulettes de poisson et le nam pla. Poivrez et laissez cuire à feu moyen encore 5 minutes.
→ Répartissez le potage tant qu'il est très chaud dans les bols. Décorez avec des rondelles de blanc de poireau et les feuilles de coriandre hachées. Servez.

 Thaïlande

 Les Espérelles, Tavel, 2000. (France).

Bouillon de champignons

250 g de champignons de Paris
120 g de champignons des bois
12 gambas sans têtes
4 dl de crème fraîche
7,5 dl de fumet de poisson (p. 43)
12 branches de cerfeuil
50 g de beurre
sel, poivre blanc

➔ Faites fondre la moitié du beurre dans une grande casserole. Ajoutez les champignons de Paris, lavés et nettoyés. Faites-les cuire doucement.
➔ Ajoutez 1,25 l d'eau. Salez et laissez cuire à petits bouillons jusqu'à ce que le liquide soit réduit à 7,5 dl.
➔ Égouttez les champignons. Mettez-les dans une casserole avec la crème fraîche. Salez selon votre goût et laissez cuire à feu moyen pendant 7 minutes.
➔ Versez le fumet de poisson dans un faitout. Portez à ébullition. Ajoutez les gambas et faites bouillir 3 minutes. Retirez-les du bouillon, égouttez-les et enlevez les carapaces.
➔ Lavez les champignons sauvages. Faites-les rissoler à feu vif dans une casserole avec le reste du beurre pendant 5 minutes. Salez avec modération. Ajoutez les gambas et les branches de cerfeuil. Laissez cuire ensemble encore 5 minutes.
➔ Versez cette préparation de champignons et de gambas dans des assiettes creuses. Passez la soupe de champignons de Paris au mixeur jusqu'à ce que le liquide devienne mousseux. Versez ensuite doucement dans les assiettes pour que la mousse reste à la surface.

 Ce potage est la variante d'une soupe « terre-mer » élaborée par le grand chef Alain Chapel. Une couche épaisse de mousse couvre la soupe comme dans le cappuccino que l'on sert au bar.

 France

Domaine de Vauroux, Chablis, 1998.

Potage de haricots et de filets de morue fraîche

300 g de filets de morue fraîche
150 g de haricots blancs
1 poireau
1 pomme de terre
ciboulette hachée
huile d'olive dont 3 cuillerées à soupe
pour la préparation
sel, poivre noir fraîchement moulu

➔ Versez l'huile dans une sauteuse en terre cuite. Chauffez à feu moyen. Ajoutez le blanc du poireau coupé en julienne. Faites-le revenir vivement sans qu'il prenne de la couleur. Ajoutez la pomme de terre épluchée et coupée en tranches très fines. Faites-la rissoler 5 minutes.
➔ Mettez dans la sauteuse les haricots, que vous aurez fait tremper le temps nécessaire. Versez de l'eau en couvrant à peine les ingrédients. Portez à ébullition. Réduisez la chaleur et laissez cuire à petits bouillons 1 heure et 15 minutes, jusqu'à ce que les haricots soient tendres. Ne salez que vers la fin de la cuisson.
➔ Retirez du feu. Passez le contenu de la sauteuse au moulin à légumes pour éliminer les peaux et les parties plus dures. Mettez la purée obtenue dans la sauteuse.
➔ Saupoudrez de poivre les filets de morue fraîche. Faites-les cuire à la vapeur 5 minutes. Coupez-les ensuite en petits morceaux sans les abîmer.
➔ Chauffez la purée et diluez-la, si besoin, avec un peu d'eau jusqu'à obtention d'une crème très liquide. Rectifiez l'assaisonnement et laissez reposer 5 minutes.
➔ Répartissez les morceaux de filet de poisson dans des assiettes creuses. Versez-y la purée très chaude. Garnissez de ciboulette hachée très finement et servez avec de l'huile d'olive et du poivre noir fraîchement moulu à part.

 Espagne

 Morlanda, Do Priorat, 1999.

SOUPES ET POTAGES

Tous ces légumes, qu'on a d'ailleurs mangés avec beaucoup de plaisir, font partie du régime galactique, n'est-ce pas ? Le bord de la Fondation, *Isaac Asimov*.

DU TROISIÈME MILLÉNAIRE

Soupes et potages du troisième millénaire

Le gazpacho (p. 128) est la célèbre soupe espagnole crue et froide. Très savoureux, ce plat typique peut être considéré comme un descendant des soupes de la préhistoire.

Au cours du XXe siècle une série de phénomènes ont eu une influence importante sur l'évolution des soupes. Le premier de ces phénomènes, chronologiquement mais aussi de par son influence, est lié aux grands flux migratoires. Les émigrants, de peur de perdre leur identité collective, vont tendre à garder intacts leurs us et coutumes traditionnels.

Or, ce sont en général surtout les habitudes alimentaires qui font l'objet des plus grands efforts de conservation, soit parce qu'elles sont les plus directement liées à l'idée de noyau familial et de foyer soit parce qu'elles sont les plus faciles à préserver dans un environnement étranger souvent hostile aux changements. Comme les recettes les plus traditionnelles et les plus familiales sont celles des soupes, ce sont ces dernières qui seront conservées jalousement comme symboles nostalgiques du pays natal qu'il a fallu quitter. Avec le temps, et grâce à l'ouverture de magasins et de restaurants typiques destinés à satisfaire les demandes des immigrés, ces recettes vont prendre racines dans les pays d'accueil. Les recettes apportées dans les bagages des immigrés trouveront ainsi au bout du compte leur place dans les livres de cuisine locale et dans les traditions alimentaires des pays d'accueil.

C'est ce qui se produisit aux États-Unis, à partir de la fin du XIXe siècle, avec l'arrivée massive d'immigrants d'origine européenne qui se sont depuis presque complètement fondus dans leur patrie d'adoption. L'intégration de ces populations s'est réalisée également au niveau de la « sphère alimentaire » de sorte que certaines recettes européennes de soupes ont, peu à peu, pris leur place dans la tradition gastronomique locale. Certains manuels de cuisine américains contiennent aujourd'hui la recette du minestrone ou du bortsch sans même mentionner le pays d'origine de ces spécialités. L'implantation de recettes à l'étranger se fait souvent au prix du remplacement de tel ou tel ingrédient, de l'introduction de nouveaux composants ou de nouveaux modes de préparation totalement étrangers aux recettes d'origine. Ces substitutions et ces variations ont souvent été le fruit de la nécessité : ingrédients non disponibles ou habitudes alimentaires locales intangibles. Elles ont en tout état de cause transformé, et pas toujours à leur détriment, les structures gastronomiques originales.

On assistera ainsi à une véritable évolution de certaines soupes et par là même à la naissance de nouvelles traditions culinaires de grande ampleur qui vont, paradoxalement, avoir un impact jusque dans les zones de naissance de ces soupes. Il est inévitable qu'au fil du temps, notamment lors des visites « au pays » d'immigrés ou de leurs descendants, les recettes originales et les recettes adaptées se rencontrent et se confrontent. Finalement, les nouvelles finiront par cohabiter avec les anciennes. Le même phénomène se déroule en Europe depuis une dizaine d'années sous l'effet du puissant et sans cesse croissant flux d'immigrants originaires d'Afrique, du Moyen-Orient et des pays asiatiques. La tendance habituelle des immigrés à préserver leurs habitudes alimentaires est très souvent renforcée par des principes religieux qui confinent parfois à l'interdiction absolue. On peut même prévoir que cette motivation religieuse sera elle-même à l'origine de variantes qui seront apportées aux recettes traditionnelles des pays d'accueil. Exemple typique : la substitution, comme condiment, du gras de porc par l'huile d'olive. Nous verrons plus avant dans ce chapitre les raisons pour lesquelles de telles variantes ont de bonnes chances d'être bien accueillies par les populations locales. Un autre facteur, très caractéristique de notre époque, est en train de provoquer une profonde évolution des modes alimentaires traditionnels au niveau mondial : le tourisme de masse. Ce phénomène, qui a débuté modestement dans les années soixante, a aujourd'hui atteint des proportions à peine croyables. Désormais, ce sont chaque année des millions de personnes qui effectuent de véritables migrations – saisonnières et de courte durée, certes, mais non dépourvues d'effets – durant lesquelles elles découvrent de nouvelles réalités gastronomiques, au rang desquelles les soupes. Nouvelles saveurs, goûts étonnants, que beaucoup de ces touristes tenteront de retrouver et de reproduire avec quelques variantes par rapport aux recettes originales. Les résultats de ces migrations touristiques seront, en définitive, semblables et parallèles à ceux imputables aux migrations de masse économiques ou politiques. Et pourtant, inutile de chercher à le dissimuler : le rôle déterminant dans l'histoire contemporaine et future des soupes revient sans hésitation aux grandes industries de l'agroalimentaire et de la conservation. Les consommateurs ont aujourd'hui à leur disposition, outre les classiques légumes en boîte, une gamme de plus en plus vaste, et de qualité sans cesse croissante, de produits congelés ou déshydratés qui permettent la préparation de soupes en des temps records. Nous pouvons mélanger selon nos goûts ou nos exigences des produits conservés et vendus séparément ou bien utiliser des soupes déjà préparées et précuites qu'il suffit de faire réchauffer.

La sopa de ajo (p. 186) est un plat typique de la Galice (Espagne) où l'ail joue un rôle de premier plan.

L'industrie agroalimentaire met désormais à la disposition du consommateur une gamme de soupes et de potages prêts d'excellente qualité et très équilibrés du point de vue nutritif.
Ci-dessous, de gauche à droite : *soupe aux céréales, soupe aux pâtes et aux pois chiches et soupe aux lentilles.*

Soupes et potages du troisième millénaire

Il s'agit de soupes conçues sur la base de recettes traditionnelles avec un parfait dosage des ingrédients. Cette production à grande échelle entraîne forcément une standardisation des saveurs et des arômes qui peut devenir, à la longue, bien monotone. Mais il n'est pas difficile de personnaliser et de diversifier ces produits que propose l'industrie. D'autant que l'on trouve dans le commerce des produits faciles à utiliser, de qualité acceptable et prêts à l'emploi, que l'on peut ajouter à ces plats préparés pour les enrichir ou les adapter à nos goûts.

Toutefois, cette légitime reconnaissance des bons résultats gastronomiques obtenus par l'industrie agroalimentaire et de la conservation ne doit pas conduire à une conclusion trop hâtive. Je ne souhaite pas, loin s'en faut, que ces produits remplacent un jour les soupes préparées selon les méthodes traditionnelles. Je continue de penser qu'un emploi excessif des produits industriels pourrait, à long terme, faire disparaître des coutumes appartenant au patrimoine culturel de l'humanité, coutumes qui incarnent les identités régionales et distinguent chaque région du monde sans pourtant les opposer.

Le problème majeur n'est pourtant pas là. On assiste à une évolution radicale des conditions socio-économiques des populations du monde entier. Entre autres conséquences directes de ce changement, on constate la réduction du temps que les individus peuvent encore consacrer à la cuisine. Le phénomène est, certes, évident dans certains pays tandis que dans d'autres régions du monde il n'est pas encore clairement perceptible. Il est pourtant bien réel. Et, malheureusement, la préparation des soupes selon les méthodes traditionnelles demande du temps, beaucoup de temps. S'acharner à ne considérer comme acceptables que ces plats préparés suivant les règles ancestrales, à partir de produits frais ou à la rigueur séchés, équivaut donc à les condamner à une disparition programmée. Mieux vaut accepter, dès lors, les produits et les méthodes de conservation ou de cuisson qui permettent de préparer en peu de temps des soupes et des potages les plus proches possible des recettes traditionnelles. Il conviendra seulement de veiller à maintenir en vie, en utilisant tous les moyens à disposition, des usages et des habitudes gastronomiques que l'industrie agroalimentaire ne saura jamais égaler.

Sur la base des réflexions qui précèdent, il ne me semble pas déraisonnable de postuler que les soupes continueront d'occuper une place de premier plan dans l'alimentation humaine au cours de ce troisième millénaire. Il est même tout à fait concevable que l'on assiste à une augmentation de leur consommation. La prise de conscience grandissante de la nécessité de s'alimenter selon les principes de la fameuse « diète méditerranéenne » et la large diffusion d'idées philosophiques et religieuses, souvent regroupées sous le terme un peu fourre-tout de New Age, le laissent présager. Seules les soupes offrent une alimentation complète et équilibrée même en

Utilisée par l'industrie agroalimentaire pour les soupes et les potages, la congélation compte parmi les méthodes de conservation les meilleures. Elle permet de proposer des plats composés d'ingrédients parfaitement dosés, non précuits et qui conservent donc au mieux leurs caractéristiques nutritives et leur goût. Les résultats sont comparables à ceux que vous obtiendriez en cuisinant chez vous. La Zuppa del Casale (Soupe Fermière) de Findus en constitue un excellent exemple. Elle est proposée en trois versions : Tradizionale (traditionnelle), Ortolana (potagère) et Boscaiola (forestière).

l'absence quasi totale de protéines d'origine animale. La souplesse de ces recettes, sans aucun équivalent en cuisine, permet à tout un chacun de personnaliser à l'extrême son régime alimentaire sans jamais renoncer aux plaisirs de la bonne chère.

On peut également prévoir une accélération du processus d'internationalisation des soupes qui devrait résulter d'une espèce de « mise en commun », de traditions culinaires et alimentaires de régions différentes. Je fais bien entendu référence aux conséquences des migrations massives de populations et au tourisme de masse, dont j'ai déjà parlé au début de ce chapitre, et qui sont deux phénomènes importants et durables.

Il est en revanche extrêmement hasardeux de tenter de faire des prévisions sur la possible disparition des traditions gastro-alimentaires sous l'effet des avancées de l'industrie agroalimentaire et de la conservation. Le nombre important des paramètres à prendre en compte rend toute tentative difficile.

Jusqu'à aujourd'hui, l'industrie n'a cessé d'élargir la gamme de ses produits et d'en améliorer la qualité. Ce processus ne peut pourtant pas continuer indéfiniment, pour des raisons économiques assez évidentes. Ceci posé, on ne peut pourtant pas exclure que dans un avenir, peut-être proche, soient mises sur le marché des préparations de soupes toute prêtes qui donneront la possibilité de varier selon son goût les proportions des ingrédients ou le choix des condiments. Cette formule offrirait aux utilisateurs un choix élargi et la possibilité de personnaliser à volonté de leurs plats, elle ne saurait toutefois garantir à elle seule la conservation dans le temps d'usages et de traditions malheureusement déjà en voie d'extinction. Même l'intervention d'associations de grande renommée (par exemple, les sections nationales de l'Académie internationale la cuisine) ne peut modifier sensiblement la donne. Bien entendu, il est toujours possible de collecter et de conserver le plus grand nombre possible de recettes de soupes traditionnelles pour les générations futures, mais cela ne servirait guère à les garder réellement en vie dans les cuisines des pays concernés.

D'autre part, il serait injuste de faire endosser la responsabilité de ce qui est en train de se passer à la seule industrie agroalimentaire. Celle-ci, d'ailleurs, n'est que l'expression de la société moderne, dans ses progrès et ses contradictions. L'histoire de l'humanité est une suite sans fin d'évolutions et d'avancées nouvelles qui, plus ou moins rapidement, effacent celles qui les ont précédées. Et l'histoire des soupes, que je vous ai brièvement racontée dans le premier chapitre de ce livre, est liée bien trop intimement à celle de l'homme pour faire exception à la règle.

Les soupes et les potages de la marque Liebig sont des produits en boîte de très bonne qualité.
Ci-dessus : *la célèbre bisque de homard et l'une des dernières nouveautés de la gamme :* la PurSoup' Velouté Légumes poêlés.

Une assiette de soupe aux haricots, un classique parmi les soupes italiennes (p. 175 et p. 220).

INDEX

Index des bouillons et fumets de base, Index des pâtes à potages, Index des ingrédients, Index des recettes, Index géographique, Bibliographie.

INDEX DES BOUILLONS ET FUMETS DE BASE

BOUILLON
Bouillon de chapon 40, 70-71, 73-74, 99, 103
Bouillon de légumes 46-48, 79, 82, 85, 99, 105, 110, 186
Bouillon de viande 38, 73, 85, 90, 95, 110, 114
Bouillon de viande de bœuf 39, 75, 81, 103-104, 106, 109, 116, 119
Bouillon de viandes variées 40-42, 94, 96, 98, 100-101, 103, 106, 108, 110, 113, 115, 118, 179
Bouillon de volaille 39, 92, 100, 104-105, 109-110, 113-115, 122-123, 134, 198, 216

FUMET
Fumet de homard 45, 197
Fumet de poisson 43-45, 105, 192-193, 197, 199, 201-203, 206, 213, 220, 223-224, 226-227

INDEX DES PÂTES À POTAGES

PÂTES
Pâtes 49-53, 78, 98, 103-104, 139, 146, 149, 155, 157, 172, 180-182, 202, 218
Pâtes farcies 51-52, 53, 78, 98-101, 123, 154

INDEX DES INGRÉDIENTS

Agneau 94, 120, 122, 160, 162, 167-168
Aïl 186
Aïoli 56, 206
Anchois 68, 130, 138, 141, 181
Artichauts 146, 184
Asperges 79, 114
Aubergines 99, 123, 155
Avocats 116, 131
Avoine 120
Betteraves 168, 174
Bœuf 70, 73, 83, 98, 101, 104, 123
Boulgour 122, 170
Bourrache 71
Brocolis 83
Calmars 209-210, 221
Canard 66
Câpres 130
Capucines 185
Cardons 68, 149
Carpe 218
Céleri 81, 83, 90, 92, 114, 118-119, 139, 152, 161, 174, 185, 197
Céleri-rave 82
Champignons 110, 131, 168, 184, 197, 226-227
Chapon 78
Châtaignes 187
Chicorés 83
Chou 69, 70, 75, 168, 174-176, 180, 185
Choucroute 169
Citron vert 116, 226
Clams 194
Concombre 128, 130
Coquilles Saint-Jacques 201-202
Côtes de bette 69, 71, 79, 134, 141, 182, 220
Courge 66, 70, 131
Courgettes 173, 181, 220, 226
Couteaux 201
Crabe 197-198, 204, 241
Crevettes 100, 199, 203, 209, 225-226
Crustacés variés 203-204, 210-211, 214

Daurade 206-207, 214
Dinde 67, 90, 92
Écrevisses 81, 213
Endives 182
Épeautre 170
Épinards 104, 143, 152
Faisan 74
Fenouils 70, 182
Fèves 73, 145-146, 148-149, 162, 169, 182, 219
Figatelli 75
Foie de porc 103
Foies de volaille 73, 98
Fontina 179
Fromage blanc 99
Gambas 210, 220, 227
Garam masala 56, 118
Gesse 137, 138
Grondins 207
Haricots blancs 79, 155-157, 163, 166-167, 169-170, 175-176, 181, 220-221, 227
Haricots bruns 154-155, 173
Haricots rouges 165
Haricots verts 168, 181, 220
Harissa 144, 160, 162
Homard 197-198
Huîtres 196
Jambon 75, 82, 90, 92, 100, 110, 118, 122, 155, 182
Jambon serrano 96, 120, 148, 194
Joue de bœuf 75, 146, 166
Langoustines 199, 204, 209, 211, 219, 225
Langue à l'écarlate 90
Langue de bœuf 163
Lard 83, 101, 120, 133-134, 143, 149-151, 154, 156, 158, 162-163, 167, 173-174, 178, 187, 194, 206, 214
Lentilles 66, 68-69, 76, 132-134, 136, 158, 160-161, 170, 182, 187
Lotte 204, 207, 209-210, 223, 225
Maïs 178, 179, 197, 199
Marsala 90, 92, 93, 119
Merlan 204
Mérou 209, 225
Morcilla 166
Morue 206-207, 209, 214, 224, 227
Moules 192-193, 202-203, 209, 220
Nam pla 115, 168, 199, 226
Navets 74, 120, 174, 182, 186
Noix 130, 175, 198
Noix de coco 118

Oie 79
Oignons 66, 82, 131, 142, 144, 146, 152, 162, 165, 169, 172, 176
Oreilles de porc 119, 163, 182
Orge 69, 120, 169, 178, 219
Pain arabe 144
Pain blanc 76, 79, 101, 103, 106, 108-109, 128, 179, 184, 193, 203, 211, 224
Pain complet 175, 210, 221, 223
Pain de campagne 71, 74, 78, 82-83, 94, 96, 122, 130, 133, 141, 144-145, 149, 150, 156, 176, 179, 185-186, 201, 203-204, 207
Pain de mie 81, 85, 93, 103
Palourdes 192, 194, 221
Pâtes 49-53, 78, 98-101, 103, 104, 123, 139, 146, 149, 154-155, 157, 172, 180-182, 202, 218
Pecorino 109, 141, 146, 149, 182
Petits pois 73, 79, 150-151, 173, 182, 185
Pickles 123
Pied de porc 119, 132, 163, 182
Piment rouge 67, 115-116, 1523, 158, 199
Poireaux 174, 185, 223-224
Pois cassés 69, 152
Pois chiche 69, 118, 122, 139, 141-144, 161-162, 169-170, 182, 221
Pois gourmands 78
Poisson blanc 71
Poisson d'eau douce 76
Poisson-chat 216
Poissons variés 203-204, 207, 209-211, 214, 218-219, 223, 224-226
Poivrons 128, 162-163, 211, 225
Pommes de terre 83, 122-123, 142, 154, 178, 181, 184-185, 214, 223-225
Porc 100, 115, 123, 142, 158, 166-169, 178, 226
Poule 90, 118
Poulet 79, 109, 110-11, 114, 116, 122
Poulpes 211
Pousses de bambou 216
Pousses de soja 115
Queue de bœuf 119
Queue de porc 163
Raie 211
Rascasse 203-204, 211, 214, 218-219
Ricotta 95, 99, 100, 180, 187
Riz 108-110, 115, 118, 134, 136, 151, 155, 163, 165, 170
Rognons blancs 92
Rouget 203-204, 210, 218-219, 223
Sandre 213, 215
Saucisse 178
Saucisse de toulouse 167
Saucisse fumée 161
Saucisse piquante 165
Saucisse sèche 101
Saucisson à cuire 98
Scarole 181
Semoule 105
Sherry 196-197, 209
Spaghetti de riz 115, 216
Speck 100-101
Tapioca 110
Taureau 120
Thon 223
Tomate 67, 82, 85, 99, 111, 123, 128, 130, 143, 154-156, 158, 160-162, 173, 175, 181, 185, 193, 203-204
Tomme 179
Tortilla 67
Tripes 160-161
Truffes 76, 90, 93, 114
Truite 215
Turbot 225
Veau 82, 90, 92
Vin de riz 100, 123, 216, 211, 225
Yaourt 152, 175

INDEX DES RECETTES

A

Adas bis-silq	134
Aigo-sau	211
Aliter tisanam	69
Arroz en caldero	225
Auppa ai nasturzi	185

B

Bazin	105
Beggar's soup	83
Bezelye çorbasi	152
Bisque de homard	198
Bodenseefischsuppe	215
Bortsch	174
Bortsch d'agneau	168
Bosanski lonac	123
Boston baked beans	156
Bouillabaisse	204
Bouillabaisse de morue	224
Bouillon de champignons	227
Brodecto de li dicti pisci	71
Brodetto marchigiano	210
Brodetto pasquale alla romana	109
Bouillon de l'ambassadeur	90

C

Cacciucco	207
Cacciucco di ceci	141
Cappelletti di magro con crema di melanzane	99
Cappelletti di magro in brodo	99
Cappelonghe alla cappuccina	201
Cappelonghe con maltagliati all'aneto	202
Caruru	226
Cassòla	214
Cassoulet	167
Cauli verdi con carne	70

Chao liangyu zhusun mian	216
Chicken gumbo soup	111
Cholent	169
Cigrons amb bolets	143
Cigrons amb espinacs	143
Cisrà	142
Ciuppin	203
Clam chowder	194
Cloïsses amb vi blanc	192
Congordes	70
Consommé aux crêpes	95
Consommé à la royale aux truffes	114
Consommé à la royale classique	113
Consumado de gallina	90
Corba os sarana	218
Corn chowder	178
Cotriade	223
Crème d'artichauts et de champignons	184
Creme de palmito	111
Cretonnée de pois ou de fèves	73
Culì di pomidoro	82

D

Dhal	136
Doctrina duodecima	74
Dom yam gung	199

E

Eshkeneh shirazi	175

F

Fabada asturiana	166
Fabes con almejas	221
Fagioli alla normanna	156
Fasolia soupa	157
Fasulieh shug	158
Favata	149
Faves a la catalana	162
Feijoada	163
Fish chowder	206
Fish soup	214
Ful medammas	148

G

Gaeng chud kaopot aun	199

Gaeng chud look cheen	226	Minestra del buongustaio	118
Gaeng pe moo	168	Minestra di cavolfiore e pasta	180
Gaspacho andaluz	128	Minestra di ceci	139
Gnocchetti di semolino in brodo	104	Minestra di ceci e calamari	221
Guiso de habas	148	Minestra di fagioli freschi e pasta	155
		Minestra di fagiuoli verdi	85
H		Minestra di fave alla romana	146
Harira	160	Minestra di fave fresche e carciofi	146
Hummus shorbet	144	Minestra di lenti secche	76
		Minestra di lenticchie e borragine	133
I		Minestra di ortaggi, frutti di mare e gamberi	220
Iskembe	161	Minestra di pomodori	130
		Minestra di riso e fagioli freschi	155
J		Minestra di scarola e patate	181
Jaj bayd	109	Minestra di zucca	131
Jota	169	Minestra mille fanti	106
		Minestre d'inverno e d'estate	78
K		Minestrone alla milanese	173
Khichuri	136	Mock turtle	92
Kotosupa avgolemono	108	Mole de poblano	67
Kulak Corba	101	Mouloukhie	66
		Mulligatawnysoup	118
L		Muscoli alla marinara	192
Lablabi	144		
Laganelle con ceci	139	**O**	
Le virtù	182	Olla de balichò	163
Leberknödels	103	Oxtail soup	119
Leek and potato soup	174	Oyster soup à l'américaine	196
Lentejas estofadas	134	Oyster soup à l'européenne	196
Lenticchie portafortuna di Capodanno	132		
Lenticula ex sfondilis	68	**P**	
Lentil soup with sausages	161	Panada	96
Llentes amb costella de porc	158	Panzanella	130
Lord Mayor soup	119	Passatelli	103
		Passatelli di carne alla marchigiana	104
M		Pasta e fagioli	157
Macco	149	Pasta e lenticchie	133
Makhluta	170	Pasta e piselli	151
Marmitako	223	Pasta sul pesce	218
Marubini in brodo	98	Pasuli sa svinjskim mesom	166
Menesta de fasule frische	85	Pasta reale 1	94
Menestra d'herbette	71	Pasta reale 2	95
Mermez	162	Pebre	94
Mesciua	170	Pisellata alla maceratese	150
Midya shorbat	193	Potage de haricots et de filets de morue fraîche	227
Midye pilâkisi	202	Potage froid	116
Millecosedde	172		

Index

Potage parmentier	184
Potage vert	79
Psarosoupa me avgolemono	207
Puchero	122
Purrusalda	224

Q
Queen Victoria Soup	110

R
Red beans, rice and sausage	165
Revithia soupa	142
Ribollita	176
Ris ed erborin	115
Risi e bisi	151
Ritschert	178
Rombo alla marinara	225
Rousi chuan mian	123
Royale alla Stecchetti	113

S
Scallop soup	201
Schlickkrapfen	100
Scotch broth	120
Sen mee nam gup moo	115
Shmenka	160
Shorbat el-hut	219
Shorbat jaj	116
Shrimp bisque	197
Shuijao	100
Shurbat el-Kibbi	122
Sopa blanca de Vilanova	206
Sopa carmelitana	120
Sopa de ajo	186
Sopa de cangrejos de mar	198
Sopa de chirlas	194
Sopa de milho	179
Sopa de musclos	193
Sopa de pan con jamòn	96
Sopa gelada de abacate	131
Soupe au pistou	181
Soupe à l'oignon	172
Soupe aux oignons dorés	82
Soupe de crabe	197
Soupe d'eutrapel	79
Soupe de Jacob	
(Soupe de lentilles rouges)	66
Soupe paysanne	179
Split pea soup	152
Stracciatella alla marchigiana	106
Suppa di capirotta francese	74
Suppa di tartufali	76
Suppa gadduresa	180
Suppa per i giorni di magro	78

T
Tagliatelle di castagne e latte	187
Tajarin e fagioli	154
Tirolerknödel	101
Tridura	105

V
Vellutata classica	110
Verze piene in minestra	75
Vichyssoise	114

Z
Zander und Flusskrebse	213
Zanzarelli	73
Zarzuela de mariscos	209
Zuppa alla certosina	203
Zuppa alla romana	83
Zuppa alli gambari	81
Zuppa di boddegò	210
Zuppa di ceci e finocchietti selvatici	141
Zuppa di cicerchie	137
Zuppa di cicerchie all'acciuga	138
Zuppa di fagioli e cavolo nero	175
Zuppa di fagioli e muscoli	220
Zuppa di falsa tartaruga vegetariana	93
Zuppa di fave fresche	145
Zuppa di gamberi e fave fresche	219
Zuppa di lenticchie e castagne	187
Zuppa di pesce alla marinara	211
Zuppa di porri	185
Zuppa di rape	186
Zuppa pavese	108

INDEX GÉOGRAPHIQUE

ALGÉRIE
Jaj bayd	109
Shorbat el-hut	219

ALLEMAGNE
Leberknödels	103
Schlickkrapfen	100

AUTRICHE
Bodenseefischsuppe	215
Gnocchetti di semolino in brodo	104
Potage de gnocchi de semoule	104
Ritschert	178
Tirolerknödel	101
Zander und Flusskrebse	213

BOSNIE
Bosanski lonac	123
Kulak Corba	101

BRÉSIL
Caruru	226
Creme de palmito	111
Feijoada	163
Sopa de milho	179
Sopa gelada de abacate	131

CHINE
Chao liangyu zhusun mian	216
Rousi chuan mian	123
Shuijao	100

ÉGYPTE
Ful medammas	148
Hummus shorbet	144
Mouloukhie	66

ESPAGNE
Arroz en caldero	225
Cigrons amb bolets	143
Cigrons amb espinacs	143
Cloïsses amb vi blanc	192
Consumado de gallina	90
Fabada asturiana	166
Fabes con almejas	221
Faves a la catalana	162
Gaspacho andaluz	128
Guiso de habas	148
Lentejas estofadas	134
Llentes amb costella de porc	158
Marmitako	223
Olla de balichò	163
Pebre	94
Potage de haricots et de filets de morue fraîche	227
Puchero	122
Purrusalda	224
Sopa blanca de Vilanova	206
Sopa carmelitana	120
Sopa de ajo	186
Sopa de cangrejos de mar	198
Sopa de chirlas	194
Sopa de musclos	193
Sopa de pan con jamòn	96
Zarzuela de mariscos	209

ÉTATS-UNIS
Boston baked beans	156
Chicken gumbo soup	111
Clam chowder	194
Corn chowder	178
Fish chowder	206
Fish soup	214
Leek and potato soup	174
Lentil soup with sausages	161
Oyster soup à l'américaine	196
Potage froid	116
Red beans, rice and sausage	165
Scallop soup	201
Shrimp bisque	197
Soupe de crabe	197
Split pea soup	152
Vichyssoise	114

EUROPE
Bortsch	174
Bortsch d'agneau	168

Index

FRANCE

Aigo-sau	211
Bisque de homard	198
Bouillabaisse	204
Bouillabaisse de morue	224
Bouillon de champignons	227
Cassoulet	167
Congordes	70
Consommé aux crêpes	95
Consommé à la royale	94
Consommé à la royale aux truffes	114
Consommé à la royale classique	113
Cotriade	223
Crème d'artichauts et de champignons	184
Cretonnée de pois ou de fèves	73
Moules marinières	192
Potage parmentier	184
Potage vert	79
Soupe au pistou	181
Soupe à l'oignon	172
Soupe aux oignons dorés	82
Soupe d'eutrapel	79

GRÈCE

Fasolia soupa	157
Kotosupa avgolemono	108
Psarosoupa me avgolemono	207
Revithia soupa	142

INDE

Mulligatawny soup	118
Dhal	136
Khichuri	136

IRAN

Eshkeneh shirazi	175

ISRAËL

Cholent	169
Fasulieh shug	158
Midya shorbat	193
Soupe de Jacob (Soupe de lentilles rouges)	66

ITALIE

Aliter tisanam	69
Bouillon de l'ambassadeur	90
Brodecto de li dicti pisci	71
Brodetto marchigiano	210
Brodetto pasquale alla romana	109
Cacciucco	207
Cacciucco di ceci	141
Cappelletti di magro con crema di melanzane	99
Cappelletti di magro in brodo	99
Cappelonghe alla cappuccina	201
Cappesante con maltagliati all'aneto	202
Cassòla	214
Cauli verdi con carne	70
Cisrà	142
Ciuppin	203
Culì di pomodoro	82
Doctrina duodecima	74
Fagioli alla normanna	156
Favata	149
Jota	169
Laganelle con i ceci	139
Le virtù	182
Lenticchie portafortuna di Capodanno	132
Lenticula ex sfondilis	68
Macco	149
Marubini in brodo	98
Menesta de fasule frische	85
Menestra d'herbette	71
Mesciua	170
Millecosedde	172
Minestra del buongustaio	118
Minestra di cavolfiore e pasta	180
Minestra di ceci	139
Minestra di ceci e calamari	221
Minestra di fagioli freschi e pasta	155
Minestra di fagiuoli verdi	85
Minestra di fave alla romana	146
Minestra di fave fresche e carciofi	146
Minestra di lenti secche	76
Minestra di lenticchie e borraggine	133
Minestra di ortaggi, frutti di mare e gamberi	220
Minestra di pomodori	130
Minestra di riso e fagioli freschi	155
Minestra di scarola e patate	181
Minestra di zucca	131
Minestra mille fanti	106
Minestre d'inverno e d'estate	78
Minestrone alla milanese	173
Mock turtle	92
Panada	96
Panzanella	130

Passatelli	103
Passatelli di carne alla marchigiana	104
Pasta e fagioli	157
Pasta e lenticchie	133
Pasta e piselli	151
Pasta sul pesce	218
Pasta reale	95
Pisellata alla maceratese	150
Ribollita	176
Ris ed erborin	115
Risi e bisi	151
Rombo alla marinara	225
Royale alla Stecchetti	113
Soupe paysanne	179
Stracciatella alla marchigiana	106
Suppa di capirotta francese	74
Suppa di tartufali	76
Suppa gadduresa	180
Suppa per i giorni di magro	78
Tagliatelle di castagne e latte	187
Tajarin e fagioli	154
Tridura	105
Vellutata classica	110
Verze piene in minestra	75
Zanzarelli	73
Zuppa ai nasturzi	185
Zuppa alla certosina	203
Zuppa alla romana	83
Zuppa alli gambari	81
Zuppa di boddegò	210
Zuppa di ceci e finocchietti selvatici	141
Zuppa di cicerchie	137
Zuppa di cicerchie all'acciuga	138
Zuppa di fagioli e cavolo nero	175
Zuppa di fagioli e muscoli	220
Zuppa di falsa tartaruga vegetariana	93
Zuppa di fave fresche	145
Zuppa di gamberi e fave fresche	219
Zuppa di lenticchie e castagne	187
Zuppa di pesce alla marinara	211
Zuppa di porri	185
Zuppa di rape	486
Zuppa pavese	108

LIBAN
Adas bis-silq	134
Makhluta	170
Shurbat el-Kibbi	122

LIBYE
Bazin	105
Harira	160
Shorbat jaj	116

MEXIQUE
Mole de poblano	67

ROYAUME-UNI
Beggar's soup	83
Lord Mayor soup	119
Oxtail soup	119
Oyster soup à l'européenne	196
Queen Victoria soup	110
Scotch broth	120

SERBIE
Corba od sarana	218

SLOVÉNIE
Pasuli sa svinjskim mesom	166

THAÏLANDE
Dom yam gung	199
Gaeng chud kaopot aun	199
Gaeng chud look cheen	226
Gaeng pe moo	168
Sen mee nam gup moo	115

TUNISIE
Lablabi	144
Mermez	162
Shmenka	160

TURQUIE
Bezelye çorbasi	152
Iskembe	161
Midye pilâkisi	202

BIBLIOGRAPHIE

Alberti, Giuseppe, « *Diaeta Parca* » *e salute. Lineamenti psicofisiologici nelle antiche regole religiose*, Ulrico Hoepli, Milano 1976.

Carazzali, Giulia, sous la direction de, *Apicio e l'arte culinaria*, Gruppo Editoriale Fabbri, Bompiani, Sonzogno, ETAS, Milano 1990.

Carrol, Lewis, *Alice au pays des merveilles*, Flammarion, Paris 2001.

Cavalcanti, Ippolito, duca di Buonvicino, *Cucina casarinola co'la lengua napolitana*, Tipografia Palme, Napoli 1837.

Corrado, Vincenzo, *Il cuoco galante*, Iere ed. Stamperia Raimondiana, Napoli 1773.

Due libri di cucina, manuscrit anonyme du XVe siècle, collection privée, Stockholm ; Iere ed. sous la direction de Ingemar Boström, Stockholm, 1985.

Dumézil, Georges, *Fêtes romaines*, Gallimard, Paris 1975.

Folengo, Teofilo, *Baldus*, edizione Toscolana, XVI sec.

Pline l'Ancien, *Histoire naturelle*, Livre III, Les Belles Lettres, s.d.

Garzoni, Tommaso, da Bagnacavallo, *Piazza universale di tutte le professioni del mondo*, Gio. Battista Somasco, Venezia 1587.

Harris, Marvin, *Good to Eat. Riddles of Food and Culture*, Simon and Schuster, New York 1985.

La Bible, Société biblique française, 1982.

Leonardi, Francesco, *Apicio Moderno*, IIe ed. Stamperia dei Gionchi, Roma 1797.

Leroi-Gourhan, André, *Le Geste et la parole*, (2 tomes), Albin Michel, Paris 2000.

Lévi-Strauss, Claude, *Mythologiques : Le Cru et le cuit*, Plon, Paris 1999.

Libro de arte coquinaria, manuscrit de Mastro Martino de Rubeis (già Mastro Martino da Como), 1450 circa, conservé à la Library of Congress, Washington DC, USA.

Libro della Cocina, manuscrit d'un anonyme toscan du XVIe siècle ; Iere ed. imprimée sous la direction de Francesco Zambrini, Romagnoli, Bologna 1863.

Luraschi, Giovan Felice, *Nuovo cuoco milanese economico*, Iere ed. Tipografia Motta, Milano 1829.

McGee, Harold, *On Food and Cooking,* Scribner, New York 1997.

Melville, Herman, *Moby Dick*, Garnier-Flammarion, Paris 2001.

Mercier, Vivian, *Great Irish Short Stories*, Dell Publishing Co., New York 1964.

Messisbugo, Cristoforo da, *Composizioni de le più importanti vivande*, Iere ed. G. da Bughait e A. Hucher, Ferrara 1549.

Redou, Odile, et al., *La Gastonomie au Moyen Âge*, Stock, Paris 1993.

Sacchi, Bartolomeo, dit il Platina, *De honesta voluptate et valetudine*, Iere ed. Roma 1474.

Scappi, Bartolomeo, *Opera*, Iere ed. Michele Tramezzino, Venezia 1570.

Stefani, Bartolomeo, *L'arte di ben cucinare*, Iere ed. Osanna, Mantova 1662.

Tannabil, Reay, *Food in History*, Penguin Books Ltd, London 1988.

Vialardi, Giovanni, *Trattato di cucina pasticcera*, Tipografia G. Favale e C., Torino 1854.

CRÉDITS PHOTOGRAPHIQUES

Les abréviations h (haut) et b (bas) font référence à la position des illustrations dans la page.

Accademia di Belle Arti di Brera, Milan : p. 50

Archives Campbell France, Boulogne : p. 233h

Archivio Chimera, Milan : p. 35 et toutes les pages sur lesquelles figurent des illustrations au trait en couleurs.

Archivio Mondadori-Electa, Milan : pp. 12, 24, 26b, 27, 48, 51b, 65, 89, 127, 132, 138, 145, 154, 191, 228-229, 230, 231h, 233b

Archivio Star, Agrate Brianza : p. 231b

Bibliothèque Nationale de France, Paris : 21

Cà Rezzonico, Venise : p. 31

Casa Goldoni, Venise : p. 54h

Enrico Castruccio, Milan : pp. 20, 26h

Fiskars Montana, Premana : pp. 37b, 39b, 59h

Galleria Colonna, Rome : p. 55h

Alessandro Gerini, Milan : pp. 2-3, 4-5, 6-7, 8-9, 10-11, 16, 60-61, 68-69, 72, 77, 80, 84, 86-87, 91, 97, 102, 107, 112, 117, 121, 124-125, 129, 135, 137, 140, 147, 150, 153, 159, 164, 171, 177, 183, 188-189, 195, 200, 205, 208, 212, 217, 222, 234-235h

Lagostina, Omegna : pp. 32b, 34h, 36h, 42, 46, 57, 234-235b

Manufacture de Saint Goubely : p. 190

Musée d'Orsay, Paris : p. 126

Musei Vaticani, Cité du Vatican : p. 63

Museo Archeologico, Carthage : p. 62

Museo Archeologico, Trier : pp. 22, 23

Musée du Louvre, Paris : p. 28b

Museo del Prado, Madrid : p. 43

Museo Egizio, Turin : p. 25

Museum voor schone Kunsten, Gand : p. 38h

Officina Alessi, Crusinallo : p. 51h

Pedrini, Concesio : pp. 41, 45, 49h, 53, 55b

Pinacoteca di Brera, Milan : pp. 29, 44b, 88

Rijksmuseum Vincent Van Gogh, Amsterdam : pp. 36b, 47

Sagit S.p.A, Rome : p. 232

Raimondo Santucci, Milan : pp. 32h, 35, 37h, 38b, 39h, 40, 44h, 49b, 52, 54b, 56, 58, 59b

Staatliches Museum Gemäldegalerie, Berlin : p. 28h

Terrecotte Gaudenzi, Fratterosa : p. 34b

Achevé d'imprimer en septembre 2001
sur les presses de l'imprimerie Mondadori
à Tolède – Espagne
D.L. TO: 1165 - 2001
Dépôt légal 3e trimestre 2001.